新时代高等教育
内涵式发展研究

主　编　贾兆帅　史维生
副主编　陈　晨　张　哲
　　　　千　璐　胡　博

西南交通大学出版社
·成　都·

图书在版编目（CIP）数据

新时代高等教育内涵式发展研究 / 贾兆帅，史维生主编. 一成都：西南交通大学出版社，2020.12
ISBN 978-7-5643-7956-8

Ⅰ. ①新… Ⅱ. ①贾… ②史… Ⅲ. ①高等教育 - 发展 - 研究 - 中国 Ⅳ. ①G649.21

中国版本图书馆 CIP 数据核字（2020）第 269627 号

Xinshidai Gaodeng Jiaoyu Neihanshi Fazhan Yanjiu
新时代高等教育内涵式发展研究
主编 贾兆帅 史维生

责任编辑	郑丽娟
封面设计	原创动力
出版发行	西南交通大学出版社 （四川省成都市金牛区二环路北一段 111 号 西南交通大学创新大厦 21 楼）
发行部电话	028-87600564 028-87600533
邮政编码	610031
网址	http://www.xnjdcbs.com
印刷	四川煤田地质制图印刷厂
成品尺寸	170 mm × 230 mm
印张	15.75
字数	233 千
版次	2020 年 12 月第 1 版
印次	2020 年 12 月第 1 次
书号	ISBN 978-7-5643-7956-8
定价	68.00 元

前言*

习近平总书记在党的十九大报告中指出，加快一流大学和一流学科建设，实现高等教育内涵式发展。推动高等教育内涵式发展，这是我国高等教育进入大众化阶段的必然选择，是化解当前我国高等教育所面临的困难和挑战的必由之路，更是建设高等教育强国的不二法门。

提升质量是高等教育的生命线和高等教育发展的核心任务。《关于高等学校加快"双一流"建设的指导意见》指出，应实现以质量为核心的可持续发展。因此，内涵式发展也必须是优质发展、可持续发展。特别是在我国由高等教育大国向高等教育强国迈进的历史进程中，高等教育能否在国际竞争中赢得足够空间，质量就成了决定性的因子。离开质量去谈高等教育的内涵发展也就失去了意义，同样离开质量去讲高校的五大功能也无从谈起。党的十九大报告中强调要"全面贯彻党的教育方针，落实立德树人根本任务"，因此提高高等教育质量的关键指标就是人才培养质量，高校各项工作必须紧紧围绕人才培养这一中心，不断提高高校各项工作在人才培养上的贡献度，形成系统联动的人才培养大格局。

高等教育坚持走内涵式发展道路，就要善于向内挖潜、优化结构、练好内功，探索和培育内生型发展模式，把内生发展作为内涵式发展的源泉。内生型发展模式，简而言之就是着眼长远，以我为主，固本强基，增强内力，厚积薄发。坚持内生发展、苦练内功，高校就不能求一时之功、贪一时之利、图一时之名，应有"功成不必在我"的境界和真抓实干的态度，树立"我辈栽树，后人乘凉"的科学政绩观，能够沉下身子甘做铺路搭桥的基础工作。

---

* 本文原发表于《中国科学报》2013年4月25日第7版，有改动。

高等教育坚持走内涵式发展道路，需要凝练和培育办学特色，克服同质化办学倾向，按照《统筹推进世界一流大学和一流学科建设总体方案》强调的“引导和支持高等学校优化学科结构，凝练学科发展方向，突出学科建设重点，创新学科组织模式，打造更多学科高峰，带动学校发挥优势、办出特色”这一重要原则，积极倡导和支持特色强校。高校办学应该坚持有所为、有所不为，倡导和鼓励在不同层次不同领域办出特色、争创一流，切忌千篇一律，不能动辄都要办综合性大学、研究型大学或不断开设新的专业、申办新的硕士点和博士点。长期多面出击，结果就会导致无法集中“优势兵力”，“面面俱到”最终成了“面面不到”。有特色，才能显优势；有优势，才能树品牌；有品牌，才能立于不败之地。高校一旦明确了自身的办学特色，就应该守好“本分”，瞄准方向不折腾，强化特色优势学科，避免“朝秦暮楚”“翻来覆去”，努力形成“百花齐放、各安其位”的高等教育办学格局。

高等教育坚持走内涵式发展道路，就要坚持稳定发展规模，走集约发展的路子，规避贪大求全、盲目铺摊子。国家财政性教育经费支出占国内生产总值比例已经达到 4%，高等教育经费实现了明显增长，办学资源和办学条件也都有了明显的改观。经费增加了，条件变好了，关键就是如何用好的问题，能否做到“好钢用在刀刃上”。集约发展，就是在资源一定的基础上通过优化资源配置结构和提高使用效率实现高等教育效益的最大化，借鉴经济学上的投入—产出分析理论算好发展的“经济账”，避免“高投入、低产出”的粗放式发展模式。集约发展的实质就是在高等教育发展的进程中优化管理模式，厉行节约、避免浪费，把人、财、物管好用好，不该用的不用，该少用的不要多用，该用在此处的就不用在彼处，不推诿、不扯皮、不懈怠，让资源发挥最大效用、实现最大效益。

高等教育坚持走内涵式发展道路，不是“关起门来自己玩”，而是要“敞开大门迎接八方来客”，坚持开放办学，拓展国内国外两大平台，全面提升高等教育的国际化水平。开放办学应该是全方位、多层面和立体化的，强调的是合作协同、优势互补、“博百家之长为我所用”，应该涵盖人才培养、科学研究、社会服务和文化传承创新等各个方面。坚持开放办学，就是应促进高校与高校之间、高校与科研院所之间、高校与行业企业之间以及国家与国家之间的协同合作，探索开放合作新机制，提升自主创新能力。目前，不少高校都已确立了国际化发展战略，这是我国高等教育与世界接轨、参与国际竞争的必然之选。不断推进办学理念的国际化、空间的国际化、人才培养的国际化、人才队伍的国际化、科学研究的国际化、管理模式的国际化等，都应是高校开放办学和国际化发展战略的应有之义。

高等教育坚持走内涵式发展道路，就需要以体制机制改革为重点，在不断改革创新中求得发展。传统发展模式已经不能适应当前和未来高等教育的发展要求，不改革就没有发展出路。国家教育体制改革试点已全面启动，无论试点项目立项与否，不同层面和类型的高校都应该抓住有利时机，针对制约高等教育发展的体制机制障碍，以培养模式、办学体制、管理体制和保障机制改革为重点，理顺自身发展路子和机制，同时为国家教育体制改革探索积累经验。与此同时，高校内部实现创新发展，还需要不断提升学校科学管理水平，改进管理模式和手段，坚持管理重心下移等，从而加快建设现代大学制度，积极探索现代大学制度的实现形式。

贾兆帅

目 录

第一章 新时代高等教育的历史地位……001

第一节 世界高等教育缘起与发展……003

第二节 中国高等教育发展脉络……010

第三节 教育强则国家强……020

第四节 新时代亟须建设高等教育强国……024

第二章 新时代高等教育的发展方向……029

第一节 坚持社会主义办学方向……031

第二节 坚持扎根中国大地办大学……034

第三节 坚持立德树人根本任务……044

第四节 建设世界一流大学和一流学科……049

第三章 新时代高等教育发展的新形势与新规律……055

第一节 新机遇……057

第二节 新挑战……064

第三节 新规律……073

第四章 新时代高等教育内涵式发展的科学内涵……081

第一节 提升质量是生命线……083

第二节 坚持内生式发展道路……088

第三节　坚持特色发展道路 …… 093
第四节　坚持集约发展道路 …… 098
第五节　坚持开放发展道路 …… 102
第六节　坚持共享发展道路 …… 105
第五章　新时代高校人才培养新模式构建 …… 109
第一节　统筹学生第一与教师为本 …… 111
第二节　统筹精神成人与专业成才 …… 114
第三节　统筹理论教学与实践培养 …… 118
第四节　统筹线下教学与线上自学 …… 121
第五节　统筹个体学习与成长共同体 …… 125
第六节　统筹扎根中国与融通中外 …… 129
第六章　新时代高等教育内涵式发展的人才支撑 …… 133
第一节　全心全意依靠教职工办学 …… 135
第二节　加强高校师资队伍建设 …… 140
第三节　加强干部队伍建设 …… 146
第四节　加强思想政治工作队伍建设 …… 151
第七章　新时代高等教育内涵式发展的制度支撑 …… 157
第一节　坚持党委领导下的校长负责制 …… 159
第二节　构建科学的校院两级管理体制 …… 167
第三节　推进人事制度改革 …… 172
第四节　全面推进依法治校 …… 178
第五节　大力推进教授治学 …… 184
第八章　新时代高等教育内涵式发展的文化支撑 …… 193
第一节　大学文化：高等教育发展之魂 …… 195

第二节　大学文化的底蕴深厚……198
第三节　大学文化"润物细无声"……200
第四节　大学文化的建设……202
第五节　坚定大学文化自信……206

第九章　人工智能时代高等教育的发展展望……209

第一节　人工智能的基本内涵……211
第二节　人工智能与高等教育之间的发展关系……216
第三节　国内外高校人工智能教育现状……219
第四节　人工智能时代的高等教育发展前瞻……223

参考文献……235

后　记……241

第一章 新时代高等教育的历史地位

高等教育是人类社会发展到一定历史阶段的产物。不同历史时期、不同地域国度，高等教育组织机构、教学内容、管理模式、发展轨迹均有着相异的变化，但不论表现形式和本质特征如何呈现，高等教育对人类社会进步的推动作用是毋庸置疑的，在人类历史长河中占有极其重要、无可替代的地位。

第一节　世界高等教育缘起与发展

一、古代高等教育的缘起

高等教育的历史久远悠长。四大文明古国——古埃及、古巴比伦、古印度和中国都是高等教育的发源地。古埃及著名的神庙或寺庙，如海力浦里斯、卡拉克和孟非斯；古巴比伦培养书吏的学校“泥版屋”；古印度的“塔克西拉”“那烂陀”；古代中国黄帝时期的成均，夏商时期的庠序，春秋战国时期的“稷下学宫”“孔子私学”，汉朝的太学，唐宋时期的书院，明清时期的国子监，这些古代机构大多传授代表当时最高水平的知识学问，培养当时最高层次的人才，都可被认为是古代高等教育的存在形式。

西方高等教育源于古希腊诗人和自然哲学家传授自己学说和理论的活动。公元前 6 世纪，毕达哥拉斯成立的集研究和教育活动为一体的宗教团体“毕达哥拉斯学派”，可被视为古希腊甚至整个西方高等教育的萌芽。公元前 387 年柏拉图创办的“学园”与公元前 393 年爱苏格拉底开办的修辞学学校，代表当时两种不同的高等教育机构。“学园”的出现是古希腊正规高等教育的滥觞，也是西方高等教育发展的真正源流。“学园”和修辞学学校、亚里士多德的“吕克昂”、伊壁鸠鲁和芝诺的哲学学校等，作为古代西方传授哲学和修辞学的高等学府，共同构成西方历史上的“雅典大学”模式，培养了大批人才。这一类型学校教学内容较为单一，如毕达哥拉斯学派主要教学内容就是数学和音乐，修辞学学校主要进行辩论艺术相关教育。

公元前 308 年，埃及亚历山大里亚博物馆创立。公元前 3 世纪至 1 世纪间，亚历山大里亚博物馆在自然科学、医学、语文学等方面取得学术成就之高，影响之深远，堪与雅典媲美。公元 425 年，被视为欧洲中世纪初期第一所大学机构的康斯坦丁堡帝国大学创立，首次实现在单一学术机构同时传授医学、辩证法、法律、文法、希腊语、拉丁语、修辞学等多种学问。

上述这些机构虽然地域不同、创立时间不同、名称不同，但从传授与研究最高层次的知识、培养最高级的人才，并对此后高等教育产生重要影响等意义上而言，确实是当时的高等教育机构，甚至个别是当时的学术研究中心，为近现代大学的兴起和发展产生了重要影响。同时也必须说明，虽然许多教育史家把上述地方的高等学府称为“大学”，但严格讲，它们还不是真正意义上的大学。

二、欧洲中世纪大学的产生

欧洲中世纪常被称为“黑暗时代”，教会掌握世俗权力，封建等级关系森严，世俗文化荡然无存，经济发展缓慢，但正是在这一封闭落后的时期萌发了它的对立物——大学。大学（university）一词来源于拉丁语universitas，意为“整体的”“全部”等。13世纪以后，university开始专门用于指代学者们或师生们组成的行会，与今天专指传授高深学问或开展研究活动的学术机构有所不同。欧洲中世纪大学在教育理念和课程内容等许多方面，继承了古代东西方，特别是古希腊、古罗马以及阿拉伯世界的教育遗产，塑造了世界近现代大学和高等教育机构的基本原型。

欧洲中世纪大学的起源争论颇多，因大学定义标准的差异，创立于1088年的意大利博洛尼亚大学（University of Bologna）、创立于1208年的法国巴黎大学（University of Paris）、创立于1224年的意大利那不勒斯大学（University of Naples）等都可视为欧洲乃至全世界最古老的大学。

中世纪大学形成和产生主要有自然形成型、创立型、衍生型三种基本途径。

（1）自然形成型。即学者或师生自发研习学问，后逐渐发展为大学。巴黎大学和博洛尼亚大学是自然形成型的典型代表。博洛尼亚大学前身是法律学校，是欧洲最著名的罗马法研究中心，也被称为“母大学”，是一所典型的学生型大学，学生校长是大学的最高管理者以及大学制订的各项法律规定的执行者。巴黎大学由巴黎圣母院附属天主教学校发展而来，是一所典型的教师型大学，教师是主体，支配着教学和管理活动，主要传授古希腊“七艺”和《圣经》方面的高级学问。1208年，巴黎大学获得教皇英诺森三世认可，获得“学者和师生行会”资格，获得相应地位和权力，现代大学最初原型逐步出现。

（2）创立型。即皇帝、国王或教皇等通过颁发特许状直接创办大学。如1224年，德国皇帝弗列德里西二世出于维护帝国统治和保持帝国强大繁荣的目的，创立中世纪第一所由国家或王权控制的那不勒斯大学；1244年，罗马教皇为培养教会服务人才，创立罗马教廷大学。14世纪以后，由于大学作用日益凸显，由国家或教会创立的大学迅速增加。据记载，从1300年至1378年，欧洲新建的大学大部分为“创立型”。

（3）衍生型。即学者或师生离开原来所在大学，按原有大学模式异地创办的大学。具有代表性的为英国牛津大学和剑桥大学，均是由当时在巴黎大学学习的英国学者返回英国后以巴黎大学为模式建立的。

古代东西方高等教育机构的最大特点之一，就是教育机构主要由个人创办，创办者招收门徒，传授本门学派观点学说，基本由个人管理，采取师徒传授教学方式。与此相比，欧洲中世纪大学的基本特点则是大学师生通过建立自己的行会和各级各类组织，拥有较大自治权，可自行开设课程、聘请教师、制订学术标准等，不受外来干涉。欧洲中世纪大学堪称“国际性”学术机构，至少欧洲范围内学者和学生可自由流动，选择自己向往的大学从事学习和研究活动，并可以得到各地大学都相互承认的资格证书。欧洲中世纪大学奠定了近现代大学的某些办学基础，如导师制教学方式，以学部、学院为架构的教学行政组织形式等。现代意义上的学士、硕士和博士三级学位制度也直接起源于中世纪的英国。英国学位后来被移植到美国，19世纪之后，随着美国研究生教育的出现和对世界高等教育的影响，大部分国家和地区依照美国模式建立了现代意义上的学位制度。

三、近代大学的兴起

“近代大学”开始于19世纪初，是指启蒙运动以后经过理性主义改造，特别是指以德国洪堡创办的柏林大学为代表的新型大学。洪堡提出了著名的“洪堡大学的三原则”，即“大学自治”“学术自由”“教育与科研相统一”，并呼喊出了“为科学而生活”的口号，这句口号也成为柏林大学的校训。一般认为，1809 年德国柏林大学的创立标志着近代意义上的大学诞生了。

中世纪传统大学到近代大学的演化从 16 世纪既已开始。地理新发现开拓了人们视野，封建庄园经济逐步崩溃，工商业资本主义不断发展，欧洲历史即进入一个新的发展阶段。在欧洲文艺复兴运动、宗教改革运动以及近代科学革命等因素影响下，欧洲大学开始进入近代高等教育阶段。这一时期，高等教育机构类型日益多样化。除传统大学之外，出现了独立学院、专门学院等类型和层次的高等教育机构，如主要传授古典人文教育的独立学院和神学院，以及主要为某一特定学科领域或按照某一职业开设课程，实施专业或职业教育的外科学院、军事学院、农业学院等专门学院。这些专门学院是欧洲近代高等教育机构的前身。同时，传统大学的组织结构和职能也开始发生变化。以巴黎大学为代表的教师型大学衍生出教师型、学院型、混合型等多种办学形态。以博洛尼亚大学为代表的学生型大学，原先由学生行会支配的大学管理权逐渐过渡到大学教师和地方当局手中，绝大多数学生型大学逐步成为国家培养高级官僚或地方政治、经济发展服务的高等教育机构。更为重要的是，这一时期欧洲大学的办学理念、课程设置等方面与中世纪传统大学相比出现显著变化，最具代表性的是德国大学的改革。如，哈勒大学文学部依附于神学等其他专业学部的传统得到改变，首次提出教学与科研相结合的主张。哥廷根大学法学部设置了大批为近代工商业社会发展需要、能直接服务于国家内政外交的法律课程，等等。

哈勒大学（1694 年）、哥廷根大学（1737 年）、埃尔朗根大学（1743 年）的成立，标志着德国大学发展进入一个崭新阶段。哈勒大学、哥廷根大学在办学理念和课程设置等诸多方面区别于中世纪传统大学，对 19 世纪初创立的柏林大学产生很大影响，因此不少学者也认为，早在柏林大学之前建立的两所大学可以视为德国乃至世界高等教育史上近代大学的开端。

需要引起注意的是，这一时期，现代高等教育理论逐渐形成，奠基者和开创者就是纽曼。他在其著作《大学的理想》中指出：“大学就是传授普遍知识的场所。”“大学教育是心智训练，而不是知识。”“大学的职能是教学而非研究。”

四、现代高等教育的勃兴

对于何为“现代”，我们并无明确的时间界线，但人们常常用“现代高等教育”来泛指 20 世纪以来高等教育形态的方方面面。20 世纪是世界高等教育快速发展的时期。两次世界大战一方面对欧洲高等教育的发展产生了迟滞作用，世界高等教育的中心渐次向美国转移；另一方面使高等教育尤其是高等学校的科学技术研究对国家军事、经济安全产生的作用受到各国政府的重视，涌现出一批世界一流的研究型大学。20 世纪，世界高等教育发展最具代表性的成就是美国社区学院的出现、威斯康星大学和威斯康星思想的形成与发展。这个时期，现代大学的职能由人才培养一项职能，发展到人才培养、科学研究两项职能，再发展为人才培养、科学研究和社会服务三项职能。

美国高等教育虽然起步较晚，但在诸多方面引领现代高等教育的发展。特别是进入 20 世纪以后，美国迅速发展成为世界上经济最发达的国家，同时也建立起世界上最发达的现代高等教育系统。美国是英属殖民地，最早移民来自英国，移民中 90%以上为基督教徒，这就决定了美国的大学一开始就是以英国教会私立高等院校传统为其模式。1636 年，哈佛学院成立。此后 134 年间，至 1769 年，共创建 9 所学院。这一时期实行的是英才教育，目的就是为有关教会培养牧师，基本就是教会的附庸，哈佛学院、耶鲁学院约 70%的毕业生从事牧师工作。殖民时期的美国高等教育就是宗教教育。美国独立战争结束后，美国建立起联邦的资产阶级政治制度，也开始实行高等教育的多样化政策。美国高等教育也开始从宗教教育向世俗教育转化。大学不仅是知识的宝库，而且是智慧的实验室，青年学生到处探索关于宇宙、社会关系、伦理道德等难题，涉及自然科学、社会科学和人文科学。

1819 年，州立弗吉尼亚大学创立，公立学校开始创立。公立、私立院校并存共荣、互相竞争、互相促进，共同推进美国高等教育发展。1862

年，美国联邦政府颁布了“莫里尔法案”。“莫里尔法案”和随后有关法案，促进了美国公立大学的蓬勃发展。第二次世界大战后，美国高等教育迅速发展，到了20世纪60年代，美国青年入学比例达50%左右，接近于普及高等教育。美国高等教育具有职业定向、多样化和层次化、学术自治和自由等重要特点。随着实用科目引进学院课程，高等教育的目的发生巨大变化。

1876年，以约翰斯·霍普金斯大学的创立为代表，标志着新型研究型大学在美国诞生，不但成功将德国大学注重研究的功能引入美国，还创造性地设立了研究生院，在制度上将教学与研究有机结合在一起。约翰斯·霍普金斯大学不但是美国，也是世界研究型大学的最初制度模型。此外，哈佛大学、耶鲁大学等也纷纷进行改革，建立起相应的研究生教育机构，确立科学创新的高等教育理念，也确保了美国高等教育科研创新能力和办学水平在20世纪居于世界前列。

21世纪以来，高等教育也迎来了新的发展时期。高等教育规模迅速扩大，发达国家经过高等教育大众化阶段后，迅速进入普及化阶段；高等教育与国家、社会、市场的联系日趋密切，逐步走出象牙塔，由社会的边缘走向社会的中心，呈现出多元化发展的层次和类型。2015年，联合国教科文组织成立70周年，发布了成立70周年以来第三份重要的教育报告《反思教育：向“全球共同利益”的理念转变？》。这是联合国教科文组织自1945年成立以来，继《学会生存——教育世界的今天和明天》《教育——财富蕴藏其中》之后，第三份具有里程碑意义的报告，开创了一个新时代。报告提出，教育要以人文主义为基础，尊重生命和人类尊严；教育的全球共同利益，需要采用开放和灵活的全方位的终身学习方式；在数字化、互联网时代，学校教育和教师不会消亡。

（1）大众化、普及化趋势。

20世纪六七十年代，由于科学技术的发展引起的生产转型和发展需要大批掌握科学技术的人才，高等教育迅速发展，发达国家高等教育进入大众化的阶段。60—70年代，世界许多国家（包括日本、澳大利亚、加拿大等）的高等教育都已经相继步入了大众化阶段。据统计，全世界高等教育毛入学率的变化为：1985年为12.5%，1992年为14.6%，1997

年为 17.4%，2012 年为 32%；其中发达国家高等学校入学率 1985 年为 38.9%，1992 年为 46.7%，1997 年为 61.1%，已经达到普及行列。[①]因此，从发展的规模和速度看，高等教育大众化进程的推进速度一直较快，世界许多国家和地区已经达到普及阶段。中国高等教育普及化推进步伐较慢。1978 年，高等教育毛入学率只有 1.55%，1988 年达到 3.7%，1998 年升至 9.76%。1999 年开始大学扩招，高等教育毛入学率快速上升，2002 年达到 15%，高等教育从精英教育阶段进入大众化阶段。2019 年，高等教育毛入学率 51.6%，进入高等教育普及行列。[②]

（2）高等教育的终身化。

终身教育的概念始于 20 世纪 20 年代，流行于 60 年代。[③]终身教育主张教育应该贯穿于人一生中各个阶段，教育包括正规教育和非正规教育、正式教育和非正式教育。终身教育认为，教育已不再是某些杰出人才的特权或某一种特定年龄的规定活动，教育正在向着包括整个社会和个人终身的方向发展。终身教育改变了人们对教育的认识。2000 年，联合国教科文组织发布了《教育的权利：走向全民终身教育》的报告，提出 21 世纪教育要从全民基础教育走向全民终身教育。终身教育思想对高等教育的发展产生了重大影响。高等教育不再是少数人享受的一次性教育，高等教育应该纳入终身教育体系，为需要学习的人提供继续学习、不断学习的机会。高等教育已经成为终身教育体系中的一个重要环节。高等教育不再是只为特定年龄段（18 ~ 25 岁）的人提供学历教育，高等教育为所有年龄的人服务，提供各种培训计划，提供正规或非正规的各种课程。

① 联合国教科文组织. 世界教育报告（1995）[R]. 联合国教科文组织中文科，译. 北京：中国对外翻译出版公司，1997：105. 联合国教科文组织. 世界教育报告（2000）教育的权利：走向全民终身教育[R]. 联合国教科文组织中文科，译. 北京：中国对外翻译出版公司，2001：113. 联合国教科文组织统计机构（UIS）在线数据库. 高等教育毛入学率（Gross enrolment ratio, tertiary, both sexes)[DB/OL]. http://data.uis.unesco.org/.

② 2019 年全国教育事业发展统计公报[DB/OL].http://www.moe.gov.cn/jyb_sjzl/sjzl_fztjgb/202005/t20200520_456751.html.

③ 1929 年，德国成人教育家耶克斯利《终身教育》出版，首次提出“终身教育”一词。1956 年，法国《贝莱伊尔教育部长方案》首先使用“终身教育”概念。1965 年，保尔·朗格在联合国教科文组织第三届成人教育委员会成人教育国际促进会会议上，正式提出了体系化、概念化的终身教育思想。

（3）高等教育的信息化。

20 世纪 90 年代，随着信息技术的发展，世界进入信息化时代。以国际互联网为标志的信息革命席卷全世界，深刻地改变着人类社会的生产、生活和思维方式，使教育的观念、内容、方法、结构发生着革命性的变化。许多国家从 90 年代初期就开始重视教育的信息化。美国早在 1993 年就提出，要把教育广泛构架在因特网上，使信息高速公路通向每一所学校、教室和图书馆，使美国每一个 8 岁儿童都能够独立阅读网上信息，12 岁就能借助网络学习。英国、法国、芬兰、日本、韩国、新加坡也纷纷制订规划，加快发展教育信息化。21 世纪以来，信息技术已经在我国高等学校广泛普及，多媒体与网络技术为高等教育发展注入新的活力，通过远程教育把优质教育资源传播到世界每一个角落，最大限度地实现全球教育资源共享。

（4）高等教育的国际化。

高等教育国际化是教育全球化的主要表现形式。20 世纪 80 年代以来，高等教育国际化已经成为世界高等教育发展的重要趋势。信息技术的发展又进一步促进了高等教育的国际化。从总体上看，高等教育的国际化是不可回避的。欧洲“博洛尼亚进程”反映了欧洲高等教育国际化、一体化的要求。欧盟成立以后，一直想在欧洲建立统一的欧洲高等教育区。1999 年 6 月 19 日，欧洲 29 个国家的教育部长在意大利博洛尼亚城，也即中世纪最早的大学博洛尼亚大学所在地，签订了《博洛尼亚宣言》，提出到 2010 年欧洲高等教育国际化具体目标。

第二节　中国高等教育发展脉络

中国近代高等教育举其大数不过百年，中国传统高等教育为之取代，是伴随着洋务运动兴起，以及洋务学堂陆续开办而发生的。与古代传统高等教育相比，清朝末年从西方引进的近代高等教育制度迥异，通过强行嫁接，开启了中国高等教育的近代化历程。

鸦片战争以后，为巩固统治政权，清政府内部部分人主张“洋务”，兴“西学”，试图振兴封建政权。1862 年，京师同文馆建立，标志着我国近代高等教育的萌芽。随后，上海广方言馆、广州同文馆、湖北自强学堂、天津水师学堂、天津武备学堂等一大批学堂相继创立。到 1894 年，共创办 30 所左右的此类学堂。与传统封建教育机构不同，这些学校不是培养作为各级封建官吏的“治才”，而是培养通晓各国语言和技术的所谓“艺才”。从整个中国高等教育史看，洋务派兴办的“西学”是对传统封建教育的一项重大改革，但绝非近代高等教育，对培养近代早期科学技术人才、创建中国近代高等教育起到了积极作用。1895 年，时任直隶津海关道兼直隶津海关监督盛宣怀在天津创办“中西学堂”，标志着我国近代大学教育的正式诞生。1896 年创办的上海南洋公学上院和 1898 年创办的京师大学堂，也通常被认为是中国近代大学的雏形。

中国近代高等教育的发展过程，是借鉴、模仿西方高等教育与自身艰难探索相结合的过程，主要分以下几个发展阶段。

一、模仿日本模式（1895—1911 年）

1904 年，清政府颁布第一部包括高等教育在内的具有近代意义的全国性学制——“癸卯学制”，即《奏定学堂章程》，正式确立了我国近代性质的高等教育制度。中国近代高等教育在“中学为体、西学为用”的思想指导下，以“谨遵谕旨，端正趋向，造就通才”为宗旨，注重实用科学，培养实用人才。直到辛亥革命前的十多年里，中国高等教育发展，无论是理论层面、制度层面还是实践层面，都弥漫着一种浓厚的“以日为师”的氛围。1898 年创办的京师大学堂第一份章程就是由梁启超“略取日本学规，参以本国情形草定规则八十余条”，即主要参照日本东京大学规程制定的。《癸卯学制》中有关高等教育的条文也几乎与日本学制中的相关规定一致。与洋务运动时期相比，学习的目标由泛化而集中，“泰西”一词被一个具体的国家——日本所取代，价值取向明确而单一。可以说，中国近代高等教育的起步时期，借鉴的是日本模式。

二、模仿德国模式（1911—1927 年）

1911 年，辛亥革命推翻了清王朝，结束两千多年的封建帝制，为中国近代高等教育的发展提供了一个相对宽松的环境，中国高等教育发展模式也日趋多元化。著名教育家蔡元培被任命为第一任教育总长，在其主持下，中华民国临时政府制定新的学校教育系统——“壬子癸丑学制”，颁布《专门学校令》《大学令》《专门学校规程》等一系列法令法规。这些法令法规的颁布，标志着资产阶级临时政府用“注重道德教育，以实利教育、军国民教育辅之，更以美感教育完成其道德”的教育宗旨，取代了清末“忠君、尊孔”的教育宗旨，划清了近代新式教育与传统教育的界限。“壬子癸丑学制”集中体现了蔡元培的“学术分校”思想，即：“治学者可谓之‘大学’，治术者可谓之‘高等专门学校’。”[①]大学是培训学者、全面提高人的学术素养的，高等专门学校则是造就高等专门技术人才的。蔡元培曾多次谈到，《大学令》中许多内容是“仿德国制”。但是从实践层面看，蔡元培借鉴德国高等教育的理想并未完全实现，摆脱日本单一模式束缚的努力未取得明显效果。直到 1917 年他出任北京大学校长后，学术自由和教授治学的高等教育理念才在他所主持的北京大学付诸实施，在短短的五六年时间使自由研究学术蔚然成风，学校面貌焕然一新。

三、模仿美国模式（1927—1949 年）

1927 年 4 月 18 日，南京国民政府成立。直至中华人民共和国成立的 22 年间，中国高等教育发展模式是以美国模式为基本走向，博采众长，融合欧美各国特点。大学实行选科制、学分制，以至于大学各专业缺乏明确的课程标准等都显示了美国高等教育的强大影响。进入 30 年代，中国高等教育表现出一种比较主动地吸收和借鉴欧洲各国高等教育经验的倾向。如在高中毕业生中实行会考制度，以整齐大学生的入学程度；教育部制订并实行有关大学教师任职资格的法令；强调大学毕业考试制度；等等。鼎盛时期就是 1927 年至 1929 年，全国范围内实行大学区制。蔡

① 《新青年》第三卷第六号，1917 年 8 月 1 日。

元培建议政府仿效法国教育制度，改用大学院和大学区制，并对此解释道："顾十余年来，教育部处北京腐败空气之中，受其他各部之熏染，长部者又时有不知学术教育为何物，而专鹜营私植党之人，声应气求，积渐腐化，遂使教育部名辞与腐败官僚亦为密切之联想。此国民政府所以舍教育部之名，而以大学院名管理学术及教育之机关也。"①

6 月，国民党教育行政委员会仿照法国教育行政制度，中央设中华民国大学院，主管全国教育，地方试行大学区，取代民国以来中央政府设教育部、各省设教育厅的教育行政制度。大学区以一省为单位，每省设国立大学一所，以所在省名为各大学名称，总管本省内一切学术教育事宜。大学区制最先试行于浙江、江苏、河北三省。但是实施过程中，矛盾重重。1928 年 10 月 20 日，国民政府正式下令改大学院为教育部。1929 年 7 月 1 日，国民政府决议"由教育部定期停止试行大学区制"。至此，大学区制完全被取消。

其实，早在蔡元培以德国高等教育为模式对北京大学进行深刻改造的同时，另一所国立大学——在南京高等师范学校基础上发展而来的东南大学迅速崛起。留美归国的教育学博士郭秉文主持下的东南大学以美国大学为榜样，延揽一批留美学生到校任教，集基础研究与应用研究为一体，从管理体制、系科设置、课程内容以至经费筹措等，全面学习、借鉴美国高等教育。至 20 年代中期，东南大学声誉日隆，影响日广，成为与北京大学南北呼应、交相辉映的中国高等教育的又一重镇。

四、模仿苏联模式（1949—1957 年）

中华人民共和国成立后，百废待兴，百业待举，亟需大量专业人才，尤其是工业建设专门人才。当时，中国政府缺少办学经验，非常倚重苏联专家的帮助。1949 年至 1959 年 10 年间，我国高等院校共聘请苏联专家 861 人，此外还有相当一部分专家在高等教育部担任顾问。在这些专家的指导和帮助下，我国对高等院校的培养目标、专业设置、教学计划、教学大纲进行全面修订调整。在"以苏联为师"和"向苏联一边倒"政

① 《大学院公报》第 1 年第 1 期，1928 年 1 月，第 11 页。

策影响下，中国高等教育的发展模式几乎重复了半个世纪以前走过的路径，即学习借鉴目标单一而集中，那就是以苏联为榜样。在继承改造原有高校的同时建立一大批新型高校，新的以苏联为模式的高等教育体制形成并确立，使中国高等教育的发展步入一个新的时期。

1951 年 11 月，教育部召开全国工学院院长会议，拟订工学院院系调整方案，揭开了 1952 年全国院系大调整的序幕。1952 年，教育部拟定发布“关于全国高等学校 1952 年的调整设置方案”，对全国民国时期留下来的高等学校进行全盘调整，将中国一举纳入苏联模式教育体系。这场教育体制改革，涉及全国四分之三的高校，形成了 20 世纪后半叶中国高等教育系统的基本格局。

这次大学院系调整的特点是，除保留少数文理科综合性大学外，按行业归口建立单科性高校；大力发展独立建制的工科院校，比如清华大学、浙江大学等，都被调整为单一的工学院。相继新设钢铁、地质、航空、矿业、水利等专门学院和专业。另外，还根据计划经济和工业建设的需要设置新专业，“新的专业的面则常比西方大学生主修的专业要窄”①，学生知识结构单一，影响了学科之间的渗透和人才的发展。院系调整的确加速了工业人才和师范类人才的培养，调整后工科学生数大增。相反，人文社会科学由于它的“资产阶级性质”而遭到否定，很多高校的政法、财经、社会学等人文社会学科被停止和取消。此次调整，政府接办改造了 65 所私立高校，取缔 24 所教会津贴的高校，包括当年名噪一时的“东方哈佛”圣约翰大学、燕京大学、震旦大学等。

五、独立自主模式（1957—1977 年）

1957 年以后，由于中苏关系恶化和国际国内形势变化，中国高等教育的发展逐渐走上了一条摒弃一切外国模式，复归“传统”的道路，力图用中国共产党在战争年代，特别是抗日战争时期在延安等根据地创办高等教育的经验、办法来指导全国高等教育改革。

从 1921 年中国共产党成立开始，中国共产党创办或与国民党合办高

① [美]费正清，R. 麦克法夸尔. 剑桥中华人民共和国史（1949—1965）[M]. 北京：中国社会科学出版社，1990：208.

等学校，均是以马克思列宁主义为指导，为革命斗争培养政治干部的。1921 年，毛泽东创办湖南自修大学；1922 年上海大学成立，于右任担任校长；1924 年，彭湃创办农民运动讲习所；1925 年，吴玉章创办中法大学，等等。从培养目标与教学内容看，它们都具有高等教育特点，在中国共产党领导的高等教育发展史上是不能抹掉的。第一次国内革命战争失败后，随着革命根据地的壮大发展，办起了几所规模较大的高级干部学校，如 1933 年成立的中国共产党直接领导下的第一所高等军事学校“中国工农红军大学”（后改为“中国人民抗日军事政治大学”）。1933 年成立的由毛泽东担任首任校长的苏维埃大学，形成了一个包括党、政、军、师范、艺术、医药卫生等较为全面的干部教育体系，这些高级干部学校属于高等教育性质。

1958 年，在全国“大跃进”背景下，所谓“教育革命”也轰轰烈烈开展起来。这年的“教育革命”具体表现在三个方面：一是强调教育为无产阶级政治服务，开展红专大辩论，用当时流行的“拔白旗”“插红旗”的方式，在批判所谓资产阶级学术思想的同时，组织学生编教材、编讲义；二是强调教育与生产劳动相结合，大搞不同形式的勤工俭学，在“大跃进”高潮中发展到组织师生大炼钢铁，大办各类工厂；三是用群众运动的方式办教育，实现各类教育的“大跃进”，特别是不顾条件开办一大批高等院校。

1958 年 3 月，陆定一在农业中学问题座谈会上提出，要在每一个地区办一所大学。6 月，刘少奇在全国教育工作会议上指示，“将来势必每个县有一所大学，准备十年达到这个目的。现在是否给每个县派一个、两个或几个大学生，这样学校就可以办起来了……”[①]全国各行各业都在大跃进，高等教育规模的发展也突飞猛进。1957 年，全国有 229 所高等学校；到了 1958 年秋天，全国各地已经建立起了 23 500 多所业余“红专”大学和半工半读大学。没有办大学的条件，就走“群众路线”。黑龙江省鹤岗市是一个典型的事例，书记挂帅，各方积极支援，七天办起了大学，号称除了用一元七角钱制作校牌外，一分钱也没花，解决师资的

① 关于教育的几个问题（1958 年 6 月 20 日）[G]//何东昌. 中华人民共和国重要教育文献（1949—1975）. 海口：海南出版社，1998：839.

办法是“大学生教大学生、高年级教低年级、专兼职教员相结合”。没有足够的生源，在政治优先的入学准入制度下，工人、农民、速成中学的工农毕业生和干部，只要具备推荐的条件，不需要经过任何书面的考试就可以上大学。高校中每年出身于工农学生的比例，从 1951 年的 19%增加到 1957 年的 36%。1958 年，由于实行了新的优先入学的办法，这部分人增加到了 48%，而 1959 年到 1960 年则增加到了一半以上。高等教育“大跃进”让中国高等教育的质量大踏步后退。

1966 年“文化大革命”开始，高等学校停止招生，大批知识青年到农村参加农业劳动。1968 年毛泽东在“七二一指示”中说“要从有实践经验的工人农民中间选拔学生”。1970 年 8 月，“文化大革命”期间，大学开始招收第一届工农兵大学生，不论文化程度，不管年龄大小，只强调政治条件，只要被组织推荐，就可以上大学。当时报刊广泛报道了高考时交白卷进入了大学的张铁生，宣称“大学就是大家来学”的 50 多岁的农民王大学，这些都被称颂为新大学生的楷模。到 1976 年，全国仅“七二一”大学就恶性膨胀到 33 374 所。

在 1957—1977 年的 20 年间，经历了 1958 年至 1960 年的“教育大革命”所带来的高等教育的“大跃进”。之后是随着国民经济的调整、巩固、充实、提高而进行的高等教育的大调整。从 1966 年开始的“文化大革命”，实际上是关起门来革教育和文化的命，在经历了高等学校三年不招生、工农兵上大学和在工人阶级领导下的“斗、批、改”之后，尽管达到了清除一切外国模式的干扰和影响的目的，但也让中国高等教育到了濒临崩溃的边缘。

六、大变革时期（1977—1998 年）

1978 年召开的中国共产党十一届三中全会作出了把工作重心转移到社会主义现代化建设的重大决策。在经历了闭关锁国 20 年所带来的种种灾难之后，随着改革开放基本国策的确立，中国的高等教育重新走向世界。1977 年 8 月，邓小平作出恢复中断 10 年之久的高考制度的决定。1978 年 3 月、4 月，中共中央、国务院先后召开全国科学大会和全国教育工作会议，从此拉开了当代中国改革开放的雄伟历史画卷的序幕，为在当代中国改革开放全局中确立“科教兴国”的战略地位铺下了第一块奠基石。1985 年《中共中央关于教育体制改革的决定》颁布实施，1993 年颁布《中国教育改革和发展纲要》，规定教育体制改革的任务是“建立适应社会主义市场经济的体制，更好地为社会主义现代化建设服务”。我国高等教育改革取得了突破性进展，最根本的标志是从适应计划经济的高等教育体制逐步转变为适应社会主义市场经济的高等教育体制，高校的办学积极性得以发挥，自主权得以落实。20 世纪后 20 年，中国高等教育的办学体制从高度集中的政府办学的单一模式走上了政府和民间多元办学的路子，在逐步改革中进入了高速健康发展时期。中国的高等教育步入了新天地，开创了中国高等教育的新时代。

1995 年 11 月，“211 工程”，即面向 21 世纪、重点建设 100 所左右的高等学校和一批重点学科的建设工程，经国务院批准后正式启动。“211 工程”是中华人民共和国成立以来由国家立项在高等教育领域进行的规模最大、层次最高的重点建设工作，是中国政府实施“科教兴国”战略的重大举措，是面对世纪之交的国内外形势而作出的发展高等教育的重大决策。1998 年 5 月 4 日，江泽民在庆祝北京大学建校 100 周年大会上宣告：“为了实现现代化，我国要有若干所具有世界先进水平的一流大学。”1999 年，国务院批转教育部《面向 21 世纪教育振兴行动计划》，“985 工程”正式启动建设。“985 工程”一期建设率先在北京大学和清华大学开始实施。

“211”“985”工程的实施，使国家能够集中优质资源，在较短时间内带动了我国高等教育整体水平的提升，部分重点大学和一些重点学科取得比较突出的成绩。但是随着 985、211 工程的推进，其负面影响逐渐显示出来：在高等教育方面，大学被人为分为三六九等，破坏了平等竞争，好的学校一直占据着优势资源，而处于弱势的大学则走向恶性循环；在基础教育方面，这种学校的划分也让名校情结变得非常严重，高考焦虑没有随招生录取率提高而缓减，反而加剧。

七、大发展时期（1999—2011 年）

1999 年 6 月 16 日，原国家计划发展委员会和教育部联合发出紧急通知，决定1999年中国高等教育在年初扩招23万人的基础上，再扩大招生33.7万人，这样普通高等院校招生总人数达到153万。1999年普通高等院校招生增幅达到42%。1999年教育部公布的《面向21世纪教育振兴行动计划》中提出，力求到2010年实现大学毛入学率15%（即在校人数与适龄人口之比），“十五”计划将这一目标的实现提前到2005年。继1999年高校扩招之后，2000年高校继续扩招，并且规定扩招比例要向西部地区倾斜。此后，高校扩招每年都以40万人以上的速度递增。大学新生从扩招前1998年的108万人，激升至2007年的567万人。从1999年，我国高等教育发生了历史性变化，发展规模先后超过俄罗斯、印度、美国，成为世界第一。2002年，我国高等教育毛入学率超过15%，进入国际公认的高等教育大众化发展阶段。2007年，全国各类高等教育在学人数约2700万人，高等教育毛入学率达23%，比1998年提高了13%。2011年，全国各类高等教育在学人数约3167万人，高等教育毛入学率达26.9%，比2007年提高了3.9%。

八、大提高时期（2012年至今）

2011年4月24日，胡锦涛同志在清华大学百年校庆重要讲话中强调，不断提高质量是高等教育的生命线，我国高等学校要把提高质量作为教育改革发展最核心最紧迫的任务，始终贯穿人才培养、科学研究、社会服务、文化传承创新各项工作之中。2012年，《关于全面提高高等教育质量的若干意见》出台，把人才培养作为提高质量的首要工作。提高质量，必须树立科学的高等教育发展观，转变高等教育发展方式，走以质量提升为核心的内涵式发展道路。《若干意见》提出了高等教育内涵式发展的总体要求，这就是：稳定规模、优化结构、强化特色、注重创新。一是稳定规模。今后要保持公办普通高校本科招生规模相对稳定，高等教育规模增量主要用于发展高等职业教育、继续教育、专业学位硕士研究生教育以及扩大民办教育和合作办学。二是优化结构。通过调整学科专业、类型、层次和区域布局结构，适应国家和区域经济社会发展需要，满足人民群众接受高等教育的多样化需求。三是强化特色。促进高校合理定位、各展所长，在不同层次不同领域办出特色、争创一流。

探索建立高校分类体系，制定分类管理办法，克服同质化倾向。根据办学历史、区位优势和资源条件等，确定特色鲜明的办学定位、发展规划、人才培养规格和学科专业设置。四是注重创新。鼓励地方和高校大胆探索试验，加快重要领域和关键环节改革步伐。

2015 年 8 月 18 日，中央全面深化改革领导小组会议审议通过《统筹推进世界一流大学和一流学科建设总体方案》并于同年 11 月由国务院印发，决定统筹推进建设世界一流大学和一流学科。2017 年 1 月，经国务院同意，教育部、财政部、国家发展改革委印发《统筹推进世界一流大学和一流学科建设实施办法（暂行）》。2017 年 9 月 21 日，教育部、财政部、国家发展改革委联合发布《关于公布世界一流大学和一流学科建设高校及建设学科名单的通知》，世界一流大学和一流学科建设高校及建设学科名单正式确认公布，首批双一流建设高校共计 137 所，其中世界一流大学建设高校 42 所，世界一流学科建设高校 95 所；双一流建设学科共计 465 个。

党的十九大明确提出：“建设教育强国是中华民族伟大复兴的基础工程，必须把教育事业放在优先位置，深化教育改革，加快教育现代化，办好人民满意的教育。”同时指出，要加快一流大学和一流学科建设。未来 15 年至 20 年，中国教育综合实力将持续增强，实现从教育大国向教育强国、从人力资源大国向人力资源强国的战略转变，提前 15 年实现教育现代化，建成教育强国，为 2050 年建设社会主义现代化强国奠定坚实基础。那时，中国成为世界教育改革和发展的重要引领者。一是教育思想引领世界。以中华优秀教育文化为基础，中国现代教育思想为主体，学习借鉴人类优秀教育文化，构建新时代社会主义教育思想体系，逐步扩大中国教育思想的国际影响力。二是教育改革引领世界。发挥中国作为世界教育改革和发展的最大“实验场”的作用，运用中国经验、中国方案和中国模式日益深刻而广泛地影响世界教育。三是教育质量引领世界。未来中国将更加积极地参与全球教育治理，参与制定世界教育质量标准，向世界输出优质教育资源，为全球教育发展和制度建设做出贡献。四是一流大学引领世界。2035 年，以北京大学、清华大学为第一梯队，进入世界一流大学行列，在基础研究和应用研究方面涌现一大批世界一流学科。

第三节　教育强则国家强

强国必先强教。对一个国家来说，教育兴则国家兴，教育强则国家强。教育是民族振兴、社会进步的基石，是提高国民素质、促进人的全面发展的根本途径。《中庸》有云："修道之谓教。""自诚明，谓之性；自明诚，谓之教。"《学记》有云："教也者，长善救失者也。"《荀子·修身》有云："以善先人者谓之教。"在西方，哲学家柏拉图认为，教育的目的在于使人的灵魂转向，即转离变动不居的感性世界，转向永恒不变的理性世界，认识最高的理念——善。哲学家黑格尔认为，教育的功用在于加速人的进化，使人成为有意识的人而不是孤独的人。这种人通过"人—自然""人—他人（他人、社会、全人类）""人—神"三重关系把自己和世界连接起来。

2013 年 4 月，习近平总书记在致清华大学苏世民学者项目启动仪式的贺信中指出："教育决定着人类的今天，也决定着人类的未来。人类社会需要通过教育不断培养社会需要的人才，需要通过教育来传授已知、更新旧知、开掘新知、探索未知，从而使人们能够更好认识世界和改造世界、更好创造人类的美好未来。"

人类社会发展史表明，教育既是一个国家、一个民族文明进步的重要标志，也是支撑经济社会持续健康发展的基石。不论是世界四大文明古国的起源，还是欧洲文艺复兴的兴起，再到近现代西方资本主义国家的迅速崛起，莫不如此。特别是在当代，科技技术突飞猛进，经济社会转型加速，知识越来越成为提高国家综合实力和竞争力的决定性因素，人力资源越来越成为推动经济发展和社会进步的战略性资源，教育对经济和社会发展的先导性、全局性作用日益凸显，教育越来越成为支撑国家和地区发展的核心因素。

一、社会政治稳定的必然要求

培养社会各个部门、各个领域的领导和管理者，使之具备统治阶级希求的政治理想与信念，离不开教育。《学记》："建国君民，教学为先。"

任何国家、任何社会制度、任何阶层，维护统治秩序、确保政治稳定，无不通过教育。《汉书·董仲舒》：“凡以教化不立而万民不正也。……古之王者明于此，是故南面而治天下，莫不以教化为大务。立太学以教于国，设庠序以化于邑，渐民以仁，摩民以谊，节民以礼，故其刑罚甚轻而禁不犯者，教化行而习俗美也。”高等教育从诞生之日起，就与政治结下了不解之缘。中国古代的高等教育，就是统治阶级为培养统治人才和高级管理人才而兴办的，“学而优则仕”，官学性质浓厚。虽然也培养一些现实社会所需要的专门技术人才，如唐代的书、算、律、天文等学校培养出来的专门技术人才，也多半只为统治阶级的政权服务。即使有些社会力量主办的学校（如书院等）注重培养学术人才，完善学生的人格，但都不可避免地带有官学化倾向，有其追求功名利禄的一面。

二、经济发展、科技进步的必然要求

国以人兴，业以人立，人力资源是永恒的第一资源。高等教育发达的强国，无不以其发达的经济作为高等教育发展的坚实基础，而高等教育的发展又为经济的持续增长提供着必要的高技能、高学历人力资本和先进的科学技术知识。科技的进步同样离不开高等教育所提供的坚实的人才与知识基础。在国家创新体系中，高等学校占据着重要的地位。首先，高校为社会培养人才，特别是培养从事科学研究、推动科技进步的人才。其次，大学因其学科门类齐全，学术传统悠久，学术氛围浓厚，历来是产生新认识、创造新理论、扩大新知识的主要基地。最后，高等学校通过应用研究与开发研究对技术的贡献在现代社会的经济发展中发挥着越来越积极、明显的作用。

三、文化传承创新的必然要求

教育是人类传承文明和知识、培养年轻一代、创造美好生活的根本途径。在高等教育与社会的诸多领域如政治、经济、科技、文化的关系中，一般认为高等教育与文化的关系具有更加悠久的历史与传统。大学作为“文化的堡垒”，不仅传承着文化、交流着文化、传播着文化，而且改造着文化、引领着文化、创新着文化。古埃及的神权政治和僧侣阶层垄断了一切文化教育活动。因此著名的神庙或寺庙，如海力浦里斯、卡拉克和孟非斯，除了宗教、道德和文学教育外，还传授数学、天文、物理、医学、农业、雕刻和防腐术等方面的内容。中世纪初期，基督教会就成了古代文化的承担者和传播者，保存了古代文化知识。在教会努力下，陆续出现了一些修道院学校、大主教区学校和教区学校。教会学校逐步形成了被称为“七艺”（文艺学科教育）的学习课程。在希腊时代，柏拉图提倡算术、几何、天文、音乐，加上智者们教的文法、修辞、辩论术，这七门课程在古希腊后期已逐渐成为学校普遍教授的科目。可见，教育特别是高等教育对文化传承创新具有重要的影响作用。

放眼世界，近现代以来，不少国家从落后到兴起，再到强盛，往往背后都演绎着一个个美丽的教育故事。教育强国既指教育综合实力强大，培养能力雄厚，具有全球性教育影响力和竞争力的国家，也指通过优先发展教育，全面提升国民整体素质，使国家更加强大、更加文明、更加富强。日、美、韩等国的发展历程充分证明了教育强则国强的道理。

自明治维新以来，历届日本政府把教育看作立国之本，认为重视教育是追赶欧美强国的有效途径。从 1872 年颁布第一个近代学制算起，日本仅用 35 年时间就普及了 6 年制义务教育，速度之快令世界震惊，这体现了日本教育强国的强烈愿望。第二次世界大战战败后，日本经济到了崩溃的边缘，国家荒芜，百废待兴。这时的日本更加重视教育，开始了第二次大规模的教育改革。战后历届内阁都紧紧抓住教育不放，把教育看成“国政的根本”“建立现代化经济的第一要素”。1947 年，在财政极为困难的条件下，还拨出国民生产总值的 6%作为教育经费，这一比例大大高于其他国家，1948 年即实现了九年制义务教育。20 世纪 70 年代后期，日本高中入学率已达 94%，基本普及了高中；大学入学率也上升到 37%，大学教育进入大众化阶段。1950 年，日本人均 GDP 只相当于美国的 19.6%。1953—1992 年，日本 GDP 年平均增长率为 6.5%，同期美国为 3%。到 1992 年，日本人均 GDP 相当于美国的 90.1%。日本创造了从 1820 年到 1992 年人均收入提高 28 倍的世界纪录。1913 年，日本人均受教育年限相当于美国的 68.2%，到 1953 年相当于美国的 80.8%，1973 年为 82.9%，1992 年为 82.4%。

20 世纪 50 年代末，韩国还是一个自然资源严重缺乏、工业基础十分薄弱、以农业为主的落后国家。20 世纪 60 年代以来，韩国经济取得了举世瞩目的成就，跨入亚洲“四小龙”行列，一跃成为新兴工业化国家。为了促进民族和国家发展，1968 年，韩国政府掀起了“韩国教育政策上的一大改革”，宣布实施初中免试升学制、《国民教育宪章》、大学入学预备考查制和函授教育制，并于 1968 年 2 月公布了《长期教育综合计划（草案）》，从此，韩国教育发展问题就列入了国家综合发展计划之中。这是韩国“教育立国”发展战略的开端。此后，历届韩国政府都奉行“教育立国”的国策，使教育事业得到了优先发展，为韩国的经济腾飞提供了大量高素质的人力准备。20 世纪 60 年代以来，以韩国为代表的亚洲“四小龙”花了 30 年时间追赶西欧国家。1965—1992 年，韩国 GDP 年均增长率为 8.8%。1973 年，韩国人均 GDP 相当于西欧 12 个国家人均 GDP 的 24.3%，到 1992 年上升为 57.5%。韩国之所以能够在相当长的时间内保持经济增长，加速发展中等教育和高等教育起了非常重要的作用。

美国是当今世界公认的高等教育强国。美国政府在政策和资金等方面对高等教育的长期大力支持，直接促进了美国科技与经济的发展。美国凭借其拥有的众多一流大学和整体创新能力成为世界上竞争力最强的经济体，高等教育作为知识创新、创新人才培养的基地，是美国成为世界经济大国的重要推动力量。美国学者 Becker 等依据 Angus Maddison（1987）提供的数据，使用柯布-道格拉斯生产函数，估算出了美国、英国、日本、德国、法国、荷兰等西方六国 1913—1984 年教育及高等教育对国内生产总值年平均增长率的贡献，结果表明高等教育发展对经济产出的增长具有重要的贡献。1913—1984 年，美国高等教育对经济增长的贡献率一直处于领先地位，尤其是在 1974—1983 年，美国高等教育对 GDP 增长率的贡献高达 14.61%，远远高于其他国家。普及化、高水平的高等教育为美国经济发展提供了强有力的支撑，使得美国在 20 世纪保持着世界经济强国的地位，引领着现代科技革命的发展。

第四节　新时代亟须建设高等教育强国

党的十九大吹响了决胜全面建成小康社会的冲锋号，描绘了建成富强民主文明和谐美丽的社会主义现代化强国的宏伟蓝图。对新时代中国特色社会主义发展的战略安排，展现出党和国家事业蓬勃发展的光明前景，更彰显了中国共产党的战略谋划和使命担当。习近平总书记在2016年12月8日全国高校思想政治工作会议上指出："当前，我们正处在全面建成小康社会决胜阶段，我们比历史上任何时期都更加接近中华民族伟大复兴的目标。中华民族和中国人民千年求索、百年奋斗的目标，将在不远的将来变成现实。"在党的十九大上，习近平总书记又指出："今天，我们比历史上任何时期都更接近、更有信心和能力实现中华民族伟大复兴的目标。""中华民族伟大复兴，绝不是轻轻松松、敲锣打鼓就能实现的。全党必须付出更为艰巨、更为艰苦的努力。"

新时代呼唤新使命，新征程更要有新作为。新时代社会主义现代化强国对高等教育的需要比以往任何时候都更加迫切，对科学知识和卓越人才的渴求比以往任何时候都更加强烈。高等教育使命崇高，重任在肩。

一、建设高等教育强国是党领导全国人民进行伟大社会革命的重要内涵

建设高等教育强国是中国共产党着眼于党的根本宗旨和历史使命所做出的政治抉择，也是着眼于世界发展新趋势以及人才战略支撑价值日益凸显所做出的战略选择。中华民族实现了从站起来、富起来到强起来的历史性飞跃，取得了一个又一个世人瞩目的巨大成就，创造了一个又一个彪炳史册的人间奇迹，这一过程也就是教育事业不断摸索、不断实践、不断创新、不断总结的过程。

早在五四运动之前，毛泽东、蔡和森等早期马克思主义者就用辩证唯物论和历史唯物论的方法，分析了教育的本质和功能，提出教育的人民性、公平性、革命性等观点和劳动教育、劳工教育、平民教育等问题，

并进行了大量实践。1921年7月，中国共产党正式成立，在《中国共产党纲领》和《中国共产党第一个决议》等文件中就阐述了对中国教育的主张，以马克思主义为指导的新民主主义教育思想从此萌芽。中华人民共和国诞生之日起，中国共产党和中国人民就把提高国民素质，建设社会主义作为自己的教育理想。

1949年12月，第一次全国教育工作会议明确“教育为国家建设服务，教育为工农开门”的方针和任务。改革开放初期，面对社会主义现代化强国的艰巨任务，邓小平同志深刻认识到教育对于推进人的全面发展和经济社会全面发展的巨大作用，认识到教育的基础性、先导性和全局性的战略地位，提出“教育是一个民族最根本的事业。要搞四个现代化关键靠人才，基础在教育”。1983年10月1日，邓小平同志为景山学校题词——“教育要面向现代化，面向世界，面向未来”，充分体现了中国现代化建设的新时代对构建当代教育理想的期望和要求。

20世纪90年代以后，以江泽民同志为核心的党的第三代中央领导集体，创造性地提出人才资源是第一资源的重要思想，大力实施科教兴国战略，坚持把教育摆在优先发展的战略地位，抓紧建设国家创新体系，把经济建设转移到依靠科技进步和提高劳动者素质的轨道上来。

党的十六大以后，在全国教育工作会议上，胡锦涛同志明确提出了教育强国的思想，并强调：“推动教育事业在新的历史起点上科学发展，加快从教育大国向教育强国、从人力资源大国向人力资源强国迈进，为中华民族伟大复兴和人类文明进步作出更大贡献。”2006年8月29日，中共中央政治局第三十四次集体学习，胡锦涛同志指出：“必须坚定不移地实施科教兴国战略和人才兴国战略，切实把教育摆在优先发展的战略地位，推动我国教育事业全面、协调、可持续发展，努力把我国建设成为人力资源强国，为全面建设小康社会，实现中华民族的伟大复兴提供强有力的人才和人力资源保证。”

“我们党领导的革命、建设、改革伟大实践，是一个接续奋斗的历史过程，是一项救国、兴国、强国，进而实现中华民族伟大复兴的完整事业。”[①]习近平总书记多次强调指出，教育决定着人类的今天，也决定着人类的未来。教育是强国富民之本，是中华民族伟大复兴之本。一个国家的繁荣，不取决于国库之殷实、城堡之坚固、公共设施之华丽，而取决于公民所受教育如何。

建设教育强国是党中央在社会主义新时代作出的重大战略部署，是国家意志和国家行动。必须继续将教育摆在优先发展位置，建设一个教育综合实力和服务能力强大的国家，构建全体人民普遍享受优质基本公共教育服务的教育制度和具有中国特色、世界水平的现代教育，实现教育强国，实现教育富民，为建设社会主义现代化强国提供强有力的人力和智力支撑。

二、建设高等教育强国是中华民族伟大复兴的基础工程

百年大计，教育为本。习近平同志指出：“教育是提高人民综合素质、促进人的全面发展的重要途径，是民族振兴、社会进步的重要基石，是对中华民族伟大复兴具有决定性意义的事业。”[②]中国是人口大国，也是教育大国。据《2019 年全国教育事业发展统计公报》，我国各级各类学历教育在校生已达 2.82 亿人，教育人口占总人口的 20.17%，相当于美国人口总数的 85.98%。在我国经济快速发展的同时，人口、资源、环境的承载力，在自然资源、物质资源和人力资源比较中，唯有人力资源可以形成比较优势。因此，要不断满足人民日益增长的物质文化需要，实现国家现代化的目标，就必须走科技含量高、经济效益好、资源消耗低、环境污染少、人力资源得到充分发挥的新型工业化的路子。

党的十九大提出了加快建设制造强国、质量强国、海洋强国、航天强国、网络强国、文化强国、人才强国、科技强国等一系列具体的强国目标，教育则是强国之基，是建设法治中国、平安中国、美丽中国、健

① 习近平. 在纪念毛泽东同志诞辰 120 周年座谈会上的讲话[N]. 人民日报，2013-12-27.

② 习近平在全国教育大会上强调坚持中国特色社会主义教育发展道路　培养德智体美劳全面发展的社会主义建设者和接班人[N]. 人民日报，2018-09-11.

康中国的灵魂工程。从“有学上”到“上好学”，从“大起来”到“强起来”，是中国教育进入新时代的一个重要标志。2035 年，中国要成为教育强国。建设教育强国，要为人民服务、为中国特色社会主义服务、为改革开放和社会主义现代化建设服务，更要为社会主义现代化强国奠定人才和智力基础，为中华民族伟大复兴作出重大贡献。

三、建设高等教育强国是民生发展的根本保证

教育是最重要的民生工程，建设教育强国是人民意愿，是富民之本。智穷则恒穷，智富则常富，富民之本在于富智。2012 年 11 月 15 日，刚刚当选中共中央总书记的习近平与中外记者见面，在谈到人民期盼时，首先提到了教育。“我们的人民热爱生活，期盼有更好的教育、更稳定的工作、更满意的收入……期盼孩子们能成长得更好、工作得更好、生活得更好。人民对美好生活的向往，就是我们的奋斗目标。”[①]

党的十九大报告提出，中国特色社会主义进入新时代，我国社会主要矛盾已经转化为人民日益增长的美好生活需要和不平衡不充分的发展之间的矛盾。进一步解决好教育领域不平衡不充分发展问题，满足人民日益增长的享受更公平更高质量教育的需求，作出无愧于时代、无愧于人民、无愧于历史的光辉业绩，让改革发展成果更多更公平惠及全体人民，让广大人民在共建共享发展中拥有更多的获得感、幸福感、安全感，实现幼有所育、学有所教，向人民交上一份满意的答卷，是未来一个时期教育改革发展的重要任务。

四、建设高等教育强国是贡献中国智慧中国方案的有效途径

高校开展人才培养、科学研究、社会服务、文化传承和国际交流合作等活动，终极目的是推动人类文明的发展。到 2035 年，中国的教育体系和教育制度将更加完善、更加先进、更具竞争能力，将为全体公民提

① 习近平等十八届中共中央政治局常委同中外记者见面[EB/OL]. 新华社，2002-11-15.

供普及度更高、质量更好、包容性更强的公共教育服务，人人学习、处处学习、时时学习的学习型社会也将日趋成熟。中国教育发展模式，将更加深刻地影响世界，特别是发展中国家。与德、英、美、日一样，中国将成为世界重要的教育中心之一，成为世界最重要的留学生目的地国家，更加积极地参与国际教育事务管理、规则制定和国际化人才培养，在国际教育交流服务中发挥重要作用。所以，总结好中国教育从人口大国到教育大国，再到教育强国的成功经验以及从学习借鉴到自信发展的历史进程，用别人听得懂和愿意接受的方式，把中国教育故事讲出去，为解决世界教育发展问题提供包括教育发展经验、发展道路、发展模式和发展理论在内的中国方案，全面提升中国教育理论与模式的影响力。

总之，教育在实现“两个一百年”奋斗目标、实现中华民族伟大复兴的中国梦的历史进程中具有不可替代的基础性、先导性、全局性地位和作用。只有实现教育现代化，才能实现人的现代化；只有实现人的现代化，才能实现国家和民族的现代化。建设教育强国是新时代中国特色社会主义教育的新定位、新使命和新担当，也是党中央发出的建设教育强国的动员令，必将成为未来几十年中国教育发展的重要指南。

第二章 新时代高等教育的发展方向

高等教育是一种社会存在，具有显著的阶级属性、社会属性和民族属性，在不同的民族、不同的制度、不同的社会以及同一社会的不同历史阶段，其性质、目的、内容等都会有明显差异。高等教育的发展方向，一定是与国家、民族、社会的现实需要和长远发展保持一致的。中国特色社会主义进入新时代，实现“两个一百年”奋斗目标和中华民族伟大复兴中国梦，高等教育的地位更加凸显、作用更加突出。正如习近平总书记所指出的，我们对高等教育的需要比以往任何时候都更加迫切，对科学知识和卓越人才的渴求比以往任何时候都更加强烈。因此，摆正新时代高等教育的发展方向，显得尤为关键和重要。

方向就是旗帜，方向就是灯塔。新时代高等教育发展首先要解决的问题就是方向问题，这关系到中国高等教育向何处去的问题，换言之就是办什么样的高等教育以及为谁办高等教育等根本性问题。方向明确，高等教育发展就明晰从哪着手、朝哪发力；方向不明，高等教育发展就只能在混沌中摸索前进；方向错误，高等教育发展就会南辕北辙，失去了其存在的意义和价值。新时代高等教育发展，必须要高举中国特色社会主义伟大旗帜，始终坚持社会主义办学方向，贯彻落实党的教育路线方针政策，扎根中国大地办大学，把立德树人作为根本任务，培养德智体美劳全面发展的社会主义建设者和接班人，把提升质量作为根本导向，建设世界一流大学和一流学科，建设高等教育强国，为实现中华民族伟大复兴中国梦提供强有力支撑。

第一节 坚持社会主义办学方向

我国高等教育是社会主义制度下的高等教育，我国高校也是中国共产党领导下的中国特色社会主义高校。我国高等教育发展必须要坚持社会主义办学方向，始终不渝以马克思主义为指导，全面贯彻党的教育方针，切实保证高等教育发展与中国特色社会主义伟大航船同心同向同行。

习近平总书记在全国高校思想政治工作会议上强调指出，我国高等教育发展方向要同我国发展的现实目标和未来方向紧密联系在一起，为人民服务，为中国共产党治国理政服务，为巩固和发展中国特色社会主义制度服务，为改革开放和社会主义现代化建设服务。[①]新时代中国高等教育发展，必须要立足中国特色社会主义道路、理论、制度和文化，坚持走中国特色社会主义高等教育发展道路，以习近平总书记提出的“四为”方针为根本指引，坚定社会主义办学方向。

一、坚持为人民服务

现代意义上的中国高等教育发端于半殖民地半封建社会的旧中国，这是近代开明人士、仁人志士为实现民族独立、人民解放、国家富强、社会稳定而提出的重要路径之一——教育兴国。我国高等教育从诞生之日起，就与民族的命运、人民的命运紧密联系在一起，勤劳善良朴实的中国人民从近代以来一直默默哺育着命运多舛的高等教育，没有人民对高等教育的支持和哺育，高等教育发展就失去了根基。随着中华人民共和国的成立，高等教育完全与人民站在了一起、融在了一起，人民始终是高等教育发展的重要支撑力量。习近平总书记指出，人民是历史的创造者，是真正的英雄。同样，人民也是我国近现代高等教育薪火相传、

① 习近平在全国高校思想政治工作会议上强调：把思想政治工作贯穿教育教学全过程 开创我国高等教育事业发展新局面[N]. 人民日报，2016-12-09.

不断开创历史辉煌的幕后创造者、幕后英雄。中华人民共和国成立 70 多年以来，特别是改革开放 40 多年来，高等教育发展取得了长足进步，必须要以更大的力度回馈人民、反哺人民，始终坚持为人民服务。新时代高等教育发展要牢牢坚持办人民满意的高等教育，不断满足人民对高等教育的新期待，把人民高兴不高兴、满意不满意、答应不答应作为检验高等教育发展好坏的试金石，关注人民呼声，回应人民诉求，关切人民利益，助力人民幸福。

二、坚持为中国共产党治国理政服务

我国高等教育是中国共产党领导下的高等教育，中国共产党的领导是我国高等教育发展的最本质特征。中共中央办公厅《关于坚持和完善普通高等学校党委领导下的校长负责制的实施意见》中明确提出，党委领导下的校长负责制是中国共产党对国家举办的普通高等学校领导的根本制度。中国共产党是中国特色社会主义事业的领导核心，肩负着实现中华民族伟大复兴的历史使命。中国特色社会主义伟大事业是一项前无古人的开创性事业，中国共产党作为长期执政的执政党，在国内外形势不断发生深刻复杂变化的大背景下，治国理政的难度也是前所未有的，团结带领全国各族人民夺取新时代中国特色社会主义伟大胜利、实现中华民族伟大复兴中国梦更是任重道远。高等教育作为中国共产党治国理政的重要支撑力量，要在各个方面巩固中国共产党的执政地位，坚持不懈传播马克思主义科学理论，坚持不懈培育和弘扬社会主义核心价值观，坚持不懈促进高校和谐稳定，坚持不懈培育优良校风和学风，把中国共产党的意志和主张贯彻到高校的各项工作中；同时还应该发挥高校的人才优势、智力优势，为中国共产党治国理政贡献智慧和力量，助力中国共产党提升治国理政的本领。高等教育为中国共产党治国理政服务，就是为建设伟大工程服务。

三、坚持为巩固和发展中国特色社会主义制度服务

中华人民共和国成立以来，经过几代中国共产党人的不懈努力和长

期探索，开辟了中国特色社会主义道路，形成了中国特色社会主义理论体系，确立了中国特色社会主义制度。习近平总书记指出，中国特色社会主义制度是当代中国发展进步的根本制度保障，是具有鲜明中国特色、明显制度优势、强大自我完善能力的先进制度。[①]中国特色社会主义制度是中国共产党领导中国人民在经济、政治、文化、社会、生态等各个领域所形成的一整套相互衔接、相互支撑、相得益彰的完善制度体系，这是历史的选择，更是人民的选择，也为解决人类问题贡献了中国智慧和中国方案。新时代我国高等教育发展为巩固和发展中国特色社会主义制度服务，就应该深刻理解中国特色社会主义制度的丰富内涵和重大意义，树立中国特色社会主义制度自信，坚决维护中国特色社会主义制度的权威，从不同的角度助力中国特色社会主义制度在国家各个角落落地生根，得到切实贯彻和落实，同时不断顺应时代发展的新要求，为巩固和发展中国特色社会主义制度贡献智慧，促进中国特色社会主义制度永葆生机和活力。

四、坚持为改革开放和社会主义现代化建设服务

习近平总书记指出，改革开放是当代中国最鲜明的特色，是我们党在新的历史时期最鲜明的旗帜。改革开放是决定当代中国命运的关键抉择，是党和人民事业大踏步赶上时代的重要法宝。[②]同时还指出，坚持和发展中国特色社会主义，总任务是实现社会主义现代化和中华民族伟大复兴，在全面建成小康社会的基础上，分两步走在本世纪中叶建成富强民主文明和谐美丽的社会主义现代化强国。改革开放以来，随着我国综合国力的显著提升，高等教育资金投入也不断增加，我国高等教育的整体水平有了较大提升，与世界一流大学的差距明显缩小。新时代我国高等教育发展为改革开放和社会主义现代化建设服务，就是为进行伟大斗争、推进伟大事业、实现伟大梦想服务，就是为实现“两个一百年”奋

① 习近平在庆祝中国共产党成立95周年大会上的讲话[N]. 人民日报，2016-07-02.

② 习近平在庆祝中国共产党成立95周年大会上的讲话[N]. 人民日报，2016-07-02.

斗目标服务，主动对接国家重大发展战略和区域发展需求，主动面向和服务国民经济主战场，发挥高校在人才、科技、学科等诸多方面的优势，集聚科技创造力、思想创造力，为决胜全面建成小康社会，开启全面建设社会主义现代化国家新征程不断作出新的更大贡献。

习近平总书记提出的高等教育发展“四为”方针的重要论断，成为新时代我国高等教育发展的方向指引，坚持“四为”方针就是坚持社会主义办学方向。这“四为”既是对新时代高等教育发展的方向要求，更体现了新时代高等教育发展对实现中华民族伟大复兴中国梦的极端重要性。

党政军民学，东西南北中，党是领导一切的。新时代高等教育发展始终做到“四为”，关键是加强党对高校的领导。习近平总书记指出，办好我国高等教育，必须坚持党的领导，牢牢掌握党对高校工作的领导权，使高校成为坚持党的领导的坚强阵地。[①]党对高校的领导，是高等教育沿着社会主义办学方向发展的根本保证。不坚持党对高校的领导，高等教育发展就会迷失方向，就会犯方向性错误。因此，推进新时代高等教育发展，建设高等教育强国，必须要加强和改进党对高校的领导，落实高校党委管党治党、办学治校主体责任，掌握高校思想政治工作主导权，不断提高党的建设质量。

第二节　坚持扎根中国大地办大学

习近平总书记在党的十九报告中指出：“加快一流大学和一流学科建设，实现高等教育内涵式发展。”[②]以习近平同志为核心的党中央作出加快建设世界一流大学和一流学科的重大战略部署，为我国高等教育发展

① 习近平在全国高校思想政治工作会议上强调：把思想政治工作贯穿教育教学全过程　开创我国高等教育事业发展新局面[N]. 人民日报，2016-12-09.

② 习近平. 决胜全面建成小康社会　夺取新时代中国特色社会主义伟大胜利[N]. 人民日报，2017-10-28.

开启了新的春天。习近平总书记2014年考察北京大学时就指出“办好中国的世界一流大学，必须有中国特色”“我们要认真吸收世界上先进的办学治学经验，更要遵循教育规律，扎根中国大地办大学”。[①]“扎根中国大地办大学”这一重要教育论断，科学回答了在社会主义中国“办什么样的大学、怎样办好大学”这一根本问题，这是新时代加快推进“双一流”建设的前进方向和根本遵循，更是建设高等教育强国的基本准则。在决胜全面建成小康社会、开启全面建设社会主义现代化国家新征程的关键历史时期，高校应该也必须发挥各自独特优势和积极作用，坚持“中国特色、世界水平”，扎根中国大地深入推进一流大学和一流学科建设，走出一条中国特色社会主义高等教育发展道路，当之无愧成为民族复兴大厦的重要台柱。

一、扎根中国大地办大学，需要坚持中国方向

所谓中国方向，就是社会主义办学方向。坚持什么样的办学方向从根本上说解决的就是为谁办学、为谁服务的问题。高等教育具有鲜明的阶级属性、社会属性和民族属性，不同的民族、不同的制度、不同的社会以及同一社会的不同历史阶段，其教育的性质、目的、内容等都会有明显差异。纵观世界高等教育发展历史，高等教育活动都不可能脱离或超越其所依存的特定社会关系或特定社会制度，其宗旨理念无一例外地要服务于不同国家或不同时代的政治制度，治理模式也无不镂刻着不同民族各自独特的历史文化印记。因此，高等教育是有国界的，或者可以更加形象地说，高等教育是有“胎记”的。

高等教育事业是中国特色社会主义事业的重要组成部分，中国特色现代大学制度是中国特色社会主义制度体系的重要组成部分。《中华人民共和国宪法》第十九条规定：“国家发展社会主义的教育事业，提高全国人民的科学文化水平。”《中华人民共和国高等教育法》第三条规定，国家“遵循宪法确定的基本原则，发展社会主义的高等教育事业”。习近平

① 习近平. 青年要自觉践行社会主义核心价值观——在北京大学师生座谈会上的讲话[N]. 人民日报，2014-05-05.

总书记强调，“我们的高校是党领导下的高校，是中国特色社会主义高校”，“我国高等教育发展方向要同我国发展的现实目标和未来方向紧密联系在一起，为人民服务，为中国共产党治国理政服务，为巩固和发展中国特色社会主义制度服务，为改革开放和社会主义现代化建设服务”。[①]这进一步阐明和丰富了新时代高等学校社会主义办学方向的具体内涵，更加清晰地指明了我国高等教育发展的具体方向，也是我国高校扎根中国办大学最鲜亮的底色，是我国现代大学制度与其他国家大学制度最本质的区别。古人云：“橘生淮南则为橘，生于淮北则为枳。”发展我国高等教育，可以吸收借鉴国外办学治校、培养人才上的有益成果和前沿探索，虚心学习他人的先进经验，不拘一格，博百家之长为我所用，但绝不能脱离中国的具体实际，更不能偏离社会主义办学方向，生搬硬抄、强行嫁接、囫囵吞枣、邯郸学步，否则只会水土不服、画虎不成反类犬，甚至会葬送国家前途命运。

二、扎根中国大地办大学，需要植根中国土壤

所谓中国土壤，指的就是中国独特的历史、独特的文化和独特的国情。我国著名教育家、思想家陶行知说过：“教育没有独立的生命，他以民族的生命为生命。”[②]担任哈佛大学校长 40 年之久的查尔斯·艾略特（Charles Eliot）说过：“一所名副其实的大学必须是发源于本土的种子，而不能在枝繁叶茂、发育成熟之际，从英格兰或德国移植而来。”[③]任何一个国家的高等教育所根植的历史土壤、文化土壤和国情土壤是有很大差别的，因此也就各自具有其自身独特的发展路径和发展规律。即使西方大学，如美国的哈佛大学、斯坦福大学，英国的牛津大学、剑桥大学，法国的巴黎大学、巴黎高等师范学院，德国的慕尼黑大学、海德堡大学，俄罗斯的莫斯科大学，也都是在自己的文化土壤里孕育和成长起来的，

① 习近平在全国高校思想政治工作会议上强调：把思想政治工作贯穿教育教学全过程　开创我国高等教育事业发展新局面[N]. 人民日报，2016-12-09.
② 陶行知. 行知行谈：国难教育方案之特质[J]. 生活教育，1936，3（1）：1-2.
③ 蔡元培，等. 大学精神[M]. 长春：吉林出版集团有限责任公司，2012：289-290.

闪烁着本民族智慧的创造与实践，更加体现着各自民族的精神追求和文化标识。

中国近现代高等教育蓄势于上下 5000 多年的悠久历史和璀璨的中华文明，发端于民族危难深重的半殖民地半封建社会的旧中国，成长壮大于社会主义制度下的新中国，腾飞于实现“两个一百年”奋斗目标的冲刺阶段。底蕴深厚的历史和文化积累，争取民族独立、人民解放的革命历程，丰富的改革开放和社会主义现代化建设实践，不断增强的道路自信、理论自信、制度自信、文化自信，就是我们扎根中国大地办大学的“中国土壤”。

习近平总书记强调：“我国有独特的历史、独特的文化、独特的国情，决定了我国必须走自己的高等教育发展道路，扎实办好中国特色社会主义高校。”[①]建设中国特色、世界一流的大学，既要紧扣世界一流目标，兼容并包，认真分析、吸收借鉴世界一流大学建设的共性内容和共同要求，立足时代，面向未来，真正体现世界水平，但也绝不能脱离中国土壤、异化中国基因，不加批判地吸收西方的思想文化，抛弃我们在思想、文化、教育及学术等方面的独立自主，绝不能使中国大学成为西方实施“文化霸权”的舞台，进而沦为西方世界的“附庸藩属”。否则，我国高等教育发展就成了无本之木、无源之水，跟在他人后面亦步亦趋，依样画葫芦，失去了自身的民族特性，根本无法长成屹立于世界高等教育之林的参天大树，无法传承和壮大其自身的中国基因，更加无法赢得世界对中国高等教育的尊重。

三、扎根中国大地办大学，需要培养中国人才

所谓中国人才，就是又红又专、德才兼备、全面发展的中国特色社会主义事业的建设者和接班人。要培养中国人才，为实现中华民族伟大复兴中国梦提供强有力的人才支撑。青年是国家的未来，民族的希望。习近平总书记强调：“青年的价值取向决定了未来整个社会的价值取

① 习近平在全国高校思想政治工作会议上强调：把思想政治工作贯穿教育教学全过程　开创我国高等教育事业发展新局面[N]. 人民日报，2016-12-09.

向。”[①]大学是传授知识、增长才干的场所，更是塑造和培养学生世界观、人生观、价值观的熔炉。大学从诞生的那一天起，就具有鲜明的意识形态属性。青年学生在这里初步建立起了较为稳定的价值观系统，开始迈入思想成熟期，努力完成由学校人向社会人的转型。著名的高等教育思想家纽曼在《大学的理想》中提道：大学既是一个教学的场所，更是一个培养人才的机构。“若大学课程一定要有一个实际的目的，我认为就是为了培养良好的社会公民。”[②]回顾历史，中国两千多年的封建社会，无论哪个朝代的统治者，为了维护和巩固自身统治，都致力培养修身齐家治国平天下的人才，都致力灌输符合统治阶级利益的伦理价值观。再看欧美等西方大学，它们的办学自主权再大，其人才培养也不能脱离为国家服务、为资本主义制度服务的轨道，爱国教育“天然”就是大学教育的重要组成部分，资本主义价值观在人才培养过程中或明或暗地融入其中，确保培养出来的人才不成为资本主义的掘墓人。

“培养什么人”“如何培养人”“为谁培养人”是建设中国特色社会主义大学要解决的根本问题。习近平总书记指出：“只有培养出一流人才的高校，才能够成为世界一流大学。”“高校立身之本在于立德树人”，“办好我国高校，办出世界一流大学，必须牢牢抓住全面提高人才培养能力这个核心点，并以此来带动高校其他工作”。[③]2018 年，习近平总书记在同北京大学师生座谈时强调：“古今中外，每个国家都是按照自己的政治要求来培养人的，世界一流大学都是在服务自己国家发展中成长起来的。我国社会主义教育就是要培养社会主义建设者和接班人。”[④]人才培养工作是高等学校最核心的工作，其他一切工作都需要服从和服务于人才培养工作；立德树人是高等教育的根本任务，离开了这一根本任务，高校也就不能称其为高校了。人才培养，关键在立德，德才兼备、以德为先。

① 习近平. 青年要自觉践行社会主义核心价值观——在北京大学师生座谈会上的讲话[N]. 人民日报，2014-05-05.

② [英]约翰·亨利·纽曼. 大学的理想（节本）[M]. 徐辉，顾建新，何曙荣，译. 杭州：浙江教育出版社，2001：97.

③ 习近平在全国高校思想政治工作会议上强调：把思想政治工作贯穿教育教学全过程　开创我国高等教育事业发展新局面[N]. 人民日报，2016-12-09.

④ 习近平在北京大学师生座谈会上的讲话[N]. 人民日报，2018-05-03.

这里的“德”既包含以共产主义远大理想和中国特色社会主义共同理想为核心的大德，也包括社会公德和个人私德，集中体现在社会主义核心价值观上。习近平总书记视察高等学校与师生座谈时，多次强调和阐释培育践行社会主义核心价值观，为当代青年大学生拨正人生航向、树起人生灯塔。

扎根中国大地办大学，培养中国人才，需实现专业成才与精神成人有机融合，先学做人再学做事，始终坚持正确的人才培养方向。既需要抓好专业知识教育，更需要加强思想政治教育，把思想政治工作贯穿教育教学全过程，把思想政治工作作为高等学校改革建设发展的“铸魂工程”“牵总工程”，牢牢抓住意识形态工作的领导权和话语权，守住意识形态工作阵地，尤其是需要主动占领网络阵地，加强管控和引领，教育引导学生正确认识世界和中国发展大势，正确认识中国特色和国际比较，正确认识时代责任和历史使命，正确认识远大抱负和脚踏实地，不断提升青年学生的政治敏锐性和政治辨别力，确保青年学生有过硬的思想水平、政治觉悟、道德品质和文化素养，确保青年学生不受西方资本主义思想文化以及各种社会亚文化的侵袭、浸染，使其自觉成为“社会主义核心价值观的坚定信仰者、积极传播者、模范践行者”，最终成长为有益于国家、社会和人民的栋梁之材。

四、扎根中国大地办大学，需要回答中国问题

所谓中国问题，就是巩固和发展中国特色社会主义制度、实现中华民族伟大复兴中国梦、建设社会主义现代化强国过程中遇到的发展难题。中国学校教育形成之初，就被赋予淳化世态民风的重要职能。《学记》明确指出“化民成俗，其必由学”“建国君民，教学为先”。萌芽于“两河流域”的高等教育最初也是为培养书吏而兴起的。根据《理想国》的记载，柏拉图创办“学园”的目的就是培养政治家，为治理国家出谋划策的哲学王或最高统治者。

问题是时代的声音。中国特色社会主义已经进入了新时代，高等教育战线必须主动适应新的历史方位，更加强化问题导向，解决好中国发

展中的问题。改革开放以来，我国经济长期保持中高速增长，在世界主要国家中名列前茅，国内生产总值已突破100万亿元，稳居世界第二，对世界经济增长贡献率超过30%。中国改革开放和社会主义现代化建设取得了历史性成就，令世界瞩目。中国高等教育也站在了新的历史起点上，步入了建设高等教育强国的发展快车道。但与此同时，国家面临的新困难和新挑战也是前所未有，无论是国际形势的瞬息万变，还是国内各种问题交织，都是对实现中国梦这一伟大梦想的重大考验。因此，我国高等教育在实现中华民族伟大复兴中国梦的伟大进程中，大有可为、大有作为。

习近平总书记2012年参观《复兴之路》展览时强调指出："我们比历史上任何时期都更接近中华民族伟大复兴的目标，比历史上任何时期都更有信心、有能力实现这个目标。"在全国高校思想政治工作会议上强调指出："我们对高等教育的需要比以往任何时候都更加迫切，对科学知识和卓越人才的渴求比以往任何时候都更加强烈。"[①]尤其是当前搅动世界神经的中美贸易摩擦事件，在一定程度上也反映了中国在掌握核心技术方面与美国仍有较大差距，很容易受制于人，这需要引起高度警觉。高等教育作为科技第一生产力和人才第一资源的重要结合点，需要充分发挥人才优势、智力优势和科技优势，自觉对接国家重大战略需求和经济社会发展主战场，立足中国发展实际，瞄准世界科技前沿，强化基础研究，加强创新体系建设，深化科技体制改革，营造浓厚的学术氛围和宽松的创新环境，不断提升高水平科学研究能力，实现前瞻性基础研究、引领性原创成果重大突破，以不畏艰难、勇攀高峰的进取精神，主动组织力量攻关急需解决的重大发展难题和技术难题，为我国的改革发展破除障碍、扫清道路，不断提升国家创新力，增强国家核心竞争力，为经济社会发展和创新型国家建设作出重要贡献。同时，高校需要加强中国特色社会主义新型智库建设，针对国家和区域经济社会发展面临的诸多现实问题，汇聚专家学者的智慧和力量，为国家和地方提出切实可行的

① 习近平．在全国高校思想政治工作会议上强调：把思想政治工作贯穿教育教学全过程　开创我国高等教育事业发展新局面[N]．人民日报，2016-12-09.

解决方案，充分发挥好高校的智囊功能。我国高校在与时代共振、回答中国问题的过程中，需要凝练自身的办学特色、培育自身的优势学科，实现特色发展、差别化发展，积极构建“百花齐放”的高等教育发展格局，在不同的行业领域、专业领域为实现中国梦提供强大支撑。

五、扎根中国大地办大学，需要建立中国标准

所谓中国标准，就是符合中国高等教育发展实际的评价标准体系。评价标准体系是高等教育发展的“指挥棒”，具有很强的导向性，可以非常明确地指明高等教育发展朝哪用力、如何着力，同时也可以增强中国高等教育的国际影响力和话语权。正所谓“得标准者得天下”，在人类交往的世界性比过去任何时候都更深入、更广泛，各国相互联系和彼此依存比过去任何时候都更频繁、更紧密的当今时代，谁掌握了标准的制定权，谁就掌握了全球通用语言，谁就拥有在日益激烈的竞争中更大的话语权和主动权。习近平总书记强调：“办好中国的世界一流大学，必须有中国特色。没有特色，跟在他人后面亦步亦趋，依样画葫芦，是不可能办成功的。”①教育和文化从来都具有鲜明的民族性，不同国家的世界一流大学一定是各有特色的，中国大学和学科的是非得失最终要由中国人自己来评价，西方还没有也不可能为中国准备一把丈量中国大学发展的标尺。与此同时，中国已经开始具备参与制定世界高等教育评价标准的底气和实力，世界高等教育评价标准体系的改革需要中国的参与，中国也需要以积极主动的姿态参与到世界高等教育评价标准体系的制定中，让世界高等教育领域听到中国声音、重视中国声音、吸纳中国声音、扩大中国声音。

客观来讲，在过去一个比较长的历史时期，中国缺乏高等教育自信，集中表现就是在学习借鉴西方高等教育发展经验过程中，“言必称希腊”，以西方高等教育为标准，常常将西方的办学理念、制度、模式、经验奉为圭臬，片面地认为：西方模式就是现代大学制度的普适模板，中国只

---

① 习近平. 青年要自觉践行社会主义核心价值观——在北京大学师生座谈会上的讲话[N]. 人民日报，2014-05-05.

能跟随、拷贝、复制；必须以西方大学制度为标准，符合即为正确，违背就是错误。过去高等教育自信的不足，使得一些人对扎根中国大地办高等教育的理念认识不深，在“何为一流大学”的评价中仍是多直接套用或间接参考西方国家标准和方法，缺乏足够多的中国声音、中国因素、中国影响力。

所以，建设中国特色的评价标准体系，第一要义就是以中国特色为统领，尊重高等教育发展的差异化，不照搬西方模式的“一刀切”。既要根植“中国土壤”，总结“中国经验”，彰显“中国优势”，以我为主，突出评价的主体性和主导权；又要兼容并蓄，以更加自信的姿态学习借鉴世界先进的高等教育发展经验；还要坚持问题导向，以立德树人为根本任务，聚焦“如何有用于中国社会”“如何解决国家和民族面临的时代问题”。坚决杜绝一味充当西方规则的跟随者，一味随欧美高校评价体系“起舞”，而要积极引导高校把中国特色与世界一流目标融合在一起，努力构建一套符合中国高等教育发展规律、发展特征和时代需要，具有世界一流水准的评价标准体系，为世界高等教育发展贡献中国智慧。

六、扎根中国大地办大学，需要打造中国模式

所谓中国模式，就是中国特色高等教育发展道路。“物之不齐，物之情也。”高等教育发展道路具有历史性和多样化的特征，始终处于一个不断探索完善的过程。回顾世界高等教育发展进程，东西方文明为人类孕育了特点迥异、各放异彩的高等教育模式。即使是以范本标榜的西方现代大学制度，也是在起伏进退过程中逐渐形成的。中世纪欧洲宗教寺院研究机构的大学、以德国柏林大学为代表的“学术社团型”大学，以美国威斯康星大学为代表的“社会服务型”大学，再到亚伯拉罕·弗莱克斯纳的“现代大学”、克拉克·克尔的“多元化巨型大学”，可以说，世界上不存在放之四海而皆准的高等教育模式，世界各国也都应该走出一条符合本国国情的高等教育发展之路，任何国家都没有权力去强迫其他国家构建某一特定的高等教育发展模式。

习近平总书记指出：“世界上不会有第二个哈佛、牛津、斯坦福、麻

省理工、剑桥，但会有第一个北大、清华、浙大、复旦、南大等中国著名学府。”[①]我国高等教育的发展不可能也不应该不加批判地照搬欧美等高校的发展模式、复制欧美高校的成功经验，必须抛弃依附心态和跟随心理，力克盲目追捧西方教育思潮和模糊套用西方模式的不自信思维方式，必须扎根中国大地走自己的高等教育发展道路，这是由高等教育发展规律决定的，更是由我国的具体国情所决定的。

中国是一个历史悠久的文明古国，是世界上办学历史最悠久和连续性最强的国家之一，曾对儒家文化圈的其他东亚国家产生深远影响。近代以来，一代又一代开明人士、仁人志士立足国情，从实际出发，改书院、废科举、兴学堂，脱胎换骨，从典型的东方学府改换为西式大学，教学内容也从传统的人文知识为主的中学转换为兼重自然科学知识的西学，中国高等教育开始与世界高等教育接轨，但一直扮演的是追随者的角色，这是由当时的历史环境和时代条件所决定的。中华人民共和国成立后特别是改革开放以来，我国高等教育事业步入强劲发展的快车道，一跃成为世界高等教育第一大国。目前，我国高等教育在学总规模占世界高等教育总规模的比例达到 20%，高等教育整体实力达到世界中上水平；高等教育毛入学率达到 51.6%，已经进入国际公认的高等教育普及化阶段。我国走出了一条从学习借鉴到自信发展的中国特色社会主义高等教育发展道路，实现了从人口大国到教育大国的伟大历史飞跃，开创了中国高等教育发展新的历史丰碑。这条道路是深刻总结中国近代以来高等教育发展惨痛教训中得出的基本结论，是中国社会 100 多年激越变革、激荡发展的历史结果，是中国人民翻身作主、掌握自己命运的必然选择。中国特色社会主义高等教育发展道路，为党和国家各项事业发展提供了强劲的智力支持和丰沛的人才资源，全面提升了中国高等教育理论与模式的影响力，为解决世界高等教育发展问题提供了包括教育发展经验、发展道路、发展模式和发展理论在内的新的模式、新的样本，为世界高等教育事业贡献了中国方案。

① 习近平. 青年要自觉践行社会主义核心价值观——在北京大学师生座谈会上的讲话[N]. 人民日报，2014-05-05.

第三节 坚持立德树人根本任务

习近平总书记指出，只有培养出一流人才的高校，才能够成为世界一流大学。[①]立德树人是高校的根本任务，更是高等教育发展的核心使命。高校的中心工作和首要职能就是人才培养，其他各项工作都应该服从和服务于人才培养。新时代高等教育发展方向的根本在于人才培养的方向，核心回答是“培养什么样的人、怎样培养人以及为谁培养人”这一根本问题。

一、明确“立什么德”“树什么人”

新时代高校坚持立德树人根本任务，首先要回答清楚“立什么德”“树什么人”的问题。

立德要立什么德？习近平总书记在北京大学师生座谈会上曾说过：“道德之于个人、之于社会，都具有基础性意义，做人做事第一位的是崇德修身。这就是我们的用人标准为什么是德才兼备、以德为先，因为德是首要、是方向，一个人只有明大德、守公德、严私德，其才方能用得其所。”[②]因此，高校人才培养过程中，“立德”就需要“明大德、守公德、严私德”，把大德、公德和私德有机统一、融为一体，通过各种方式成为学生的行为准则和价值理念，用厚德为学生打牢人生底色和发展根基。

树人要树什么人？高校人才培养要树德才兼备、全面发展的高素质人才，要树中国特色社会主义事业的合格建设者和可靠接班人，要树担当民族复兴大任的时代新人。高等教育要为进行伟大斗争、建设伟大工程、推进伟大事业、实现伟大梦想培养时代新人。时代新人需要德才兼备，实现专业成才与精神成人的有机统一；时代新人要德智体美劳全面发展，用全面发展实现人的全面解放；时代新人要担当民

---

① 习近平在全国高校思想政治工作会议上强调：把思想政治工作贯穿教育教学全过程 开创我国高等教育事业发展新局面[N]. 人民日报，2016-12-09.

② 习近平. 青年要自觉践行社会主义核心价值观——在北京大学师生座谈会上的讲话[N]. 人民日报，2014-05-05.

族复兴大任，用中国梦激扬青春梦，自觉把个人的理想追求融入国家和民族的事业中。

新时代高校落实立德树人根本任务，就要树立“一切为了学生的全面发展”这一旗帜鲜明的办学理念，做到围绕学生、关照学生、服务学生，把学生的全面发展、健康成才放在至关重要的位置上，把思想政治工作贯穿人才培养全过程。

二、新时代立德树人的四大维度

习近平总书记指出，思想政治工作从根本上说是做人的工作，必须围绕学生、关照学生、服务学生，不断提高学生思想水平、政治觉悟、道德品质、文化素养，让学生成为德才兼备、全面发展的人才。[①]这一重要论述鲜明地指出了新时代立德树人的四大维度：思想水平、政治觉悟、道德品质、文化素养。其中，思想水平和文化素养是基础、基石，政治觉悟与道德品质是核心、根本，只有全面推进思想水平、政治觉悟、道德品质、文化素养“四维一体”的大学生思想政治素质提升，高校的思想政治工作才能真正取得实效。

所谓思想水平，就是学生独立思考、明辨是非、决断选择的能力。习近平总书记指出：“面对世界的深刻复杂变化，面对信息时代各种思潮的相互激荡，面对纷繁多变、鱼龙混杂、泥沙俱下的社会现象，面对学业、情感、职业选择等多方面的考量，一时有些疑惑、彷徨、失落，是正常的人生经历。关键是要学会思考、善于分析、正确抉择，做到稳重自持、从容自信，坚定自励。”[②]思想水平决定一个人独立的洞察力、鉴别力和选择力，思想水平的高低直接决定着大学生能否用正确的立场观点和方法分析问题，能否正确把握社会发展大势、历史与时代发展规律以及个人成长方向，能否在纷繁复杂的世界面前保持战略定力，透过现

① 习近平在全国高校思想政治工作会议上强调：把思想政治工作贯穿教育教学全过程 开创我国高等教育事业发展新局面[N]. 人民日报，2016-12-09.

② 习近平. 青年要自觉践行社会主义核心价值观——在北京大学师生座谈会上的讲话[N]. 人民日报，2014-05-05.

象看本质，不人云亦云、随波逐流。

所谓政治觉悟，就是学生胸怀远大抱负、践行时代责任与历史使命的具体体现。习近平总书记在考察中国政法大学时勉励青年学生要立志做大事，不要立志做大官。立志做大事就是将个人的成长发展与国家民族的命运紧密结合在一起。高校培养的是中国特色社会主义的合格建设者和可靠接班人，就是要教育引导广大学生奠定科学的思想基础，自觉拥护中国共产党的领导，坚定中国特色社会主义道路自信、理论自信、制度自信、文化自信，坚定共产主义远大理想和中国特色社会主义共同理想。这是中国特色社会主义大学人才培养的核心特征。

所谓道德品质，就是学生“明大德、守公德、严私德”的具体体现。正所谓“国无德不兴，人无德不立”，道德品质是大学生求学立身的根本，更是大学生思想政治素质中的重要支柱之一。社会主义核心价值观涵盖了国家、社会和公民个人三个层面的价值追求和价值导向，既是大德，也是公德，更是私德，需要积极引导广大学生“做社会主义核心价值观的坚定信仰者、积极传播者、模范践行者”。道德品质出现了问题，培养出来的学生就容易成为社会和人民的负担甚至隐患，后患无穷。

所谓文化素养，就是学生对中华优秀传统文化、革命文化和社会主义先进文化的领悟、内化能力的反映。习近平总书记指出，在5000多年文明发展中孕育的中华优秀传统文化，在党和人民伟大斗争中孕育的革命文化和社会主义先进文化，积淀着中华民族最深层的精神追求，代表着中华民族独特的精神标识。文化素养体现着学生的文化品位，彰显着学生的文化品格，更支撑着学生的政治觉悟与道德品质。广大学生只有不断增强自身的文化素养，深刻体悟中华文明5000多年来的文化积淀，才能更加促进民族认同和文化认同，才能更加坚定文化自信。不断提升学生的文化素养，也有助于引导学生自觉抵制社会上低俗、庸俗、媚俗、恶俗的文化现象，减少社会“负文化”对学生的侵染和毒害。

思想水平、政治觉悟、道德品质、文化素养作为大学生思想政治素质的四大维度，是一个相互联系、不可分割的整体，共同反映着大学生思想政治素质的高低。提升大学生思想政治素质，基础是增强思想水平和文化素养，关键是提高政治觉悟和道德品质。高校思想政治工作需要精准理解和把握大学生思想政治素质“四维一体”的丰富内涵，不能片面地把学生思想政治素质等同于政治觉悟或者是道德品质，更不能忽视了学生思想水平和文化素养的提升。

三、新时代立德树人的着力点

新时代落实立德树人根本任务，要把握新时代提升大学生思想政治素质的着力点。

习近平总书记在全国高校思想政治工作会议上的重要讲话中提出了教育引导学生做到“四个正确认识”的重要论断：正确认识世界和中国发展大势、正确认识中国特色和国际比较、正确认识时代责任和历史使命、正确认识远大抱负和脚踏实地。[①]这一重要论断层次鲜明、逻辑清晰、内涵丰富，精准阐释了新形势下加强大学生思想政治教育的四个着力点，为提升大学生思想政治素质提供了精准的路径选择。

一是“四个正确认识”重要论断精准阐明了大学生思想政治素质方面普遍存在的问题与不足。当代大学生对世界和中国发展大势认识上还不十分清晰，没有充分理解人类社会发展的历史规律，没有充分认识中国特色社会主义是历史和人民的选择，对共产主义远大理想感到渺茫，对中国特色社会主义共同理想缺乏足够信心；对中国特色社会主义制度的优越性认识不足，对所谓的“普世价值”的本质缺乏清醒认识，对西方发达国家的社会制度和发展模式存在盲目崇拜倾向，片面地认为中国可以照搬照抄某些西方制度模式；对历史使命和时代责任认识模糊，没能自觉把个人的理想追求融入国家和民族的事业中，存在精致的利己主义倾向；存在好高骛远、急功近利的思想倾向，缺少踏踏实实、一步一个脚印拼搏奋斗的毅力和斗志，等等。

二是“四个正确认识”重要论断精准指明了新时代大学生思想政治

① 习近平在全国高校思想政治工作会议上强调：把思想政治工作贯穿教育教学全过程　开创我国高等教育事业发展新局面[N]. 人民日报，2016-12-09.

教育的关键切入点。通过教育引导学生正确认识世界和中国发展大势，坚定学生的共产主义远大理想和中国特色社会主义共同理想，解决的是大学生理想信念这一根本性的问题，实际上就是提升政治觉悟的问题；通过教育引导学生正确认识中国特色和国际比较，帮助学生全面客观认识当代中国、看待外部世界，既不盲目排外也不盲目媚外，以理性平和的健康心态坚定中国特色社会主义道路自信、理论自信、制度自信、文化自信，解决的是提升大学生思想水平这一基础性问题；通过教育引导学生正确认识时代责任和历史使命，把个人成长成才与国家富强、民族振兴、人民幸福紧密结合在一起，自觉践行社会主义核心价值观，做明大德、守公德、严私德的典范，这解决的是大学生的道德品质问题；通过教育引导学生正确认识远大抱负和脚踏实地，珍惜宝贵的青春时光，坚守务实、踏实、求实，提高专业能力和文化素养，为将来成为社会发展进步的栋梁打牢坚实基础，这解决的是提升文化素养的问题。

三是“四个正确认识”重要论断精准揭示了新时期大学生的成长成才规律。首先，大学生成长成才第一要素要解决的就是理想信念问题，这是成长成才的“根”和“魂”。坚定了理想信念也就坚定了人生奋斗的方向，方向明则心头亮，心头亮则干劲足，理想信念既是大学生拼搏奋斗的宏伟方向，更是大学生生命不息、奋斗不止的原动力。其次，大学生成长成才第二要素就是要培养自身冷静客观的头脑和深刻敏锐的洞察力，这是成长成才的重要基石。不仅善于观察，也善于思考，更善于抉择，明辨是非、善恶、美丑，在大是大非面前能够始终站稳立场，在大风大浪中能够始终保持战略定力，不随风起舞、随波逐流。再次，大学生成长成才第三要素就是要德行天下、以德立身。立德就必须要有理想信念的指引和深厚的思想水平作为基础，如此树立起来的德才持久，更能经受得住历史和时代的考验、国家和人民的检验。最后，大学生成长成才第四要素就是要落脚在果毅力行上，把远大抱负落实到实际行动中，内化于心的东西必须要外化于行才能迸发出巨大的威力，也才能够转化为现实的生产力，不能做思想上的巨人、行动上的矮人。

第四节　建设世界一流大学和一流学科

党的十九大明确指出，要加快建设一流大学和一流学科。建设世界一流大学和一流学科是党中央、国务院作出的重大战略决策。2014 年 5 月 4 日，习近平总书记考察北京大学时强调，党中央作出了建设世界一流大学的战略决策，我们要朝着这个目标坚定不移前进。[①]2015 年 8 月 18 日，中共中央总书记、国家主席、中央军委主席、中央全面深化改革领导小组组长习近平主持召开中央全面深化改革领导小组第十五次会议并作重要讲话，会议其中一项重要议程就是审议《统筹推进世界一流大学和一流学科建设总体方案》。习近平总书记强调，要全面贯彻党的教育方针，遵循教育规律，以立德树人为根本，以中国特色为统领，以支撑创新驱动发展战略、服务经济社会为导向，推动一批高水平大学和学科进入世界一流行列或前列，提升我国高等教育综合实力和国际竞争力，培养一流人才，产出一流成果。2015 年 11 月 5 日，国务院正式公布《统筹推进世界一流大学和一流学科建设总体方案》，明确了统筹推进世界一流大学和一流学科建设的总体要求、建设任务、改革任务以及组织实施等重要内容，提出了建设世界一流大学和一流学科的“三步走”战略目标：第一步，到 2020 年，若干所大学和一批学科进入世界一流行列，若干学科进入世界一流学科前列；第二步，到 2030 年，更多的大学和学科进入世界一流行列，若干所大学进入世界一流大学前列，一批学科进入世界一流学科前列，高等教育整体实力显著提升；第三步，到本世纪中叶，一流大学和一流学科的数量和实力进入世界前列，基本建成高等教育强国。

2017 年 1 月 24 日，教育部、财政部、国家发展改革委印发《统筹推进世界一流大学和一流学科建设实施办法（暂行）》，明确要加强总体规划，坚持扶优扶需扶特扶新，按照“一流大学”和“一流学科”两类布局建设高校，引导和支持具备较强实力的高校合理定位、办出特色、

① 习近平. 青年要自觉践行社会主义核心价值观——在北京大学师生座谈会上的讲话[N]. 人民日报，2014-05-05.

差别化发展，努力形成支撑国家长远发展的一流大学和一流学科体系；提出坚持以学科为基础，支持建设一百个左右学科，着力打造学科领域高峰；支持一批接近或达到世界先进水平的学科，加强建设关系国家安全和重大利益的学科，鼓励新兴学科、交叉学科，布局一批国家急需、支撑产业转型升级和区域发展的学科，积极建设具有中国特色、中国风格、中国气派的哲学社会科学体系，着力解决经济社会中的重大战略问题，提升国家自主创新能力和核心竞争力。同时，明确每五年一个建设周期，2016 年开始新一轮建设，建设高校实行总量控制、开放竞争、动态调整。

一、建设世界一流大学和一流学科的基本导向

《统筹推进世界一流大学和一流学科建设总体方案》中提出了四条基本原则：坚持以一流为目标、以学科为基础、以绩效为杠杆、以改革为动力。《统筹推进世界一流大学和一流学科建设实施办法（暂行）》提出，要加强总体规划，坚持扶优扶需扶特扶新，按照“一流大学”和“一流学科”两类布局建设高校，引导和支持具备较强实力的高校合理定位、办出特色、差别化发展，努力形成支撑国家长远发展的一流大学和一流学科体系。由此可以看出，高校在推进一流大学和一流学科建设的过程中，必须要牢牢把握以下基本导向：

一是对接国家战略。习近平总书记指出，党中央作出加快建设世界一流大学和一流学科的战略决策，就是要提高我国高等教育发展水平，增强国家核心竞争力。[①]可见，加快推进一流大学和一流学科建设，最根本的目的还是要增强国家核心竞争力，建设高等教育强国最终还是服务社会主义现代化强国建设。因此，推进一流大学和一流学科建设，必须要紧抓世界科技发展前沿、引领世界科技发展前沿，始终坚持服务国家重大战略需求，服务经济社会主战场，不断增强国家的核心竞争力，为决胜全面建成小康社会、开启全面建设社会主义现代化国家新征程提供强有力的人才支撑、科技支撑和智力支撑。

① 习近平在全国高校思想政治工作会议上强调：把思想政治工作贯穿教育教学全过程 开创我国高等教育事业发展新局面[N]. 人民日报，2016-12-09.

二是突出绩效杠杆、动态调整。一流大学和一流学科建设，与“985”工程、“211”工程最大的区别就是不搞身份固化、终身制，强调绩效管理、动态调整。《统筹推进世界一流大学和一流学科建设总体方案》提出，建立健全绩效评价机制，积极采用第三方评价。对实施有力、进展良好、成效明显的，适当加大支持力度；对实施不力、进展缓慢、缺乏实效的，适当减少支持力度。同时，一流大学和一流学科建设坚持每五年一个建设周期，根据五年建设周期的评价结果等情况，重新确定下一轮的建设范围。这对于激发高校的建设动力和建设活力具有极其重要的意义。

三是强调特色发展、差别化发展。加快推进一流大学和一流学科建设，不仅要瞄准一流目标，加快提升高等教育发展水平，更要形成“百花齐放、百家争鸣”的良性发展格局，不能千校一面、千篇一律。高校需要立足自身办学历史、具体校情进行合理的定位，不要一味求大求全，更不要都去办综合性大学，要突出自身的优势学科、突出自身的学科特色、突出自身的独特方向，让我国高等教育在世界高等教育的各个学科领域都能崭露头角、引领方向。高校之间实现差别化发展，避免同质化发展，可以有效减少重复投入、资源浪费，也可以有效避免恶性竞争、无序竞争。

四是着力深化综合改革。尊重高等教育发展规律，加快中国特色现代大学制度建设，着力破除体制机制障碍，推进高等教育治理体系和治理能力的现代化。深化人才培养体制改革、管理体制改革、投入体制改革、科研体制改革、人事制度改革等各方面改革，激发高等教育内部活力和发展动力。

二、建设世界一流大学和一流学科的三大主要支撑

加快建设世界一流大学和一流学科，是一项庞大的系统工程，需要立足建设高等教育强国，着眼高等教育质量整体提升，统筹推进、协调安排，朝着发展具有中国特色、世界水平的现代高等教育方向迈进。对于我国各个高等学校而言，要建成世界一流大学和一流学科，需要涵盖人才、制度、文化、资源、政策等多方面的系统支撑。从高等学校自身发展视角而言，最为重要的是三大支撑：人才支撑、制度支撑和

文化支撑。

加快建设世界一流大学和一流学科，需要有一流的人才支撑。习近平总书记指出，办好中国的事情，关键在党，关键在人，关键在人才。综合国力竞争说到底是人才竞争。同样，高等学校核心竞争力的形成、办学特色的凝练、人才培养质量的提升，归根结底取决于人才队伍整体水平的提升。加快建设世界一流大学和一流学科，关键要有一大批具有世界水平的一流人才。没有一流的人才，就无法培养出一流的学生；没有一流的人才，就无法培育出一流的科技成果；没有一流的人才，就无法诞生出一流的思想；没有一流的人才，更无法与世界一流高校站在同一平台交流竞争……人才是加快建设世界一流大学和一流学科的重中之重。近年来，我国高等学校之间的人才竞争如火如荼，已经进入了白热化阶段，大批高校频繁到海外招揽高层次人才，不少留学海外的莘莘学子回国参与高等教育事业，甚至有不少的外籍学者、专家或长期或短期到中国高校任教、进行科研合作等。高等学校之间现有人才的争夺战也日趋激烈，东部发达地区的高等学校具有明显的竞争优势，"孔雀东南飞"的情况屡见不鲜，以致教育部发出了"不鼓励东部地区高校从中西部、东北地区高校引进人才"以及"鼓励高层次人才向中西部和东北地区高校流动"的号召。如此种种，可以明显看出人才对于高等教育发展的极端重要性。高校人才队伍建设的关键在人才团队建设，顺应时代发展新特点、新要求，构建梯队层次鲜明、结构合理、交叉融合的人才大团队，更加强调合作、更加突出协同、更加注重交叉，不断增强我国高校人才队伍的国际竞争力，培养造就一大批具有国际水平的战略人才、领军人才、青年人才和高水平创新团队。

加快建设世界一流大学和一流学科，需要有一流的制度支撑。构建和完善中国特色现代大学制度，加快高等教育治理体系和治理能力现代化，是建设世界一流大学和一流学科的重要任务之一。《国家中长期教育改革和发展规划纲要（2010—2020 年）》提出要"完善中国特色现代大学制度"，并将这一制度体系宏观概括为四句话："依法办学、自主管理、民主监督、社会参与。"国务院《统筹推进世界一流大学和一流学科建设总体方案》的改革任务中"加强和改进党对高校的领导""完善内部治理结构”“构建社会参与机制”等内容可视为构建和完善中国特色现代大学制度的重要组成部分。高等学校章程是大学内部的“宪法”，对构建和完善中国特色现代大学制度具有至关重要的地位和作用。2011年11月，教育部发布《大学章程制定暂行办法》，为高等学校章程建设提供了具体指南。2013年9月，《中央部委所属大学章程建设行动计划（2013—2015年）》出台，要求“985工程”建设大学要在2014年6月底前完成章程制定，“211工程”建设大学原则上于2014年年底前完成章程制定工作。2015年年底，教育部及中央部门所属高等学校全部分批完成章程制定和核准工作。通过教育部及中央部门所属高等学校各自章程的制定，基本上确立了“党委领导、校长负责、教授治学、民主管理、依法治校”的内部治理结构，为构建和完善中国特色现代大学制度奠定了坚实基础。党的十八大以来，国务院积极推进“放管服”改革（即简政放权、放管结合、优化服务），各级教育行政管理部门对高等学校持续放权，充分保障高等学校的办学自主权，这实际上也是积极推进构建和完善中国特色现代大学制度的重要举措。高校内部应该不断深化校院管理体制改革，实现由“校办院”向“院办校”的战略转型，学校重在宏观管理、目标管理、资源配置、监督检查、考核评估，学院自主运行，拥有较为独立的行政管理权、学术自主权、财务管理权，并承担相对应的学科发展、人才培养等方面的目标任务。

加快建设世界一流大学和一流学科，需要有一流的文化支撑。习近平总书记在阐述“文化自信”重要命题时强调，“文化自信，是更基础、更广泛、更深厚的自信”[①]“提高国家文化软实力，关系‘两个一百年’奋斗目标和中华民族伟大复兴中国梦的实现”。[②]文化的力量，任何人都无法回避；文化的力量，任何力量都无法企及。加快建设世界一流大学和一流学科，必须要重视大学文化建设。大学文化体现着一所高校的精神高度和价值追求，蕴含着广泛而深厚的中国特色社会主义文化因子，从不同的视角反映着社会主义核心价值观，是高等教育发展的重要内容。校风和学风是大学文化的重要组成部分，习近平总书记在全国高校思想

① 习近平在庆祝中国共产党成立95周年大会上的讲话[N]. 人民日报，2016-07-02.

② 习近平. 习近平谈治国理政：第一卷[M]. 北京：外文出版社，2018：160.

政治工作会议上的重要讲话就专门谈及了校风和学风问题：一所高校的校风和学风，犹如阳光和空气决定万物生长一样，直接影响着学生学习成长。好的校风和学风，能够为学生学习成长营造好气候，创造好生态，思想政治工作就能润物无声给学生以人生启迪、智慧光芒、精神力量。可见，习近平总书记对大学文化建设是极为重视的。建设世界一流大学和一流学科，核心是培养世界一流人才。以文化人、以文育人是人才培养不可或缺的重要手段，也是隐性育人的重要载体，深厚的大学文化对学生的影响是深远的、持久的。因此，重视和加强大学文化建设，推动大学文化创造性转化、创新性发展，对加快建设世界一流大学和一流学科非常重要。大学文化是中国特色社会主义文化的重要组成部分，反映的是一所大学的精神追求和价值取向，也是一所大学能否成为净化社会风气圣地的关键指标。一流大学一定是精神高贵、令人敬仰的大学，一定是干净神圣、追求卓越的大学，也一定是善于文化传承创新的大学。新时代加强大学文化建设，必须要植根于中华民族五千多年文明历史所孕育的中华优秀传统文化土壤，同时充分彰显党领导人民在革命、建设、改革中创造的革命文化和社会主义先进文化，从不同的侧面促进社会主义核心价值观具体化，并立足于高校各自办学历史和办学实践，打造自身的文化特色和文化品牌。

第三章 新时代高等教育发展的新形势与新规律

当前，世界多极化、经济全球化、社会信息化、文化多样化深入发展，新一轮科技革命和产业变革加速进行并持续演进，综合国力竞争愈发激烈。高等教育已成为国家核心竞争力的战略性力量。习近平总书记在党的十九大报告中明确了中国特色社会主义进入新时代的历史定位。新时代建设社会主义现代化强国，既赋予了高等教育新的历史使命，也为高等教育发展带来了新挑战和新机遇。与此同时，高等教育发展过程中也呈现出新的规律，对高等教育治理能力现代化提出了迫切要求。

第一节　新机遇

党的十九大报告提出了优先发展教育事业的重大战略部署，把建设教育强国作为实现中华民族伟大复兴的基础工程。报告还指出，要加快一流大学和一流学科建设，实现高等教育内涵式发展。国家对教育领域的一系列重大战略安排，标志着中国特色社会主义教育事业进入了新阶段，也标志着中国高等教育发展进入了新时代。同时，新时期一系列国家重大战略部署的推进落实，迫切需要高等教育提供强大的智力支撑，也必将给中国高等教育事业发展带来新机遇，同时促进高等教育实现新发展。

一、新时代为高等教育发展提供新机遇

1. 建设教育强国的新机遇

高等教育是推动经济社会发展的强大动力。作为人才培养、科学研究、社会服务、文化传承与创新、国际交流与合作的中心与基地，大学无论是培养人才，还是进行科技创新，都可以直接转化为社会生产力，推动国家经济社会快速发展。国家强盛与高等教育相辅相成、相互促进，纵观美国、日本等世界强国的崛起之路，总是伴随着高等教育的迅速发展，通过发展高等教育达到强国之目的，已然成为世界强国的显著表征。美国“硅谷”、日本“筑波科学园区”、印度“软件之都”班加罗尔、中国武汉“光谷”等科技产业集群，均是依托周边密集的高等院校、各类实验室或研究中心得以发展形成。事实表明，知识因素和智力因素在经济发展过程中所起的作用越来越突出。

中国现在仍然是世界最大发展中国家，这是我国的基本国情。全面建成富强民主文明和谐美丽的社会主义现代化强国，是新时代中国特色社会主义发展的宏伟目标。强国之强必有教育之强，也往往发轫于教育

之强，尤其是高等教育之强。当前，面对世界经济全球化带来的激烈竞争和建设创新型国家的要求，必须建设高等教育强国。与此同时，经过改革开放 40 多年来的不懈努力，我国高等教育事业取得了长足发展，高等教育面貌发生了历史性变化。截至 2019 年，我国接受高等教育总人口超过 1.8 亿，在学人数达 4002 万，高等教育整体实力达到世界中上水平。我国高等教育事业已经站在新的历史起点上，为我国建设世界高等教育强国奠定了坚实的基础。但是，我们必须看到，我国高等教育整体发展水平与世界高等教育强国相比仍然存在较大差距，优质高等教育资源短缺，在世界范围内有显著影响力的名校极少，国家对科学知识和卓越人才的强烈渴求与高等教育发展供给能力不足之间的矛盾依然突出。这些事实直观说明，我国高等教育的发展状况与社会主义现代化强国的要求是不相称的，与走近世界高等教育舞台中央的要求也是不相称的。

党的十九大报告指出“建设教育强国是中华民族伟大复兴的基础工程”，并要求“必须把教育事业放在优先位置”，要“加快一流大学和一流学科建设，实现高等教育内涵式发展”，要“加快建设创新型国家”。这是党中央对新时代中国特色社会主义教育事业发展作出的重大战略决策，同时强调了高等教育事业发展对建设创新型国家的战略支撑和战略引领。如果没有高等教育的人才培养、科技创新和社会服务的支撑，创新型国家建设必定难以完成，社会主义现代化强国建设也很难完成。所以，高等教育的战略支撑作用和战略引领作用是新时代国家战略目标实现的坚实保障。由此可见，党中央把高等教育的地位提高到了前所未有的新高度，高等教育发展迎来了前所未有的历史机遇。

2. 建设创新型国家的新机遇

建设创新型国家，事关社会主义现代化强国建设，事关中华民族伟大复兴中国梦的顺利实现。2016 年 5 月，国务院印发《国家创新驱动发展战略纲要》，强调国家力量的核心支撑是科技创新能力，并提出三步走的战略目标：到 2020 年进入创新型国家行列；到 2030 年跻身创新型国家前列；到 2050 年建成世界科技创新强国，成为世界主要科学中心和创新高地。2017 年 10 月，党的十九大进一步指出，创新是引领发展的第一动力，是建设现代化经济体系的战略支撑，要加快建设创新型国家。建设创新型国家，增强自主创新能力是基础，培养卓越创新型人才是关键，没有一支规模宏大的卓越创新型人才队伍作为支撑，建设创新型国家的目标是很难实现的。

当前，全球创新潮流汹涌澎湃，新一轮科技革命和产业变革蓄势待发，世界主要国家都在寻找重大科技创新的突破口，力求抢占未来发展的先机，卓越创新型人才日益成为这场全球科技角逐的决胜点。高等教育承担着科教兴国、人才强国的双重历史使命，是国家创新体系的重要组成部分。相对于专门研究机构，高等教育能将科学研究和人才培养相结合，以高水平科研支撑高质量人才培养，造就具有创新思维和创新能力的卓越创新型人才；相对于企业而言，作为创新的“源头”，高等教育能更好地融合基础研究与应用研究，实现科技创新链、产业发展链和商业价值链的有机结合。因此，高等教育在国家创新体系中有着得天独厚的优势。建设创新型国家，包括建设科技强国、质量强国、航天强国、网络强国、交通强国、数字中国、智慧社会等方方面面，既为高等教育有所作为、大有作为提供了平台，也为高等教育在服务国家战略中获得发展资源，提高发展水平，进而建设世界高等教育强国提供了难得的历史新机遇。

二、全面开放新格局为高等教育发展带来新机遇

1. 推动高等教育主动国际化，提升全球竞争力

国家的日益强盛，国际地位的不断提升，也为高等教育面向世界提供了广阔舞台。历史已经证明，改革开放是国家强盛的必由之路，是现代化建设不断取得新成就的重要法宝。党的十九大报告提出“推动形成全面开放新格局”，意义深远，责任重大。高等教育对外开放是全面开放新格局中的重要一环，也是关键一环。教育尤其是高等教育对外开放是拓展国际关系，为国家和民族谋福利的利器，在促进民心相通、文明共融互鉴方面发挥着极其特殊的作用。打造世界高等教育强国，助力建设

社会主义现代化强国，助力建设人类命运共同体，对中国高等教育来说，机遇前所未有，挑战前所未有，机遇大于挑战。

建设世界高等教育强国，就是让我国的高等教育深度融入世界高等教育改革发展的潮流，走向世界高等教育舞台的中央。这不仅是中国高等教育迈向世界一流的伟大梦想，也是中国高等教育加速迈向国际化的新机遇。一是有助于高等教育加速国际化。中国加速崛起，主动走向世界，这对高等教育国际化改革提出了新要求和新任务。高等教育由于天然具有基础性和先导性作用，要为中国走向世界舞台中央提供坚定的人才支持和知识贡献。中国高等教育为中国走向世界服务，也必将因中国走向世界而大放光彩。二是有助于提升高等教育的国际竞争力。近一段时期以来，中国政府积极推动与世界高等教育强国在教育、科技、文化等领域的务实合作，必将大力提升我国高等教育的全球竞争力，促进我国成为国际学生留学和国际一流师资的首选地，具有世界影响、中国特色新型智库的聚集地，助力中国高等教育积极参与全球高等教育治理，为人类文明进步贡献中国智慧与中国方案。

推动形成全面开放新格局，构建创新开放型经济体制机制，将倒逼中国高等教育发展深层次改革。一是改革高等教育发展评价标准。一直以来，西方发达国家的高等教育评价标准在国内占据主导地位是不争的事实。面向未来，以追求卓越和世界一流为导向，将逐步建立健全具有中国特色的高等教育质量评估体系。二是改革人才培养模式。长期以来，我国高等教育的人才培养目标主要面向国内，对外开拓性、复合型、宽领域人才严重匮乏，国际化人才培养将从浅层面逐步向深层次拓展。三是改革高等教育交流互鉴模式。从生源外向输出大国转向国际留学目的地，进一步加大创新技术的输出力度，全面推动中国文化走出去。四是有助于打破当前的高等教育国际化格局。构建陆海内外联动、东西双向互济开放格局，将有助于加快向西开放的步伐，调整优化中西部地区高等教育布局，破解高等教育模式同质化发展难题，协调推进不同地区的高等教育向各种国际化人才培养需要转型，形成各地高等教育独特的国际化发展特色。

2. 包容互鉴，打造“一带一路”教育共同体

建设“一带一路”是中国倡议打造的一条惠普全球的和平合作之路。教育领域的互联互通是“一带一路”倡议的重要组成部分，教育特别是高等教育在“一带一路”建设中肩负着推进共建“一带一路”教育行动、打造“一带一路”教育共同体的特殊使命。2016 年 7 月，《推进共建“一带一路”教育行动》印发，为推动区域高等教育大开放、大交流、大融合提供了大契机。2017 年 5 月，“一带一路”国际合作高峰论坛在北京举行。论坛举办期间，中国与多个国家和地区签署了教育领域合作文件或实质性办学协议，加速推进“一带一路”国际教育合作，助力区域高等教育加快融合。打造“一带一路”教育共同体，对促进我国高等教育充分理解包容互鉴的内涵，进而加强沟通交流，相互借鉴经验，共同开创高等教育美好明天意义深远。同时，共建“一带一路”，也为中国高等教育发展带来了全新机遇。

首先，“一带一路”国际经济合作需要高等教育发挥人才、科技、成果、平台和文化交流等全方位的支撑作用。在国家层面，已经明确提出要扩大相互间留学生规模，深度开展合作办学，打造“留学中国”品牌；要深化人才交流合作、科技合作，联合开展重大科技攻关，共同提升科技创新能力；要积极开拓和推进青年就业创业等。在高校层面，需要培养大量专门人才快速跟进对外合作项目，需要中国特色新型智库提供决策建议支撑，需要加大文化交流合作和汉语国际推广力度促进民心相通。凡此等等，必将有力促进中国高等教育“走出去”，为高等教育发展带来新天地、新机遇、新格局。

其次，“一带一路”沿线各国教育特色鲜明、资源丰富、互补性强，为中国高等教育多元化、多层次发展提供了丰富借鉴。在“一带一路”沿线国家和地区中，韩国的私立高等教育在世界高等教育领域独树一帜，新加坡以包容互鉴为基础构建先进高效的高等职业教育体系，以色列的高等教育在民族特色及国际化方面颇有建树，德国的工科大学模式是培养技术管理及高级技术人才的范本，英国的创新创业教育为其经济转型发展做出了重要贡献。除此之外，还有印度的理工特色高等教育体

系、马来西亚的双联课程模式以及我国香港地区的通识教育课程体系，等等。从东方文化背景到西方文化背景，从发展中国家到发达国家，丰富多元的高等教育模式，必将有力促进中国高校和“一带一路”沿线大学互鉴先进发展经验，共享优质教育资源，为推动高等教育提速发展奠定了深厚基础。

三、科技进步为高等教育发展带来新机遇

1. 拥抱 MOOC[①]

自从人类社会进入信息时代以来，计算机技术、录像技术等科技进步为教育领域带来了诸多深刻变革，极大地释放了人类的教育生产力。2012 年，MOOC（又称慕课）浪潮席卷全球。它被认为是印刷术发明以来教育最大的革新。MOOC 课程的出现，引发了教学理念和教学方法的重大变革，有力推动了优质教育资源的共享，影响教育流程的再造，为教师提供了一种全新的教学组织模式，为自主学习者提供了一种全新的知识获取渠道和学习模式，同时，也为解决优质高等教育资源的充分共享，全面提高高等教育教学质量，加快建设学习型社会提供了重要机遇。

利用 MOOC 再造高校课程模式。MOOC 的成功正是得益于名师教育，名师已然成为高等教育领域的稀缺资源。当前，高等教育更加注重特色发展，强调以特取胜、以特立校。对于很多行业领域、学科类型单一的高校而言，很难在每个学科领域都做到最强，也不可能每门课程都拥有最优秀的教师资源。所以，一些高校不可能开好全部的专业课程，甚至根本开不出来某些专业课程。这时，通过课程模式改革，由教学指导委员会评审引入优质名师 MOOC 课程替代“面对面讲授”，再辅以课程辅导教师组织研讨、知识探究、思辨互动，加强学生创新力培养，同时，再由辅导教师组织好作业检查、小测验和课程结业考试等，也可以实现最终教学目标。这为很多行业领域、学科单一的高校提供了一个新的教育教学思路，也为促进经济欠发达地区高校的教学质量接近和达到一流大学水平提供了机遇。

① Massive Open Online Course，大规模在线开放课程.

利用 MOOC 再造高校教师角色。MOOC 课程可以实现规模化教学，进而提高教学效益。譬如，高等数学、大学语文、大学物理等一些公共基础课程，以及一些人文艺术领域的通识教育课程，是很多高校都要开设的基础课程。这些公共基础课程，高校是否有必要全部自己开设？借助 MOOC，同步选修其他高校开设的同类优质名师课程，甚至从理论上来讲，多个高校的学生可以同时选修某一高校的优秀教师开设的课程，这样将大大提高教学效益。这样一来，本校的公共基础课程老师就具有了大量的时间和精力组织形成专门的课程辅导团队和教学设计团队，强化课堂互动教学和主动探求知识，甚至对学生实施“一对一辅导”和“个性化培养”，以弥补 MOOC 规模化教学带来的单向灌输和思维趋同，全面而均衡地实现教育资源的规模化共享、学生的个性化学习和创新性培养。

2. 高等教育与人工智能的有机融合

人工智能时代又被称为工业 4.0 时代，是以工业技术迭代创新为特征的重大突破。大数据、云计算、可穿戴设备、机器深度学习、增强/虚拟现实等广泛应用，促使我们的工作、学习和生活方式发生深刻变化，高等教育也不可避免进入“人+机器”时代。中国人工智能学会理事长、中国工程院院士李德毅表示：“在最受人工智能冲击的行业中，教育排在第二位。”[①]虽然人工智能时代赋予了教育领域更多可能性，但是高等教育天然具有的思维、情感、批判、创意、智慧和情怀等特质，注定人工智能难以根本取代高等教育。恰恰相反，人工智能将促进高等教育教学流程，包括招、教、学、考、评、管、服以及家校合作、校企合作等各个环节的重构，促使高等教育工作者的角色进化成新的形式，并进一步解放高等教育工作者的时间和资源，对高等教育行业发展具有重要意义。

首先是促进人工智能学科专业的诞生，形成“人工智能课程体系”。加快从要素驱动发展向创新驱动发展转变，发展人工智能是非常重要的解决方案，毫无疑问，加快培养一大批人工智能卓越人才是重中之重。健全完善人工智能人才培养体系，加强人才储备和人才梯队建设，打造

① 人工智能时代亟需复合型人才[N]. 新华日报，2017-12-28.

全球人工智能人才高地，是当前高等教育领域的重要任务。同时，基于人工智能课程体系构建，为高等教育领域计算机学科、生命学科、工学学科和数学学科等多学科交叉融合创新提供了契机，有利于促进重大原始创新。

其次是促进高等教育管理智能化。人工智能进入高校，将会通过收集海量数据，在教师教学决策、学生学习分析、学生行动分析、学生个性化教育、机器人辅助教育指导、互换角色教学效果评估、课堂增强/虚拟现实应用和自适应学习工具等方方面面实现信息化和智能化。人工智能将有助于高校实现精细化、智能化管理，提高高等教育管理质量；同时，帮助学生实现更好地成长，选择更好的、个性化的学习和发展路径，甚至预测并分析未来就业，协助学生作出重大决定。

第二节　新挑战

世界经济全球化深入发展的结果之一，就是进一步加速了高等教育国际化的步伐，高等教育资源加速流动，融合嬗变，如何有效应对高等教育国际竞争，培养新时代具有国际竞争力的卓越人才显得日益迫切。同时，立足于我国社会主要矛盾已经发生根本性转化的时代大背景，中国高等教育面临的主要矛盾也相应转化为人民日益增长的对公平优质高等教育的需要和高等教育不平衡不充分的发展之间的矛盾。此外，大数据、人工智能等信息技术革命，也为高等教育的教学内容、理念和方法带来了深刻变革。这些都给中国高等教育发展带来了新的挑战。

一、高等教育竞争

1. 国际竞争

高等教育国际化是一个国家实现高等教育现代化的重要途径，尤其是发展中国家和地区，为推动本国高等教育事业与世界接轨，普遍把国际化作为实现高等教育跨越发展的一项重大战略方针。对于高等教育强国来说，留学经济则成为拉动本国经济增长的重要途径，甚至成为地方经济的支柱产业。同时，优质生源比率的持续增加，也为发达国家带来了源源不断的创新力量。鉴于以上因素，近年来，高等教育国际化持续迅速发展，全球国际留学生数量持续上升，各国生源抢夺大战愈演愈烈，"高层次人才争夺战"此起彼伏，跨国合作办学异军突起，世界高等教育市场竞争日益激烈，中国高等教育行业发展的挑战不断加大。

留学生生源以及高层次人才抢夺愈演愈烈。近年来，虽然全球留学教育市场总体增长速度有所放缓，发展中国家人才回流开始加速，但是整体规模依然在持续扩大，尤其是接受高等教育的留学生人数显著增长。一些主要留学目的地国家采取了多种策略，积极打造留学品牌，抢夺优质留学生生源。以日本为例，为解决本国劳动力资源短缺危机，日本积极改进留学政策，增加留学生人数。2008 年，日本开始推行"30 万留学生"计划，计划在 2020 年前，将留学生人数由 12 万人增加到 30 万人；2014 年，日本又制订了"超级国际化大学"计划，名单内包括早稻田大学、京都大学、九州大学、名古屋大学等顶尖名校，每年为入选的 37 所高校提供 1 亿 ~ 4 亿日元的政府补助金。[①]在国家软实力和大学自身发展等合力作用下，为最大限度扩大留学生"红利"，跨国联合办学项目正受到追捧，并向着多层次、多样化深度发展。此外，亚太及拉美的一些国家和地区也在试图改变"冷门留学目的地"现状，并根据自身区位、经济发展优势，推出各种留学优惠政策，吸引国际学生前往该国留学学习。

作为国际留学市场的老牌留学目的地，欧美等国家虽然对待全球化的态度有所转变，但为应对国际竞争，仍然注重吸引高端人才。长期以来，美国为保持创新经济增长和国际竞争力，通过访问、移民等方式使其他国家的优秀科学家为美国贡献力量；英国推出了"毕业生企业家签证"，是专门为留住高技术毕业人才而设计的签证类型；德国对《外国人法》相关条款进行了重新修订，旨在降低留学毕业科研人员和高端人才的移民门槛；法国则推出了"技能与人才居留许可"，如果是博士研究生则直接纳入就业身份对待；日本新设了"高级职业人才"居留资格，通

① 为何日本的大学仍注重来华招生[N]. 人民日报（海外版），2016-11-03.

过永久居留权吸进留学毕业高端人才；韩国为吸引高端国际留学人才，制定出台了“战略性吸引国际学生及定居支援方案”。可以看到，产业创新紧缺人才和高端技术人才正日益成为国际留学争夺的主战场，从高端师资、科研人才引进的角度来说，这些对中国高等教育发展的威胁也不断加大。

2. 国内竞争

高校除了要面对国际化竞争，还要面对国内竞争，尤其是国内竞争压力更甚。改革开放以来，伴随着中国经济社会的快速发展，高等教育也迎来了前所未有的发展机遇。进入 90 年代之后，随着高等院校数量不断增多、招生规模不断扩张、办学层次不断丰富，高等教育毛入学率显著提高，高等教育的普及为促进社会主义现代化建设发挥了重要作用。但是，随着经济社会发展的区域不平衡，高等院校之间实力差距日益加大，高等教育选择类型多样化，以及适龄人口的逐步减少，导致各高校为争夺高端师资、高端人才、优质生源和办学等各个领域的高等教育资源而展开了激烈的竞争，为高等教育事业发展带来了严峻挑战。

（1）高端师资以及人才竞争。

众所周知，引领学科发展和科研水平的决定性因素均是高层次人才。因此，在高等院校的众多发展战略中，人才战略往往是主战略、核心战略，高层次人才尤其是“戴帽子”的人才更是成为各个院校的稀缺资源。2015 年 8 月 18 日，随着国家启动“双一流”建设，高层次人才竞争呈现出前所未有的态势，高校人才竞争彻底走向“白热化”。为了在人才抢夺大战中占得先机，各个高校纷纷调整人才政策，各类优惠待遇标准节节攀升、差距悬殊，加之一些高校所在地方政府的大力资助，进一步助长了“挖人大战”的气焰，高层次人才的无规无序流动导致很多高校受到严重冲击。2017 年以来，教育部先后印发《坚持正确导向促进高校高层次人才合理有序流动的通知》《关于加快直属高校高层次人才发展的指导意见》等文件，明确指出不鼓励东部高校从中西部、东北地区高校引进人才，并支持在薪酬、职务、职称晋升等方面采取倾斜政策，引导高层次人才向中西部和东北地区高校流动。这些政策的出台，虽然在短期内有助于遏制高薪挖人现象，但是，面对学校之间办学实力差距，以及高校所在地经济社会发展水平等多方面的差异，从根本上解决高层次人才竞争的问题依然任重道远。

（2）优质生源竞争。

只有培养出一流人才的高校，才能够成为世界一流大学。而人才培养质量的高低，在很大程度上又与高校的生源质量密切相关。提高质量是世界各国进入高等教育大众化阶段后面临的共同问题，也是我国高等教育发展的必由之路。为了提高人才培养质量，高校从源头拔高人才培养水平，就成了一个无法回避的关键。近年来，由于高等教育选择类型越来越丰富，加上海外名校参与进来推波助澜，国内高校对优秀生源的抢夺日趋激烈。每逢高考时段，各大高校之间的比拼与较量，往往成为热门话题。当前这种生源的竞争，不仅仅发生在顶尖名校之间，在实力相当的高校之间也普遍存在。追求优质生源是各个高校共同的目标，但是如何在生源竞争中实现人才培养质量共同提升，建设高等教育强国，仍然面临不少难题。

二、高等教育发展不平衡不充分

1. 高等教育资源配置不平衡

一直以来，由于我国区域经济社会发展不平衡，以及优质高等院校总量有限、高等教育制度体系还不够完善和高等教育现代化水平不高等诸多方面因素制约，在东部与中西部地区之间、城市与城市之间以及高等院校之间，长期存在着高等教育资源配置不平衡现象，甚至局部地区的高等教育发展已经陷入恶性循环的困境之中，对我国高等教育事业整体发展构成了严峻挑战，成为制约“教育强国”战略目标实现的根源性因素。

（1）高等教育整体实力不强。

自 20 世纪 90 年代以来，针对高等教育不同发展阶段的不同要求，我国通过先后实施“211 工程”“985 工程”和“2011 计划”等重点建设，带动了高等教育整体质量全面提升，中国已经成为名副其实的世界高等教育大国。在看到成绩的同时，必须清醒看到，我国高等教育发展还面临着不少困难与挑战。如高等教育经费结构尚不合理，2019 年全国高等教育经费总投入为 13 464 亿元，比上年增长 11.99%；教育经费总投入为 50 175 亿元，比上年增长 8.74%。高等教育经费占教育领域经费比例为 26.8%。而在 2009 年，日本高等教育经费占教育总经费比例就已经达到了 35%，美国为 38%，澳大利亚为 45%，加拿大为 63%。①此外，我国高等教育经费来源较为单一，而且不同区域之间高等教育财政投入差距较大。从高等院校发展情况来说，整体水平与世界一流大学相比仍有较大差距，能够进入世界领先水平的学科还比较少，具有重要国际影响力、能引领世界科技前沿发挥重大作用的学者还不多，原创性研究成果和颠覆性技术成果较少；从学生的角度来看，不少学生已不满足于"有大学上"，他们还对"上好大学"有了更多需求，而从"有大学上"到"上好大学"还有一定的差距。所以，我国高等教育"大而不强"的问题依然较为突出。

（2）高等院校资源分布不均。

高等教育资源尤其是优质高等教育资源过于集中在经济相对发达地区，一些经济欠发达地区的高等院校少且办学治校能力欠缺，高等教育资源呈现出极不平衡态势，由此带来了高等教育机会的不公平，已经严重制约了人民日益增长的对美好高等教育的需求。2017 年 9 月 21 日，《关于公布世界一流大学和一流学科建设高校及建设学科名单的通知》发布，首批"双一流"建设高校共计 137 所，其中世界一流大学建设高校 42 所（A 类 36 所，B 类 6 所）。按照区域划分，东部地区 13 个省份有 22 所，仅北京、上海、天津、江苏和山东五地就拥有 18 所一流大学；中部地区 6 个省份拥有 6 所，2 个省份没有一流大学；西部地区 12 省份 13 所，6 个省份没有一流大学。世界一流学科高校共有 95 所，在原"211 工程"建设高校基础上新增的 25 所一流学科建设高校中，中西部地区仅增加了 4 所，东部地区新增了 21 所，其中北京增加了 8 所，上海增加了 4 所，江苏增加了 4 所，北京、上海和江苏由此成为中国新的高等教育强省，并且它们都集中在东部地区。由于"双一流"建设的核心依然在沿袭一

① 詹宏毅．张宇星．高等教育公共投入影响因素的实证分析[J]．中国高教研究，2013（11）：8-13.

种国家主体投入的资源配置模式，所以，虽然一流大学建设高校增加了3所中西部地区的大学，但区域之间高等教育资源分布不平衡继续存在，中国的高等教育版图东强西弱的格局并没有根本性改变，而且有可能进一步扩大东西部高等教育差距。

（3）高等院校之间办学实力差距大。

经过国家重点建设，优质办学资源高度集中在一些重点院校，虽然促进了部分院校迅速崛起，但同时也导致高校之间发展很不均衡，高校定位不断固化，综合办学实力差距日益变大。而且，由于教育资源长期分配不均造成实力差距不断放大，高等教育领域“马太效应”愈加明显。以教育部76所直属高校2020年经费预算为例，共有10所高校预算总数过百亿，分布在东部地区的高校就有8所。其中，清华大学年度预算总数高达310亿元，浙江大学、北京大学和中山大学三所高校也都超过了180亿元，预算经费遥遥领先于其他高校。而排在最后一名的中央戏剧学院经费预算仅4.23亿元，与排名第一的清华大学相差70多倍。此外，理工类大学相较于文科类大学经费更为充足，中央部委直属高校好于省属高校，在同类院校中，东部地区的高校相较于中西部地区的高校，总体经费上也要充足很多。院校之间差距由此可见一斑。另外，在学校内部，各个学科专业之间，也不同程度存在这种问题，需要高校转变发展方式，着力解决结构协调问题。

（4）高校“同质化”发展。

高等教育的内在规律和大学办学的共性要求，以及我国高等教育的大众化、普及化，导致高校在办学定位、学科专业和人才培养等方面特色不足，千校一面，呈现严重“同质化”现象。在高等教育事业发展早期，大学之间相互模仿、借鉴发展，是大学适应外部生存环境作出的必然选择，且对大学办学具有一定的规范、标准和保障作用。然而，当这种“同质化”超出其合理范畴，甚至高校之间各自为战，盲目求大求全，会造成高等教育资源重复浪费，导致多样化、特色化人才供给不足，迟滞创新型国家建设，也严重影响了高等教育的生态平衡。要建设世界高等教育强国，就必然要求大学走多样化、特色化发展道路，必须坚定道路自信。只有高校各有所长、各具特色，各美其美、美美与共，才能最终形成多元化、特色化、高水平的现代高等教育体系，才能为世界高等教育治理提供“中国智慧”和“中国方案”。

2. 人才培养与社会需求出现不适应

我国高等教育事业的急速发展，虽然在服务经济社会方面取得了巨大成就，但是也带来了诸多严峻问题。高校的大规模扩张加重了教育教学负担，部分院校的人才培养质量出现了一定程度下降。人才培养的结构和规格，与时代发展、行业企业需求和新兴产业崛起等出现不适应现象，进一步加剧了大学生毕业就业难的问题，人才浪费与人才匮乏问题愈发突出，等等。这些都是我国高等教育发展必须面对、必须解决好的重大问题。

（1）高校扩大招生给人才培养质量带来挑战。

近年来，随着我国高考录取率越来越高，高等教育正逐步进入普及化发展阶段。不可否认，扩大高校招生规模有利于国家经济社会发展，有利于提高国民素质，但是一些高校忽视高等教育发展规律、教书育人规律和学生成长规律，一味贪大求全，追求盲目升格，不断扩张办学规模，人才培养能力却没有相应地提升，师资力量严重不足，生源质量参差不齐，教学基本设施薄弱，不仅造成了人才培养质量下降，势必也会给高等教育发展带来许多难以预料的后果。尤其是部分私立高校，呈现出以市场为导向、追逐经济利益的特征，为了获取生源，不断降低招生门槛，各类违规现象层出不穷，甚至不惜牺牲教学质量、压缩办学成本，已经严重扰乱了教育规律。所以，高等教育的当务之急和重中之重的工作，就是要以问题为导向，深化高校教育教学改革，推进高校内涵式发展，切实提高人才培养质量。

（2）大学毕业生就业难问题突出。

一方面，我国高校结构性失衡问题依然存在，研究型大学和应用型大学定位划分不够清晰，一些高校学科专业设置严重滞后，与新兴行业产业发展严重脱节错位，造成人才培养供需不匹配，部分行业人才供给严重大于需求，导致人才浪费与人才匮乏问题并存，尤其是卓越人才严重匮乏，无法满足创新型国家建设对人才供给的高质量要求。

此外，还有一个严重危机是，面对科技的快速发展，很多行业之间的分类逐渐模糊，甚至一些行业不可避免走向消亡，再加上高校招生数量逐年攀升，毕业人数不断增加，就业市场压力进一步加大，大学生就业难问题突出。另一方面，从学生主观原因角度看，部分大学生就业心态消极，就业素质不高，就业规划模糊，就业要求不切实际，既缺乏吃苦耐劳的传统精神，又缺少社会责任感和历史使命感，这些都严重制约了大学毕业生就业。

三、新兴技术的挑战

当前，世界正在经历前所未有的深度变革与深度转型，人类社会发展正加速向智能经济时代迈进。在工业经济时代，高等教育肩负着知识传承和工业人才培养的重要使命，推动了以技术为基础的工业强国崛起；在知识经济时代，高等教育在产业集群发展中扮演了重要角色，进一步催生了创业型大学，高等教育对知识的创新创造受到高度重视；进入智能经济时代，信息技术的快速发展，以及人类知识信息量的急剧增加，亟需与之相适应的新的高等教育模式，是认清形势抓住机遇，加快变革迎接挑战，还是等待观望、踌躇不前，高校正面临着前所未有的挑战。

1. 知识传授方式面临的挑战

长期以来，高等教育遵循的是以知识为中心的传授方式，强调学生对知识的掌握量。学生通过接受高等教育，或者更高层次的研究生教育以及就业之后的岗位培训教育，即可满足未来十年、二十年，甚至是终生的工作需要。在智能经济时代，人类的知识信息量爆炸性增长，推动了工业发展和科学技术的迅速进步，而科技的进步，又加速推进技术的迭代创新和知识总量的指数级增加，工业升级换代越来越快，产品更新周期越来越短，教材发挥的效果越来越小，教学资源组织管理老化，部分教师的教学手段单一，知识已然出现了不同程度的过时与贬值，由此导致学生的知识储备难以跟上智能经济时代的发展需要。所以，迫切需要加快“教的范式”与“学的范式”变革，更加注重学生的知识探究能力培养，强调学生的综合素养提升。

2. 新兴技术对高等教育的挑战

新兴技术正在悄然改变着人们的学习、生活和工作，为教育的创新发展提供了新的契机。新兴技术对高等教育的创新发展作用日益显著，但是我们也应意识到新兴技术发展给高等教育带来的严峻挑战。数字化、大数据、互联网+、人工智能、可穿戴设备、增强现实，等等，这些我们耳熟能详的各种新技术正加速融合，持续演进，在全球范围内掀起了滔天巨浪，充分展现了其颠覆性创新和强大“破坏力”，高等教育领域也不可避免受到冲击。以 MOOC 为例，作为一种在线教育形式，MOOC 的出现为高等教育发展带来的积极意义不容置疑，但是对大学也构成了巨大冲击和挑战，使得学习不再受到环境、时间和空间的局限，有效促进了全球范围内的知识共享。试想，如果 MOOC 继续保持良性发展，从“统一批发”走向“私人订制”也不是没有可能，而且当 MOOC 全面进入我国高等教育体系，必然将颠覆教师的“角色”，促进高等教育资源“优胜劣汰”，许多大学或许将面临生存挑战。

2020 年 3 月，美国新媒体联盟发布了《2020 地平线报告（高等教育版）》，预测了高等教育未来 5 年采纳的六项关键技术：自适应学习、AI/机器学习、学生成功分析、教学设计、学习工程和用户体验设计。这些前沿技术既向我们展示了未来智慧高等教育的形态，也是实现高等教育现代化的必然选择，它们将重新定义学生、宿舍、图书馆、课堂、课程，教师、教学，班级和大学等高等教育领域的基本概念。从功能上来说，将加速推动高校“去中心化”，甚至“去边界化”，高校作为传统意义上的知识传授中心的概念会完全颠覆，高等教育将实现更先进、更广阔的开放化和共享化，精准定制教育也不再是梦想；从教育组织来说，班级授课形式将会走向终结，而基于共同兴趣的学习型组织和学习共同体将大行其道；从教学手段上来说，“人+机器”将成为最基本的教学场景。这些前沿技术必将引发高等教育领域的革命性变革，对此，大学需要做好充分准备。

第三节　新规律

随着经济社会的快速发展，高等教育在与外部经济社会协调适应演进的过程中呈现出诸多新特点和新规律，主要体现在：高校教育教学方式发生新的变化，人才培养呈现出新的规律；传统高校不再能全部承担起高等教育的所有职能，衍生出许多新的办学形式并呈现多样化布局；高校加快内部结构、质量和效益等统筹协调，从外延式发展向内涵式发展加速转型；高校学科发展与经济社会发展紧密衔接，学科之间不断交叉融合；等等。

一、人才培养新规律

1. 深入探索拔尖创新人才培养

智慧经济时代，国家之间竞争的核心将是拔尖创新人才的竞争。探索建立拔尖创新人才有效机制，促进拔尖创新型人才不断涌现，是新时代加快建设创新型国家，全面建成社会主义现代化强国，实现中华民族伟大复兴中国梦的历史要求，也是深化高等教育改革，建设世界高等教育强国的历史选择和战略路径。所谓拔尖创新人才，是指在某一领域具有超群的专业素质和杰出的创新能力，能为本领域的发展做出卓越贡献并造福于社会的高素质人才。长期以来，我国高校在培养拔尖创新人才方面进行了不懈探索和实践，初步形成了一些较为成熟的拔尖创新人才培养模式，并继续向着世界一流人才培养模式不断前进。

为探索优秀人才培养规律，1978 年，中国科学技术大学创建了全国第一个少年班。1985 年，原国家教委决定，将少年班办学模式扩大到北京大学、清华大学等 13 所重点大学，这一实践尝试为深入探索拔尖创新人才培养奠定了基础。1989 年，南京大学在原少年部的基础上，成立了基础学科教学强化部，首创人才协同培养；1998 年，清华大学开办“数学、物理基础科学班”，进一步探索拔尖创新人才贯通培养。这一时期，各类强化班、实验班、教改班、混合班、试点班和基地班等纷纷成立，因材施教、个性化培养等人才培养模式不断深化拓展。2009年，教育部联合中组部、财政部启动“基础学科拔尖学生培养试验计划”，并选择了20所中国大学在数、理、化、信、生5个学科统筹试点改革，力求在创新人才培养方面取得突破。此后，北京大学元培学院、清华大学清华学堂、浙江大学竺可桢学院、南京大学匡亚明学院、复旦大学“望道计划”和中国科学院大学“果壳计划”等，对深入探索拔尖创新人才培养进行了很多有益尝试，不断加强体制机制和人才成长环境创新，切实开拓了我国培养拔尖创新人才的新途径，总结了一些人才特别培养新规律。

当前，随着世界高等教育发展和国家所处宏观环境发生深刻变化，我国高校拔尖创新人才培养又呈现出一些新的特点。首先，通过国际化培养具有全球竞争力的卓越人才。2016年7月，清华大学启动实施“全球战略”，旨在培养具备“全球胜任力”的拔尖创新人才，并先后成立了清华-伯克利深圳学院和全球创新学院，将其国际化引领优势转化至本科阶段人才培养。其次，拔尖创新人才培养过程不断前移。如浙江大学、上海交通大学等高校率先在中学设立了拔尖创新人才培养基地，通过自主命题、自主选拔、自主录取，在中学阶段发现、选拔和跟踪优秀学生，以打破高考对学生旺盛的兴趣爱好、探究知识的本心和创新创造能力的束缚。此外，一些学者也提出，当前的高等教育人才培养体系已不能跟上中国快速发展需要，着眼于培养担当民族复兴大任的时代新人，必须超越时代、超前制定规划新的拔尖创新人才培养计划，建设新型大学，以推动我国高等教育加速走向世界舞台中央，并持续引领世界高等教育发展。为逐步建立起拔尖创新人才选拔培养的有效机制，在深入调研、总结高校自主招生和上海等地高考综合改革试点经验的基础上，2020年1月13日，教育部制定出台了《关于在部分高校开展基础学科招生改革试点工作的意见》，决定自2020年起，在部分高校开展基础学科招生改革试点，旨在聚焦高端芯片与软件、智能科技、新材料、先进制造和国家安全等关键领域以及国家人才紧缺的人文社会科学领域，选拔培养有志于服务国家重大战略需求且综合素质优秀或基础学科成绩拔尖的学生。

2. 多举措、多模式促进人才培养

在深化高等教育改革的关键时期，高校的人才培养模式也不断适应新的转变，人才培养呈现出了一些新特点和新现象：落实“立德树人”根本任务，使高校空前重视“德育”在人才培养过程中的根本性地位；本科生大类招生和大类培养影响力渐显；经济转型升级重塑高校人才培养路径，人才培养范式走向“四面开花”新格局，等等。创新也成为高校人才培养的新常态。

（1）实施大类招生和大类培养。

大类招生和大类培养是近年来我国人才培养、招生和管理制度方面的一项重大改革。所谓大类招生，即打破院系壁垒，淡化专业设置，将相同、相近学科门类，同院系甚至是不同院系的专业合并，按照学科大类进行招生。大类培养则是指学生被录取后，前一年（或两年）首先学习通识教育选修课和学科大类平台课，然后再根据学校要求和个人兴趣，在大类所含的专业中重新选择具体专业。大类招生和大类培养的积极意义在于真正尊重人才成长的无限性，有效减少了学生报考专业的盲目性，为“厚基础、宽口径、强能力、高素质”交叉复合型人才培养提供了更为广阔的途径，因此颇受学生欢迎。可以预见，大类招生和大类培养或将成为未来一段时期内高校人才培养的主流趋势。

（2）开展人才多元化培养。

当前，我国经济结构发生全面、深刻变革，新战略深入实施，新产业加速成长，新业态不断孕育，新产品持续涌现，正加速形成中国经济升级版。经济发展结构决定人才需求结构。一些高校纷纷调整人才培养战略，主动对接国家战略部署，强化人才培养服务能力；对接政府、事业、企业、金融等单位服务机制多样发展，推动继续教育、职业教育、高等教育等多种教育模式联动融合，借助各类中外合作办学项目鼓励学生海外交流、访学，大学生创新创业教育风起云涌，“订单式”“项目式”“现代学徒制”“目标跟踪制”等人才培养新范式层出不穷，有效促进人才与产业发展、技术支撑“无缝对接”，推动多领域、多元化“人才培养共同体”持续涌现。

二、高等教育发展新规律

近年来，随着经济全球化深入发展，社会对人才的需求趋于多样化。作为人才培养的重要基地，传统高校不再能承担起高等教育的所有职能，衍生出许多新的办学形式并呈现多样化发展趋势，其中民办高等教育以其创新的体制机制得到迅速推广和发展，成为高等教育体系的重要增长点。同时，在高校内部不断统筹协调办学结构、质量和效益，探索和实践新型办学规律，加快从工具化教育向兴趣化教育转型，从外延式发展向内涵式发展转型。

1. 办学体系多样化发展

（1）中国特色民办高等教育快速发展。

中国的高等教育模式取得了巨大成绩，但发展模式较为单一。民办学校是伴随我国改革开放的时代背景而出现的。得益于高等教育实施扩招政策，民办高等教育也取得了快速发展，一批特色型民办高等院校迅速崛起，为形成高等教育事业发展新格局提供了有力补充。在全世界范围内来看，民办高等教育取得了辉煌成就，包括哈佛大学、耶鲁大学、普林斯顿大学和早稻田大学等世界名校均是民办高校的成功样本。相较而言，我国的民办高等教育虽然起步较晚，办学基础薄弱，但是在国家大力扶持和市场巨大需求等合力作用下，民办高校整体办学实力已经有了长足进步。

2000 年，我国仅有民办普通高校 34 所。截至 2020 年 6 月 30 日，我国共有民办高校 773 所，占全国普通高等学校总数的 25.7%；在校生达 708.83 万人，占在校生总数的 17.7%。同时，随着民办高校办学层次不断提升，办学结构不断优化，办学质量显著提升，进入了内涵建设的新阶段；而且部分优质民办高校也取得了研究生招生资格，截至 2019 年，硕士研究生招生 876 人，在学 1865 人。此外，民办高校也在不断深化改革，创新办学模式，积极适应外部治理要求，立足中国大地探索中国特色民办大学制度体系，并向着世界一流大学发起冲击。

2015 年 3 月，湖畔大学举行了第一届开学典礼，旨在为中国下一代企业家打造一所伟大大学。其独特尝试对民办高等教育发展产生了一定积极影响。2015 年 12 月，浙江西湖高等研究院在杭州成立；以西湖高等研究院为依托，2018 年 4 月，西湖大学正式获教育部批准设立。西湖大学是一所社会力量举办、国家重点支持的新型高等学校，目前主要致力基础科学研究、技术原始创新和博士研究生的培养，可以说真正是高起点、小而精、研究型。西湖大学的创建，开启了民办尖端高等教育的先河，对激发高等教育活力有着十分积极的作用。

（2）新型办学突破发展。

随着时代的发展，为满足社会需求，高等教育国际化模式创新发展，各类新型大学异军突起，高校的布局越来越广泛，大学的形态越来越丰富。首先，为应对中国学生对国际化教育的需求，我国高校纷纷加强国际合作，通过引入国外优质高等教育资源，推动高等教育与世界接轨。一方面是通过开设中外合作办学项目，开办国际特色新专业，开展联合培养等，推动国际化人才培养。另一方面是突破现有办学体制机制，大胆创新，直接引入海外名校在中国开办大学，并先后成立了宁波诺丁汉大学、西交利物浦大学、昆山杜克大学、上海纽约大学、温州肯恩大学和深圳北理莫斯科大学等高校，这些中外合办高校具有独立法人资格，拥有独立校园，形成了完全不同于传统高校的办学模式，现在均处于探索发展阶段。

其次，新型大学异军突起。作为国家高等教育综合改革试验校，南方科技大学于 2012 年 4 月获教育部批准成立。相对传统公立高校，南方科技大学拥有了更多办学自主权，旨在成为中国高等教育改革的一面旗帜和多元化办高水平研究型大学的试验田，为教育体制改革与现代大学制度建设做示范，在学校办学、管理、招生、治学等方面形成了具有鲜明的运行模式，而且发展速度极快，成绩斐然。在创新高等教育体制机制方面，坐落于上海浦东新区张江高科技园的上海科技大学起点更高，步子更大。2013 年 9 月，上海科技大学获教育部批准成立，办学定位为高水平、国际化的研究型创新型大学，其依托上海市和中国科学院，拥有雄厚的办学资源，并与国家级科研院所深度融合，成立不久就主导或参与了首批大科学设施基础建设项目，科教融合，人才集聚。或许不用太长时间，我们就可以共同见证一所新型研究型大学的强势崛起，为破解中国高等教育创新发展难题提供有益启示。此外，还有中国科学院大学、中国社会科学院大学等新型大学的发展路径和举措，也将为高水平、研究型大学建设提供更多启示。

2. 新型办学规律探索实践

近年来，随着我国高等教育改革不断深入，高等教育旧有观念日渐打破，并在借鉴中国古代书院和西方大学住宿学院制度的基础上，逐步构建起了本科生住宿书院制教育模式，成为高校学生管理模式的重要创新，也是实施拔尖创新人才培养的一项重要举措，在高等教育领域引起了强烈反响，实行住宿书院制的高校数量急速攀升。此外，在高等教育价值观方面也有所转变，更加注重全人教育，强调培养大写的“人”和完整的“人”。

（1）书院制教育模式兴起。

书院制是在继承中国古代书院“师生共处、学生互助”的传统基础上，借鉴国外住宿学院制度建立的一种对学生实施通识教育，并承担学生思想品德、行为养成等方面教育的新型学生教育模式。作为具有中国特色现代意义上的高等教育改革产物，书院制实现了对传统住宿式学生教育管理模式的深层次变革，真正以学生为中心，突破学科和专业限制，打破教育教学与学生日常生活相脱节的局面，充分发挥宿舍育人功能，贯通宿舍、讨论室、实验室、图书馆等教学设施要素，回归到具体的生活场景中来组织教学活动，是人才培养模式改革的重要组成部分和关键环节。复旦大学和西安交通大学是国内较早开展书院制改革的高校，它们的成功做法取得了积极影响，并成为各个高校实施教育改革学习的典范。此后，国内实施书院制改革的院校数量大幅增长。2014 年 7 月，亚太高校书院联盟成立，有力推动了书院制高校之间的互动交流和资源共享。作为一种全新教育模式，书院制改革在部分高校取得了一定的成绩，但是，由于书院制改革仍在探索之中，而且书院制模式涉及高校综合改革方方面面，还存在诸多不完善之处，必须彻底更新高等教育和人才培养理念，突破现有体制机制“路径约束”，书院制才能真正得到深入推进和推广。

（2）通识教育的博兴。

通识教育与专业化、职业化教育的根本区别在于，通识教育前提在“育”，专业化教育前提是“教”，这是对教育理念和教育模式截然不同的选择。通识教育的理论渊源，可以追溯到古希腊的博雅教育、全人教育或自由教育。而在现代通识教育中，其终极追求在于突破实用主义、功利主义和工具主义的藩篱，强调“学以致知”和“学以致省”，通过“养成”教育，使学生兼备科学素养与人文情怀，不断增加生命的宽度、厚度和广度，最终修得个体生命的丰盈饱满、圆融通达，成为“全面发展的人”和“真正的人”。经过长期以来的不懈探索，我国在通识教育的理论研究和操作实践方面都取得了重要进展，高等教育界对通识教育的重要性和必要性已经达成了高度共识，诸多高校纷纷启动了力度空前的通识教育改革。党的十九大指出：要全面贯彻党的教育方针，落实立德树人根本任务，发展素质教育，推进教育公平，培养德智体美全面发展的社会主义建设者和接班人。新时代呼唤新素质教育，只有全面提高人才培养综合素养，才能完成新时代高等教育的神圣使命。同时，这也为通识教育进一步发展指明了方向，要真正以人为本，培养学生的人文精神，造就德才兼备、文理贯通的卓越人才。

三、学科发展新规律

学科是一种范式，是相对独立的知识体系，也是大学发展的根本基础。每一门学科都有其诞生、发展、成熟和消亡的过程，并呈现出一定的规律性。学科的发展受多方面因素的影响，是多种因素集聚综合作用的结果。当前，随着科学技术的蓬勃发展，产业变革风起云涌，新兴学科不断涌现，与此同时，学科与学科之间、科学与技术之间、自然科学与人文社会科学之间正不断交叉渗透，融合创新。

1. 新兴学科不断涌现

新兴学科的崛起与经济社会发展需求存在密切联系。学科发展的实质是知识的不断生产。在经济社会发展过程中，因为存在社会重大需求，知识得以持续生产并不断重新条理化，一些新兴的学科便由此诞生。同时，由于新兴学科适应经济社会需求，顺应历史潮流，紧跟时代步伐，能够获得各方面的资源投入和支持，又得以突飞猛进地发展。人工智能学科和大数据学科的诞生和发展均是如此，尤其是人工智能学科极具代表性。在半个多世纪的发展过程中，人工智能学科伴随着经济社会发展，先后经历了多次消亡危机，走过了十分艰难的发展历程。如今，随着信息技术的快速发展，推动了人工智能在学科建设、产业应用和社会服务等方面也取得了开创性的重大进展。反之，如果没有了社会需求，学科就会成为无本之木、无源之水，最终走向消亡。

2. 学科之间不断交叉渗透、融合创新

近现代科学技术上的重大突破、新的学科增长点的诞生，往往是在不同学科甚至几个学科之间交叉渗透、融合创新中形成的。空间科学、材料科学、生命科学和环境科学等是这样，现在的新工科、新医科和新商科也是如此。学科与学科之间、科学与技术之间、自然科学与人文社会科学之间的交叉渗透、融合创新，已成为学科发展演化的必然趋势。面向未来，随着人类科技向着更深层次和更加尖端的方向发展，尤其是重大科技基础设施建设，既对多学科协同支撑提出需求，也为学科交叉融合、创新发展提供平台，更为新兴学科诞生创造了条件。高校要抓住科技发展机遇，以问题为导向，加强学科交叉融合的规律研究，主动促进学科交叉融合，推动学科不断演化变革，进而促进科技进步，适应国家经济建设，回应人类社会发展。

第四章 新时代高等教育内涵式发展的科学内涵

党的十九大报告指出，要“加快一流大学和一流学科建设，实现高等教育内涵式发展”。这是继党的十八大提出“推动高等教育内涵式发展”后，高等教育内涵式发展的概念再次出现在党的全国代表大会报告中。从最初与外延式发展概念的统一，到后来二者的对立，再到提升为一种战略，高等教育内涵式发展的概念随着时代的变化不断被赋予新的时代内涵。

20世纪80年代中后期，高等教育“内涵发展”和“外延发展”的提法开始大量出现，当时我国高等教育的大背景是规模偏小、办学效益低，因此所谓的“内涵发展”和“外延发展”都是为了扩大高等教育规模，“内涵式发展”的道路，是指通过挖掘原有公立高等教育系统内部潜力来扩大高等教育容量①。

以国家“十一五”规划的制定为标志，高等教育开始由“扩招”“提高大众化水平”向“提高高等教育质量”“高等教育内涵发展”转变，2006年国务院更是明确将高等教育扩招增幅控制在5%，其背景是我国高等教育就在校生规模而言提前实现了大众化，但扩招带来的一系列问题却越来越成为全社会关注的焦点，于是高

① 邬大光. 我国高等教育应走外延式发展道路[J]. 求是，2003（10）：51-52.

等教育发展观开始从重视数量的增长转向重视质量的提高上来，“内涵发展”的主要意思也变成了以质量为主的发展，区别于以扩大规模为目标、偏重数量的外延式发展。

为突出高等教育在经济社会发展的总体规划中的定位和自身文化建设及制度设计，体现全局性、宏观性、长远性、战略性，以教育部制定的《国家中长期教育改革和发展规划纲要》为标志，“高等教育内涵发展”的内涵有了新的含义，开始转变为一项着眼于长远教育成长与可持续发展的战略。

当前，中国特色社会主义已进入新时代，全党、全国正以习近平新时代中国特色社会主义思想为指导，牢固树立并切实贯彻创新、协调、绿色、开放、共享的发展理念，推动党和国家各项事业不断迈向前进。高等教育作为党的事业的重要组成部分，其发展也必须适应新的时代背景，推动高等教育内涵式发展，成为我国高等教育进入大众化阶段的必然选择和解决当前我国高等教育面临困难的必由之路，高等教育内涵式发展的概念也被赋予了新的时代内涵。

第一节　提升质量是生命线

随着经济全球化深入发展，全球市场各个领域的竞争越来越集中地体现为质量和品牌之争。质量业已成为一个国家的实力、形象所在和一个民族的素质、精神所存。

我国始终把质量工作作为推进各项工作的重点内容，尤其是党的十一届三中全会以来，有关质量工作的一系列政策措施相继出台，具有中国特色的质量发展之路初步形成。1996 年和 2012 年，《质量振兴纲要（1996 年-2010 年）》和《质量发展纲要（2011—2020）》先后由国务院颁布实施；2017 年，《关于开展质量提升行动的指导意见》问世，十九大报告 16 次提到质量二字，明确指出要建设“质量强国”，要坚持“质量第一”“大力提升发展质量和效益”，要提高“供给侧体系质量”“教育质量”“生态系统质量”“就业质量”“军队建设质量”和“党的建设质量”等，充分说明党和国家高度重视质量工作。

国外对高等教育质量的相关工作也在持续推进。1985 年，以荷兰政府发布《高等教育：自治与质量》为序幕，有关高等教育质量保证理论研究和实践探索在西方国家普遍推进，高等教育质量保证运动迅猛开展，高等教育质量保证相关理论成果和实践经验不断涌现。相较而言，我国高等教育质量保证相关工作起步较晚，在《国家中长期教育改革和发展规划纲要（2010—2020 年）》中明确指出“提高质量是高等教育发展的核心任务，是建设高等教育强国的基本要求”，在国家层面将“提高质量”作为教育改革和发展的重要方针；此后，教育部印发的《关于全面提高高等教育质量的若干意见》中明确指出要走以质量提升为核心的内涵式发展道路，这充分说明了提升质量对高等教育发展的重要意义。

一、高等教育质量的定义

高等教育质量作为综合概念，由于其标准制定的主体、质量依据的标准、研究目的、研究主体等的不同，高等教育质量产生了不同的定义或理解。1998 年，世界高等教育大会在巴黎召开，会议成果之一的《21 世纪高等教育展望和行动宣言》中指出，高等教育质量属多层次的概念，要充分考虑其具有的多样性，对高等教育质量的衡量要避免用统一的标尺。

对高等教育质量的理解可以大致分为三种：第一种认为高等教育质量是对高校综合水平的评价，是由高校的内部资源及外部因素决定的，包括师资、生源、基础设施、社会声誉等。基于上述观点，有关高校教育质量的评价方式应运而生，如英国泰晤士高等教育世界大学排行榜、美国高等院校认证等都是通过对高校综合水平进行评价，从而评估高校的教育质量。第二种是把学生发展质量作为高等教育质量的重要参考，用人才培养质量来考评高校的高等教育质量。还有一种则将高等教育质量细分为发展的质量观、多样的质量观等，多角度评价高等教育质量。

也有学者从高等教育的内涵与外延出发，将人才培养、教育教学、管理服务、校园文化建设等高校各方面工作成效作为高等教育质量的内涵，同时把教育投入产出、科研贡献度等作为高等教育质量的外延，并且提出内涵与外延协调建设，才能实现高等教育质量质的飞跃。

上述观点已经在高等教育质量与大学所承担的职能之间形成了较为紧密的联系。高等教育具有五大基本职能，高等教育的质量也应该包括人才培养、科学研究、社会服务、文化传承创新和国际交流合作五方面的质量，五种质量标准相互作用，共同构成了高等教育质量。

二、提高高等教育质量的重要性和紧迫性

当前，我国既要全面建成小康社会、实现第一个百年奋斗目标，又要乘势而上开启全面建设社会主义现代化国家新征程，向第二个百年奋

斗目标进军。提升高等教育质量，为社会主义建设提供强大的人才支撑和智力支撑，更显必要。

1. 加快提升高等教育质量是顺应经济社会发展的迫切要求

我国经济长期保持持续增长，国内生产总值 2020 年突破一百万亿元，取得了历史性成就。十九大报告提出，“经过长期的努力，中国特色社会主义进入了新时代”，这是我国发展新的历史方位，也是我国高等教育改革发展新的时代坐标。建设教育强国在实现中华民族伟大复兴征程中必然要扮演更为重要的角色。着眼于提高高等教育发展水平，增强国家核心竞争力，党中央作出了“加快一流大学和一流学科建设，实现高等教育内涵式发展”的战略部署，这是党和国家对高等教育提出的新要求。无论是把握新科技革命和知识经济的时代特征，还是解决我国经济社会发展的深层次矛盾和高等教育自身面临的突出问题，都迫切需要提高我国高等教育质量[①]。

2. 加快提升高等教育质量是顺应全球发展趋势的迫切要求

随着经济全球化的进程，世界各国对高科技人才的需求更为激烈，人才成为各国核心竞争力的重要组成部分，提高高等教育质量是各国提升核心竞争力的重要举措。21 世纪以来，世界主要国家着手高等教育质量提升。21 世纪初，在意大利博洛尼亚，29 个欧洲国家共同提出了“博洛尼亚进程”，旨在整合欧洲高等教育资源，在机制体制上实现突破创新，实现欧洲高等教育的协同发展；2006 年，美国出台了《美国高等教育行动计划》，通过建立大学绩效评价系统，着力提升高等教育质量；2009 年美国总统奥巴马一上台就增加大学发展补助经费近 140 亿美元；此后欧洲高等教育质量保证协、英国高等教育质量保障署、韩国教育科学技术部等都发布了相关政策文件，为提高高等教育质量提供政策支撑。老牌教育强国纷纷针对自身高等教育发展实际提出了提升措施，我们也必须立足国家和社会发展的新时代，加快提升高等教育质量，早日建成、建好、建优教育强国。

① 刘延东. 深化高等教育改革　走以提高质量为核心的内涵式发展道路[J] 中国高等教育，2012（10）：4-9.

3. 加快提升高等教育质量是解决实际问题的迫切要求

20 世纪末，我国开启了高等教育大众化的进程。从 1999 年颁布《面向 21 世纪教育振兴行动计划》，到 2002 年提前实现从精英高等教育到大众高等教育过渡的目标，我国只用了 3 年时间，而实现同样进程美国、日本、韩国、巴西分别花了 30 年、23 年、14 年和 26 年。在肯定高等教育急速发展带来的明显益处时，我们也要看到其所带来的不利影响，例如众多高校办学条件滞后、办学定位趋同、教师资源不足、生源质量相对下降等，这些也是我国还处于高等教育大国而非高等教育强国的重要因素。对此，时任国务院副总理的刘延东提出我们务必要强化质量意识，推动高等教育从外延式发展向质量提升为核心的内涵式发展转变，走出一条中国特色、世界水平的现代高等教育发展道路。

三、提高高等教育质量的主要途径

人才培养作为高等教育的本质要求和根本使命，人才培养质量必然是衡量高等教育质量的第一标准。无论什么高校，都要解决好“为谁培养人、培养什么样的人、怎样培养人”这个根本问题，真正培养出德智体美劳全面发展的社会主义建设者和接班人。

1. 建设一流师资队伍

对高校来说，教师是开展教育教学活动的第一资源，师资队伍的优劣直接关系高等教育质量。《统筹推进世界一流大学和一流学科建设总体方案》中，“建设一流的师资队伍”是“双一流”建设的首要任务。因此，提高人才培养质量，必须首先抓好师资队伍建设。高校要深入实施人才强校战略，引育并举，加大人才的引进力度和支撑引领作用发挥，加强中青年人才的培育，优化制度，为中青年教师脱颖而出提供政策保障和制度支撑。要遵循科学规律，破除不相适应的体制机制，形成良好的政策生态和制度生态，进一步激发人才队伍活力。要加强师德师风建设，坚持教书和育人相统一，坚持言传和身教相统一，坚持潜心问道和关注社会相统一，坚持学术自由和学术规范相统一，引导广大教师以德立身、以德立学、以德施教，培养和造就一支有理想信念、有道德情操、有扎实学识、有仁爱之心的优秀教师队伍。

2. 深化教育教学改革

教学质量是衡量办学水平的核心标准，高校必须以“贯彻落实党的教育方针，坚持社会主义办学方向，践行社会主义核心价值观”为教学改革的指导思想，坚定“以学生成长和发展为中心”的教育理念，顺应国际高等教育发展趋势，面向国家重大需求和区域发展，紧密围绕立德树人根本任务，大力推动“教”与“学”的教学范式变革。一是要创新教学理念和模式。构建理论教学与实践教学、教学与科研深度融合的教学模式，既注重对学生的专业知识教育，让其“专业成才”，更注重对学生的思想政治教育，让其“精神成人”，教育引导学生争做德才并重、面向未来的新时代青年。二是要创新教育教学方式。探索进行小班教学，开展启发式、讨论式、参与式教学，还要结合“互联网+”，探索开展 MOOC（慕课）、翻转课堂等，充分发挥网络资源的作用。三是要创新学习方式。现代社会已进入信息爆炸时代，新的知识层出不穷，高校学生单靠在课堂上学习知识已经远远不够，高校学生的目标也不能仅仅局限为毕业和文凭，而是要建立起自主学习、终身学习的学习习惯，学会如何学习，学会如何通过自己掌握的学习方法去解决遇到的各类问题，这就要求高校要大力推动“教”与“学”的教学范式变革，构建起新的学习模式。

3. 提高科学研究、社会服务、文化传承创新、国际交流合作能力

现代大学的功能已拓展为人才培养、科学研究、社会服务、文化传承创新、国际交流合作五个方面，完成提高高等教育质量的战略任务，必须以人才培养为中心，统筹协调五大职能协同发力，为内涵发展打开更大空间[①]。

高校要面向未来经济社会发展的基础性、关键性领域，以国家重大需求为导向，强化基础研究，加强创新体系建设，深化科技体制改革，

① 刘延东. 深化高等教育改革　走以提高质量为核心的内涵式发展道路[J]. 中国高等教育，2012（10）：4-9.

营造良好的学术氛围，不断提升服务教师开展高水平科学研究的能力，实现前瞻性基础研究、引领性原创成果重大突破，为国家发展和未来社会做出重要贡献。

高校要深刻把握“四个服务”的科学内涵，把社会实践活动作为教育引导学生了解国情社情民情、成长成才的“第二课堂”，构建并不断完善理论教学与实践教学、科研成果与实践内容、课内与课外、校园与社会深度融合的实践育人机制，大力开展创新创业、志愿服务、精准扶贫等领域的实践活动，积极推进大学生社会实践基地建设。

作为思想文化创新的重要阵地，高校要充分发挥自身优势，为坚定文化自信、发展中国特色社会主义文化、推动社会主义文化繁荣兴盛做出更大贡献。要牢牢掌握意识形态工作领导权，大力推进马克思主义中国化时代化大众化，大力推动习近平新时代中国特色社会主义思想溶入血脉，见诸行动。要发挥好文化育人作用，培育并发扬优良校风学风教风，贯彻落实“三全育人”，建设好具有中国特色的大学文化。推动理想信念教育常态化、制度化，加强党史、新中国史、改革开放史、社会主义发展史教育，加强爱国主义、集体主义、社会主义教育，把制度自信的种子播撒进青年心灵，引导师生不断增强“四个自信”。

第二节　坚持内生式发展道路

党的十九大报告强调“实现高等教育内涵式发展”，这是党和国家对高等教育提出的新要求。对于高等教育来说，高校在经历了招生数量上的扩增、办学空间的拓展以及规模的扩大以后，现在已必须走内涵式发展道路。内涵式发展的一大要义，就是要以提高人才培养质量为目标，善于向内挖潜、优化结构、练好内功，通过高校内部的深化改革来激发学校的内生动力，走内生式发展道路。

一、高等教育内生式发展道路的时代内涵

自改革开放以来，我国的经济发展实现了大跨越，完成了由传统的计划经济向社会主义市场经济转轨，中国经济逐渐融入全球经济。尤其是党的十八大以来，面对世界经济复苏乏力、局部冲突和动荡频发的外部环境，以及国内经济面临增长速度换挡期、结构调整阵痛期、前期刺激政策消化期“三期叠加”的巨大压力，以习近平同志为核心的党中央综合分析世界经济长周期和我国发展阶段性特征及其相互作用，做出了我国经济发展进入新常态的重大判断。

与此同时，我们也要认识到经济发展进入新常态所表现出的经济增长企稳有相当一部分原因是政府引导、融资支持。如果这两方面因素的效力减弱，则经济运行仍然有减速的可能。因此，大力增强中国经济的“内生动力”，减小对政府引导、融资支持等“外部动力”的依赖，是保持经济持续增长的重要选择。

党的十九大报告也明确指出：“建设现代化经济体系，必须把发展经济的着力点放在实体经济上，把提高供给体系质量作为主攻方向。”[①]高等教育是教育体系的重要组成部分，是社会体系的一个子系统，它必然与社会经济发生着千丝万缕的联系，必须针对我国的社会现实、国民经济结构和经济发展状况做出适应性调整。

与我国的经济发展一样，高等教育在改革开放以后经历了四十多年的飞速发展，在取得巨大成就的同时也带来了一系列问题。例如，部分高校管理者为了追求政绩，把主要的时间和精力都用在了不停地扩建新校区、修新大楼、办新专业、提升高校自身档次等方面，而忽视了人才培养质量的提升。另外，随着高校办学规模的扩大，高校间资金、资源的争夺更为激烈，高校获得大量资金来支持自身发展的难度也显著增加，部分高校已经出现大而不强、大而不精、大而无力的现象。对此，高校必须要把眼光重新聚焦到自身内部运行的体制机制，以提高人才培养质量为根本目标，着眼学校长远发展，以不断培养和增强基于自身的发展能力为评判依据，固本强基，增强内力，不求一时之功，不贪一时之利，

① 习近平．决胜全面建成小康社会　夺取新时代中国特色社会主义伟大胜利[M]．北京：人民出版社，2017：20.

不图一时之名，以不断深化自身内部改革为实现途径，走出一条以自身主导发展、不断增强自身发展能力的内生式发展道路。

二、走内生式发展道路的重要性

改革是最大的红利。当前，我国高等教育进入内涵式发展阶段，改革进入攻坚期和深水区，必须要加快推进综合改革，破除束缚高等教育改革发展的体制机制障碍，让学校拥有更大办学自主权，激发广大教学科研人员教书育人、干事创业的积极性和主动性，激发高校办学活力，挖掘发展潜力，增强高校发展的内生动力和持续发展能力。因此，高等教育走内生式发展道路，拿自己开刀，进入“全面施工内部装修”阶段，显得十分重要和必要。

1. 中央的明确要求

《中共中央关于全面深化改革若干重大问题的决定》对深化教育领域综合改革提出了明确要求，《国家中长期教育改革和发展规划纲要（2010—2020年）》明确将“改革创新”作为工作方针之一，指出要把改革创新作为教育发展的强大动力，鼓励高校以体制机制改革为重点，大胆探索和试验，加快重要领域和关键环节改革步伐。2014年5月，习近平总书记在北京大学师生座谈会上指出，全国高等院校要走在教育改革前列，加快构建充满活力、富有效率、更加开放、有利于学校科学发展的体制机制。2016年4月，李克强总理在北京大学召开高等教育改革创新座谈会，明确提出要抓紧研究制定相关文件。2017年4月，教育部等五部门下发《关于深化高等教育领域简政放权放管结合优化服务改革的若干意见》，加快推进高等教育领域“放管服”改革。

2. 高等教育自身深化综合改革的需要

近年来，高等教育在人才培养体制、现代大学制度、办学体制、推进管办评分离等多方面改革中取得很大进展。由于我国高等教育处在社会转型和高等教育转型发展相互叠加的历史时期，高等教育综合改革仍存在诸多体制机制障碍。在当前全面提高高等教育质量、切实增强科研创新能力、统筹推进“双一流”建设的新形势下，加快推进高等教育内生式发展变得尤为迫切。

3. 落实和扩大高校办学自主权的内在要求

高校要走出一条以自身主导发展的内生式发展道路，必须要明确自身的办学主体地位，落实办学自主权。高等教育深化改革和促进发展中，不同程度地遇到了学科专业、编制、岗位、进人用人、职称评审、薪酬分配、经费使用管理等方面的深层次问题，需要通过走内生式发展道路，切实落实《高等教育法》规定的高校办学自主权，激发高校活力和内生动力。

总而言之，高等教育走内生式发展道路，全面深化改革，就要以问题为导向，破除学校办学生产关系中阻碍生产力发展的深层次体制机制障碍，大力解放和发展学校办学生产力，充分调动起师生员工的积极性，激发办学活力，挖掘发展潜力，增强发展的内生动力和持续发展能力。通过改革，进一步增强学校对国家和区域经济社会发展需求的适应度；进一步增强师资力量、管理队伍、资源配置等对人才培养的保障度；进一步增强办学质量和效益对促进我国高等教育事业发展现代化、国家和区域发展现代化的贡献度；进一步增强学生、家长和社会对人才培养质量的满意度。

三、高等教育走内生式发展道路的主要途径

走内生式发展道路，深化综合改革，重点要做好以下几个方面。

1. 校院管理体制改革

“构建科学高效的现代大学制度，推进学校治理体系和治理能力现代化”是全面深化综合改革的总目标。要坚持和完善“党委领导下的校长负责制”这一根本制度；不断扩大社会参与，建立健全体制机制，确保教授治学；探索实施“学院办大学”，确保学院办学主体地位，逐步推进管理重心下移，激发学院办学活力，增强发展能力。

2. 教育教学改革

要紧密围绕“立德树人”这一根本任务，确立“以学生成长和发展为中心”的核心育人理念，构建与学校培养模式相适应的人才培养体系；加强理论与实践、教学与科研的深度融合；持续提升教师教育教学创新能力，优化调整学科专业，建立社会广泛参与的协同育人机制；完善现代教育治理结构，进一步激发教师内心对育人的热爱；改革学生工作模式，进一步激发学生对自我成长成才的渴望。

3. 科研体制机制改革

深化科研体制机制改革，强力支撑高校“双一流”建设，构建与一流大学相适应的科研组织模式、评价体系，发挥资源配置效益，提高资源配置质量，释放科研活力，大力促进科研创新能力提升，促进民口、军口和国际科技合作协调发展。

4. 人事制度改革

要全面落实“人才强校战略”，全面推行精细化的岗位分类管理，彻底转换用人机制，建立各类别岗位人员准入、聘用、晋升、考核和流转退出机制。人事制度改革要实现从传统人事管理向人力资源管理服务转型，建立与现代大学制度相适应的学校人力资源管理制度体系，形成一支师德高尚、规模和结构合理的高水平师资队伍，各支队伍协调发展，队伍质量全面提升。

5. 资源配置改革

优化资源配置，提升资源使用效益。立足“构建科学高效的资源管理体系，深化内控体系建设，建立任务目标导向”的资源配置机制，在保证基础办学条件的前提下，以市场机制为主实现竞争性需求资源配置，科学设计资源共享机制，实现基于全成本核算的资源配置，全面推进绩效考核。

6. 政产学研用协调体制构建

围绕国家、地区经济社会和行业企业发展需求，以探索建立政产学研用协调体制机制为着力点，提升学校社会服务能力，做强、做优科技成果转化公共服务，吸引社会力量参与学校办学，构建政府、学校、社会间新型关系。

第三节　坚持特色发展道路

从世界高等教育发展和国内外高等学校自身建设的普遍规律来看，特色办学既是世界各国大学工具理性层面的生存战略，更是其价值理性层面的发展战略，成为世界各国大学首选、优选的战略和捷径。例如，美国的高等教育始终坚持通过政策、市场等宏观调控手段，促使高校朝特色化方向发展；日本高等教育的改革也指向特色发展，其基本主题是高度化、个性化、活性化，为此日本文部省修订了《大学设置基准》，为各大学自主办学及特色化发展开辟了道路，等等。

我国于 20 世纪 50 年代初期进行了第一次院系调整，逐渐形成了以文科、理科、工科等行业特色见长的各类高校。20 世纪末至 21 世纪初又进行了第二次院校调整，涌现出一批多科性与综合性院校，形成了新时期符合时代发展特点和潮流的整体特色。2010 年，国务院印发了《国家中长期教育改革和发展规划纲要（2010—2020 年）》，提出了“引导高校合理定位，克服同质化倾向，形成各自的办学理念和风格，在不同层次、不同领域办出特色，争创一流”①的要求，从国家层面提出要促进高校办出特色。十八大以来，习近平总书记在很多场合都提到了我国高等教育的特色发展问题。例如，习近平总书记在全国高校思想政治工作会议上强调“我国有独特的历史、独特的文化、独特的国情，决定了我国

① 国家中长期教育改革和发展规划纲要（2010—2020 年）[EB/OL].http://www.moe.gov.cn/srcsite/A01/s7048/201007/t20100729_171904.html.

必须走自己的高等教育发展道路，扎实办好中国特色社会主义高校”[①]，在北京大学师生座谈会上指出“世界上不会有第二个哈佛、牛津、斯坦福、麻省理工、剑桥，但会有第一个北大、清华、浙大、复旦、南大等中国著名学府。我们要认真吸收世界上先进的办学治学经验，更要遵循教育规律，扎根中国大地办大学”[②]，等等。可以说，习近平总书记对我国高校在办学目标、办学方向、办学特色等问题上提出了总要求，各个高校都要扎根中国大地，坚持社会主义办学方向，建设中国特色社会主义高校。在此基础上，各个高校还要对自身的发展进行科学定位，办出特色，差别化发展，走出一条“以特取胜、以特扬名、以特树旗”的建设之路。

一、高等教育特色发展道路的时代内涵

《教育部关于全面提高高等教育质量的若干意见》指出，促进高校办出特色，高校要根据办学历史、区位优势和资源条件等，确定特色鲜明的办学定位、发展规划、人才培养规格和学科专业设置。国家《统筹推进世界一流大学和一流学科建设实施办法（暂行）》也指出，要加强总体规划，坚持扶优扶需扶特扶新，引导和支持具备较强实力的高校合理定位、办出特色、差别化发展。对中国的高等教育来说，“211 工程”和“985 工程”已成为过去时，当前，站在新的历史方位加快推进“双一流”建设，恰逢全面建成小康社会进入决胜阶段、中国特色社会主义进入新时代的关键时期，意义尤为重大。对中国的高校来说，“办什么样的学校”“如何办好学校”等问题不仅是过去必须明确的基础性战略定位问题，更是国家拉开“双一流”建设序幕这个新时期必须回答好的一道必答题。

高等教育走特色发展道路，就是要鼓励高校科学定位、办出特色。所谓科学定位，一是指高校对自身在现阶段高教系统的整体结构中所处的位置要有一个科学的认识；二是指高校经过努力后对目标年度在高教

① 习近平. 把思想政治工作贯穿教育教学全过程 开创我国高等教育事业发展新局面[N]. 人民日报，2016-12-09（01）.

② 习近平. 在北京大学师生座谈会上的讲话[N]. 人民日报，2018-05-03.

系统的整体结构中所要达到的目标位置有一个科学的决策。所谓办出特色，就是指高校要结合国内外高等教育发展潮流的大背景，以对本校的办学历史、办学环境、办学规模、办学条件和办学水平的总结分析为基础，以国家、区域、地方经济社会发展及科技创新、文化繁荣、服务社会、国际合作与交流等重大需求为动力，深入分析本校实力和面临的机遇与挑战，遵循现实性和超现实性相统一的原则，选择一条最能发挥自身优势、克服自身劣势的发展路径[①]。

二、走特色发展道路的重要性

高等教育系统是一个复杂而多样化的系统，高校和高校之间既具有趋同性，同时也具有趋异性。趋同性使得高等教育系统拥有自己的基本特征和较为明确的边界，从而区别于其他组织系统。趋异的力量使得高等教育系统内部发展呈现多样化，推动高校以特色获取资源，以特色发展保证在高等教育系统中的优势。二者共同推动高等教育发展变化。从趋异性的角度说，高校有办学特色才有办学优势，有办学优势才能不断提升学校整体办学实力，有办学实力才能不断助推学校发展，这是高等教育作为一个社会系统对身处其中的高校的必然要求。

高等教育特色发展也是建立在高等教育内在规律基础上的，有着深刻的社会基础，准确地反映了社会需求，是社会需求的变化逐渐影响了高校的发展，进而推动高校实现特色发展。随着经济社会的发展特别是知识经济的到来，社会对人才的要求和需求越来越呈现多样化和个性化趋势，也正因如此，高等教育的主要需求者，即用人单位和学生两个群体的需求也呈现出多样化和个性化，客观上要求高校必须办出自己的特色，以主要满足某类或某几类需求者的需要，而不是千篇一律，动辄就要办综合性大学、研究性大学或不断开设新的专业、申办新的硕士点和博士点。因此，在高等教育需求日益多样化的当今社会，“各个学校办出特色，是提高整个高等教育系统整体效益的要求。在竞争日趋激烈的社

① 李鲁. 科学定位　特色办学　和谐发展——关于高等教育强国建设思路和策略问题的思考[J]. 中国高等教育，2010（9）：7-9.

会，办出特色，是学校求生存、求发展的必由之路”[①]。

坚持特色发展也是我国高等教育进入后大众化时期的迫切需要。多年来，我国高等教育通过扩招、实施“211 工程”“985 工程”以及“优势学科创新平台”和“特色重点学科项目”等重点建设，普遍提高了国民素质，一批重点高校和重点学科建设取得重大进展，带动了我国高等教育整体水平的提升，为经济社会持续健康发展做出了重要贡献。社会快速发展，而高等教育的结构调整仍然相对滞后，高校理念迷失、办学趋同、身份固化、竞争缺失、重复交叉等现象相当严重，迫切要求高校找到一条在差异中谋生存谋发展的道路，形成各自的办学理念和风格，在不同层次、不同领域办出特色，争创一流。

三、走特色发展道路的主要途径

促进高校科学定位、特色发展，进而实现高等教育系统整体结构的优化，需要多方合力综合发挥作用。

1. 政府要加强统筹规划、激励引导、绩效评价

目前，我国高等教育的资源配置仍由政府主导，因此，政府的政策导向和实际措施对高等教育的发展尤其是特色发展起着至关重要的作用。在我国高等教育拉开“双一流”建设大幕的新背景下，各级政府应面向经济社会发展需要，立足高等教育发展现状，对“双一流”建设加强总体规划，鼓励和支持不同类型的高水平大学围绕主干学科进行差别化发展，强化办学特色。要创新财政支持方式，更加突出绩效导向，形成激励约束机制，资金分配更多考虑办学质量特别是办学特色等因素，重点向办学水平高、特色鲜明的学校倾斜，在公平竞争中体现扶优扶强扶特。要完善管理方式，进一步增强高校财务自主权和统筹安排经费的能力，充分激发高校争创一流、办出特色的动力和活力。要建立健全绩效评价机制，根据相关评估评价结果、资金使用管理等情况，动态调整支持力度，增强建设的有效性。

① 刘和忠. 树立正确的高等教育质量观[J]. 中国高等教育，2002（8）：31-32.

2. 市场要积极参与、推动发展

市场在资源配置中起着决定性作用，这些资源当然包含高等教育资源。高校是典型的资源依赖型组织，高等教育资源配置机制的变化，必然导致高校行为取向的调整。我国市场经济的发展以及高等教育体制的深化改革，使长久以来根深蒂固的行政管理为主的高等教育资源配置模式正在发生改变，高等教育系统以市场为导向的资源配置新机制正逐渐形成，竞争性发展正逐渐成为高等教育发展的“新常态”。一方面，市场与高校的合作越来越密切。吉利控股集团与北京大学签订协议，共建吉利学院成都校区；华为公司与北京航空航天大学签订战略合作，开展高效、深入的合作，解决信息科技领域等一批“卡脖子”关键技术问题，诸如此类的校企合作推动了高校教育体制的改革。另一方面，高校必须参与市场竞争。高校的发展状态与市场的评价有密不可分的联系，因为只有通过竞争才能彰显和锻造高校的实力，使高校获取更多的办学资源。因此，要通过政府政策鼓励与支持，引导高等教育的各类市场，例如资金市场、生源市场、就业市场、科技市场等，进一步参与到高等教育的资源配置中来，促进和推动优质资源向定位科学、特色鲜明的高校和专业集中，以促进高教系统整体结构的优化和水平的提升。

3. 高校要主动作为，适应新时代

我国高等教育正处于一个改革和创新的时代，互联网、大数据、人工智能、量子计算等众多新兴的领域正深刻改变着社会发展和人的生活，创新正成为引领发展的第一动力。高校如果一味等待政府推动、市场参与，自身不主动作为，必将被这个瞬息万变、竞争日趋激烈的时代所淘汰。高校必须高度重视形成以特色求发展的战略选择和发展理念，立足自身优势，找准发展定位，大胆创新、出奇制胜，有计划有步骤地培育若干个可以或可能支配或影响全局的拳头学科与专业或若干个特色学科与专业，不争第一、但求唯一，既争第一、更求唯一，集中人力财力物力等方方面面资源，通过若干年的埋头苦干，打造学科专业方面的稀缺品种或制高点，形成人才培养、科学研究、社会服务等方面的独特能力或优势，既确保自身在高等教育系统中站稳位置、不断谋求发展，更能为我国全面建成小康社会、奋力夺取新时代中国特色社会主义伟大胜利提供人才和智力支持。

第四节　坚持集约发展道路

集约发展的本意是指在最充分利用一切资源的基础上，更集中合理地运用现代管理与技术，充分发挥人力资源的积极效应，以提高工作效益和效率的一种形式。

党的十九大提出必须坚持质量第一、效益优先，以供给侧结构性改革为主线，推动经济发展质量变革、效率变革、动力变革。[①]经济领域的变革很大程度上将引发其他相关领域的相应变革，尤其是受经济发展制约并承担为社会经济发展培养人才重任的高等教育领域，必须直面此重大背景并主动探索发展方式转型之路。

一、高等教育集约式发展道路的时代内涵

从高等教育发展的外部条件来看，改革开放以来的 40 多年，我国经济依靠粗放式的发展方式，依靠大量的土地资源、廉价的劳动力和如火如荼的基础建设等，经历了一个高速增长的黄金期。如今，容易摘到的“低垂的果实”都已经基本被摘完了，用粗放式的发展方式追求经济高速增长的成本已愈来愈高，迫使我国经济在发展方式和结构布局上都必须摆脱原有的路径依赖，寻找新的转型之路，维持可持续的发展。

对此，党中央提出了我国经济发展进入新常态的重大论断，指出我国的经济发展正从高速增长转向中高速增长，经济发展方式正从规模速度型粗放增长转向质量效率型集约增长，经济结构正从增量扩能为主转

① 习近平. 决胜全面建成小康社会　夺取新时代中国特色社会主义伟大胜利[N]. 人民日报，2017-10-28.

向调整存量、做优增量并存的深度调整，经济发展动力正从传统增长点转向新的增长点。认识新常态，适应新常态，引领新常态，成为当前和今后一个时期我国经济发展的大逻辑。

对高等教育而言，经济发展领域的重大转变意味着其外部发展条件也产生了过去未曾发生过的重大变化，高等教育作为科技第一生产力和人力第一资源的重要结合点，作为经济社会发展的智力基础，客观要求高等教育必须通过发展方式转型来适应这种变化，适应和引领经济发展的新常态。

从高等教育发展的内部条件来看，过去的 30 多年，尤其是 1999 年实行扩招以来，高等教育依靠招生人数迅速增长带来的红利带动了高等学校和各级学位机构数量的大幅增加，带动了高校内部的基础设施建设，从而实现了一段快速发展。如今，高等教育在经济迈向新常态的同时，也进入了新的发展状态：一是高等教育在提前实现大众化以后，以国家“十一五”规划的制定为标志，高等教育开始由“扩招”“提高大众化水平”向“提高高等教育质量”“高等教育内涵发展”转变，2006 年国务院更是明确将高等教育扩招增幅控制在 5%；二是随着改革开放的进一步深入推进、国际交流合作成为高校的五大职能之一以及大量高等院校实施国际化战略，近年来出国留学的学生数量迅猛增长，高等教育国际化程度越来越高，学生对于自己的将来已经可以有更多的选择和安排，高等教育也正逐渐从卖方市场转向买方市场，高校之间的生源抢夺战必将越来越激烈。

综上来说，无论是高等教育的外部发展条件还是内部发展条件都正在发生从未有过的变化，进入了一个新的时期，高等院校走集约式发展道路，在资源一定的基础上通过优化资源配置结构和提高使用效率来实现高等教育效益的最大化，提高投入产出比，已显得十分紧要和必要。

二、高等教育走集约式发展道路的重要性

中华人民共和国成立以来，尤其是经过改革开放 40 多年的发展，我

国高等教育取得了举世瞩目的成就，办学规模得到了扩大，新建了大批学科专业，校园面积得到扩大，基础设施大量扩建，教职员工数量迅速增长，学校实现了快速扩张。

但是，长期以来高校这种粗放式的发展方式也带来了一系列的问题，其中较为突出的有四个方面。一是高校的债务问题。很多高校的扩张都是通过向银行进行巨额贷款完成的。当高校举债过重、疲于还息时，只能采取低成本办学的一些举措，导致人才培养质量的下滑进而陷入恶性循环。二是教学资源短缺问题。高校必须保持在校生规模与高校所拥有的教育资源之间的恰当比例，才能保证学校的教育质量和人才培养质量。由于高校急速扩招，教育资源普遍匮乏。三是人才培养质量的下滑。学生数量的增加、教学资源的不足、学校办学类型的趋同等多方面因素共同作用，导致高校人才培养质量的下滑。社会公众普遍对高等教育质量表示担忧，大学生就业难问题愈演愈烈。四是资源浪费现象严重。在人力资源方面存在着人员结构不合理、用人机制不完善、分配激励机制不健全带来的浪费现象，在财力资源方面存在着非业务性支出过大、投向结构不合理、公共支出浪费严重带来的浪费现象，在物力资源上存在着教室、实验室、仪器设备等利用率低的浪费现象。

因此，高校应深刻认识到尽早向集约式发展方式转型的紧迫性和重要性。一方面，要正视过去累积的问题，着实提高人才培养质量。另一方面，要全力改革学校的管理方式，厉行节约、避免浪费，把人、财、物管好用好。

三、高等教育走集约式发展道路的主要措施

1. 学科专业集约化

专业彼此间的高度集聚，通过集聚效应提升效益和效率，实现资源利用最大化、配置最优化，其竞争优势表现为对资源的整合能力。由于产业集群和产业链延伸具有相近性，专业集聚有助于将资金市场、教育资源市场、生源市场、就业市场等资源要素进行有效整合，实现区域教

育资源的优化配置。[①]

2. 教学组织集约化

高校传统的教学机构是按学科划分院系的组织架构，专业教学人员被分割在各自独立的教学组织中，一些专业实验室等教学资源也是各自独立管理，这种组织架构不能充分发挥人力、物力等资源的效益。组织的集约化既是高校发挥管理效益的需要，也是走集约式发展道路的重要前提。

3. 科研力量集约化

在科研上，高等院校重点要把资金投入到为国家、区域、地方经济社会发展服务的应用性科研上。应用性科研使最前沿的科技信息能得到及时有效的吸收和传承，使现成的科学技术与经济建设实际快速地、有效地结合起来。高等院校应与国家、地方相关领域建立紧密合作关系，向企业和地方争取科研项目和科研经费，集合科研力量，参与企业和地方的科技开发和科技攻关，促进科技与国家、地方经济的结合，加速国家和地方经济建设和社会进步。

4. 办学资源集约化

办学资源的集约化，是高等院校通过对有限的校内资源进行优化组合、合理配置，发挥资源的聚合优势。同时，积极拓展校外社会资源，借力发展。一是办学资金集约化。对高校的收入进行统一配置，树立节约、高效的价值理念，降低运行成本，实现高校资源的优化配置。二是教学设施集约化。如今资源已大多比较紧张的高等院校更有利于集聚资源，最大程度地发挥资源的聚合优势。三是校外资源集约化。学校通过与企业、学校、政府之间的合作，获得地方政府、行业、企业等广泛的社会资源，建立多元协同、开放合作的校政企会资源共享机制。

① 蒋述东. 以集约化管理助推新建地方本科院校转型发展[J].中国高等教育，2015（Z2）：38-40.

第五节　坚持开放发展道路

高等教育国际化是20世纪80年代联合国教科文组织提出的现代高等教育发展三个核心概念之一。自90年代以来，在经济全球化、贸易自由化的推动之下，教育作为服务贸易的一种被纳入WTO的服务贸易总协定（GATS）中，教育国际化尤其是高等教育的国际化发展步入了新的历史发展期。可以说，开放发展已成为我国高等教育与世界接轨、参与国际竞争的必然选择。

一、高等教育开放发展的时代内涵

世界已进入经济全球化时代，世界高等教育之间的沟通交流也日趋频繁、竞争更加激烈。

我国高等教育已吹响“双一流”建设的号角，高校开放发展就是主动融入高等教育国际化大趋势中，把国际影响力作为衡量办学成功与否的重要标志。要落实好立德树人根本任务，培养出一批又一批具有国际视野、能够参与国际事务的国际化人才。要保持学科的开放性，确保学校内部学科间的互相开放，确保培养的人才能适应时代的发展需求，能够为民族复兴大任做出自己的积极贡献[①]。

二、高等教育走开放发展道路的必要性

高校处于各种文化价值观念交汇的最前线，是我国对外开放的前沿阵地。国际交流合作是高校应履行的重要职能，高校应成为国家开放发展的中流砥柱。

1. 顺应世界发展趋势的需要

党的十九大报告指出：“开放带来进步，封闭必然落后。”新一轮科

---

① 王迎军. 坚持开放发展　提升办学水平[J]. 国家教育行政学院学报，2016（11）：3-9.

技革命和产业变革将同人类社会发展形成历史性交汇，面对世界科技发展的迅猛态势，高校必须主动加入与国内外高水平大学竞争的行列，坚定不移地走开放式发展道路，将大学融入文明进步、社会发展、民族振兴的浪潮中，借力前行。[①]

2. 国家开放发展战略的需要

党的十九大报告指出："实现中华民族伟大复兴，必须合乎时代潮流、顺应人民意愿，勇于改革开放，让党和人民事业始终充满奋勇前进的强大动力。"高校作为大批高层次师资、平台和资源的聚集地，要建设高端智库，成为对外开放的"思想引领者"；要在师资队伍等各方面全面推进开放发展，及时总结经验，成为开放发展的"行动先行者"；要主动对接国家发展战略、"一带一路"倡议，为国家和社会发展培养更多人才，提供人才和智力资源支撑；要加强国际学术交流与合作，主动展示文化软实力。[②]

3. 高校自身发展的需要

开放发展是高校应对外部机遇和挑战的客观要求，也是高校实现内部自我提升的主观需求，更是高校提升办学水平的必由之路。高校要主动开放，积极参与国家和地方建设与发展，参与全球高等教育合作交流与竞争，在主动开放中不断提升在世界高等教育格局中的话语权；要全面开放，在师资队伍、人才培养、科学研究等方面全面开放；要共赢开放，坚持"求同存异、互利共赢"，努力构建合作共同体。

三、高等教育走开放发展道路的主要途径

高等教育的开放发展是一个多层次、多维度的概念，根据面向对象的不同，高等教育的开放发展可以分为三类：高校内部的开放，高校向国内其他高校、科研院所等机构的开放，高校向外国高校、科研院所等

① 赵继. 全面深化改革 走开放式发展道路[J]. 中国高等教育，2014（21）：10-12.

② 王迎军. 坚持开放发展 提升办学水平[J]. 国家教育行政学院学报，2016（11）：3-9.

机构的开放。

1. 构建校内开放发展的生态圈

高校构建校内开放发展的生态圈，一要通过进一步促进科教结合，落实好人才培养的根本任务。高校要推进教学与科研的紧密结合，建立科研向教学转化的政策机制和教学与科研资源共享机制，强化科研渗透教学，鼓励教师用科研成果更新教学内容，改进教学方法；要完善重大仪器设备资源向优秀本科生开放的制度，延长专业实验室和公共基础实验室对学生的开放时间，把大学的学科和科研优势更加有效地转化为本科生的优质教学资源。二要主动面向国家战略和区域发展需求，进一步优化学科布局，促进学科交叉，构建与学校办学定位和办学特色相匹配的学科专业体系和人才培养支撑体系，坚持和突出学科优势与行业特色，集中力量释放优势学科发展空间，通过学科的开放和交叉，把优势做大、特色做强，使之成为创建世界高水平大学的战略基点和关键突破点。三要不断深化学校内部治理体制改革，加强学术和行政决策向全体教职员工公开的力度，形成比较完善的内部治理结构和权力监督制约机制，还要畅通校友参与学校发展的渠道，动员校友以多种方式支持学校发展。

2. 构建国内开放发展的生态圈

高校构建国内开放发展的生态圈，一要以坚持服务国家重大需求和区域发展为战略方向，深刻认识到自身在国家和地方经济社会发展中的历史使命，将解决国家重大需求和区域发展中的重大科技问题作为科技创新能力提升的切入点，通过体制机制创新，构筑大平台、组织大团队、承担大项目、培育大成果，针对国家战略性新兴产业的发展方向调整和优化学科布局，搭建区域科技创新平台和产业转化平台，在推进传统产业转型升级、促进高新技术产业发展和特色产业集群形成的过程中发挥优势，汇聚资源，提升能力，培养人才，反哺学科。二要加强产学研合作，注重协同创新，以行业产业技术创新需求为导向，引入多元协同的新形态，全方位开展与科研机构、行业企业、政府等主体的深度合作，在攻克重大核心技术和关键共性技术方面发挥积极作用，为国家、行业、区域发展提供有力支持，做出重要贡献，获取发展资源，促进教学工作，推动学科创新，实现学科、人才、科研三位一体的整体提升。三要加大高校学院、学科之间向国内高水平大学、科研院所开放的力度，建立高校与科研院所、高水平医疗机构深度合作培养人才的协同机制，教师兼职的互聘机制，资源共享机制和协同治理机制，实现强强联合、深度合作，资源共享、开放共赢。

3. 构建国际开放发展的生态圈

高校构建国际开放发展的生态圈，要坚持办学国际化的发展道路，扩大对外交流合作。高校需要紧紧抓住中国经济社会快速发展和产业全球化带来的难得机遇，大力加强与世界高水平大学、科研院所和相关企业的交流合作，积极推进在优势特色学科领域共同建设国际联合实验室。在合作交流中要特别注重引进人才，壮大有海外学术背景的教师队伍，增强师资队伍整体实力。拓展与世界高水平大学合作办学的空间，全方位、多层次、宽领域、多渠道扩大教育和研究开放，努力形成国家公派、联合培养、学院留学项目和个人申请相结合的多元国际教育模式。

第六节　坚持共享发展道路

实现高等教育资源的共享，是高等教育走内涵式发展道路、提高自身发展质量的重要路径。《教育部关于全面提高高等教育质量的若干意见》明确指出：建设优质教育资源共享体系。建立高校与相关部门、科研院所、行业企业的共建平台，促进合作办学、合作育人、合作发展。鼓励地方建立大学联盟，发挥部属高校优质资源辐射作用，实现区域内高校资源共享、优势互补。加强高校间开放合作，推进教师互聘、学生互换、课程互选、学分互认。加强信息化资源共享平台建设，实施国家精品开放课程项目，建设一批精品视频公开课程和精品资源共享课程，向高校和社会开放。

一、高等教育坚持共享发展道路的必要性

由“共享汽车”“共享单车”等越来越多的“共享”模式产生的共享经济，逐渐成为一种新业态，即利用网络信息技术，通过互联网平台将分散资源进行优化配置，以更低成本、更高效率实现供需匹配。

高等教育领域同样是近年来逐渐进入共享时代的领域之一。2011 年，慕课（MOOC）——大规模开放在线课程的出现，给教育领域带来巨大冲击。通过这种在线课程开发模式，全世界只要能联网的学生，都可以通过众多慕课平台，学习到其他国家顶级大学的课程。可以说，慕课的出现，在高等教育领域首先实现了课程的全世界共享，从某种程度上消除了地理隔阂、大学优劣、家庭经济等传统因素对学生发展的制约。但从更广泛的角度，还有更重要的原因要求实现更高程度的高等教育资源的共享。

1. 高校自身形成优势提高教学质量的需要

高校教育资源共享可以促使高校强化自身优势，在竞争中形成自己的精品课程和品牌专业，促进专业间的不断交流与互动，防止学科和专业的僵化，有效打通学科链。另一方面，竞争可以促进高校投入资金，努力建设高水平的师资队伍，同时为学生提供更加自由开放的学习平台，形成一套属于高校自身的文化理念，为国家经济建设培养高素质专业人才。

2. 高等教育资源短缺和浪费的现实需要

一方面，高等院校的扩招导致在校学生数量的急剧增加，但高校相关基础设施的建设、师资力量建设、教学配套设备建设等却远远滞后。另一方面，高素质人才资源更是引发高校之间的恶性竞争，中东部强势高校和核心高校与西部弱势高校在竞争中处于不平等地位，致使后者损失惨重，损害我国高等教育的整体健康发展，要求我们必须采取措施尽快实现教育资源共享。

与高等教育资源短缺形成鲜明对比的是教育资源的浪费现象，很多资源都存在重复购置、利用率低下等问题，造成极大的浪费。在这种情况下，实施教育资源共享，打通高校内部的资源共享通道，或者打通多个高校间的共享通道就十分必要。

二、促进高等教育共享发展的建议

尽管共享正越来越成为社会发展的一个趋势，但就高等教育领域来说，高校教育资源共享在我国仍然处于“初级阶段”，共享程度还很低。要真正实现较高程度的教育资源的共享，需要重点从以下几个方面着手：

1. 国家加强高等教育资源共享的制度建设

制度是大家需要共同遵守的办事规程或行动准则，是约束人们行为的规范，也是制度所包含主体需要遵守的“游戏规则”。高校教育资源共享的实现和推动，离不开制度的保障。这里的制度主要是指高校之间所制定或发布的关于高校教育资源共享的规章、规范等，这些规章、规范对于高校教育资源的共享起到指导和规范作用，有了制度的“保驾护航”，高校教育资源的共享才能走得更远、更顺利。当前，国家层面应加紧出台关于高等教育资源共享的法律法规，或发布具体可操作的共享机制，健全完善关于高校资源共享、管理、权益保护等方面的政策，明确共享原则、共享范围、经费投入、保障措施、各相关主体的责权利等，使得高等教育资源共享工作有法可依、有章可循。还要建立评价导向和激励机制，将高等教育资源共享的成效作为对高校进行评价和考核的重要指标之一，对在共享资源方面卓有成效的高校和单位应予以奖励。

2. 高校管理者强化共享意识

长期以来，高等教育领域由于投入不足、教育资源短缺、教育资源配置与分布不均衡等种种原因，高校与高校之间互相竞争的意识远远大于互相合作共享的意识，比如争生源、争师资、争课题、争平台等，导致高校与高校之间呈现一种“你上即我下，你下即我上”的竞争现象，高校都想方设法维护自己的优势地位，这种现象严重阻碍了教育资源共享。

因此，高校管理者应尽快打破思想观念阻碍，深刻认识到“互惠互利、良性互动”才能构建健康、稳定的合作关系，逐渐树立起开放、共建、共享、共赢的教育新理念。

3. 建立多层次、多维度的共享协作机制和优质资源共享平台

根据共享对象的不同，可探索建立高校内部，高校之间，高校与科研院所、相关部门、行业企业之间等不同层次、不同维度的共享协作机制，并充分利用互联网和信息化手段，打造相应的优质资源共享平台，方便师生等通过网络参与资源共享。

高校内部：相对来说，当前高校内部有关资源的共享程度已比较高，食堂、图书馆、实验设备、会议室、教室、体育设施、课程等资源基本上已对全体教师和学生开放。今后，高校应进一步加强大型仪器设备等的共享。

高校之间：高校之间应着力推进教师互聘、学生互换、课程互选、学分互认等，加强各方面的交流与合作。区域内的部属高校应发挥优质资源辐射作用，多向本区域内的地方院校开放优质资源，带动地方院校发展，实现优势互补，达到“1+1 > 2”的合作效果。

高校与科研院所、相关部门、行业企业之间：双方间可探索联合开展科研攻关，联合定向培养学生，聘任科研院所、相关部门、行业企业的专家到高校任社会导师，高校学生到科研院所、相关部门、行业企业开展科研训练、创新实习和社会实践等多角度的合作，实现科研设备、人才资源、创新创业资源等的共享，实现合作办学、合作育人、合作发展。

第五章 新时代高校人才培养新模式构建

习近平总书记在全国高校思想政治工作会议上强调："办好我国高校，办出世界一流大学，必须牢牢抓住全面提高人才培养能力这个核心点，并以此带动高校其他工作。"2019年，教育部印发了《关于深化本科教育教学改革 全面提高人才培养质量的意见》，明确表示要深化教育教学制度改革，推动高等教育"质量革命"，打造高等教育"质量中国"品牌。坚持以立德树人作为根本任务，全面深化人才培养模式改革，努力构建德智体美劳全面培养的教育体系，形成更高水平的人才培养体系，进一步提高人才培养能力，是深化高等教育综合改革的首要任务。只有突破传统人才培养模式的束缚，才能培养出适应新时代、适应国家建设需求的卓越人才。

所以，高等院校必须清醒认识到，人才培养模式改革直接关系到人才培养质量的提升，关系到高等教育的内涵式发展，甚至深刻影响着社会主义现代化强国建设，必须付出超越平常的努力，彻底变革教育理念、培养目标、培养规格和培养方式，综合统筹学生与教师、专业与全人、理论与实践、线上与线下、个体与共同体、扎根中国与融通中外等各方面要素，管控好专业设置、课程设计、教学管理、质量管理和条件支撑等育人环节，从根本上解决人才培养与新时代社会需求之间的深层次矛盾，回答好“培养什么样的人”和“怎么样培养人”这些重要问题。

第一节　统筹学生第一与教师为本

大学的根本使命是人才培养，高校的中心工作是教育教学，教师的第一责任是教书育人。可以说，无论是培养者还是被培养者，他们都是人才培养的核心，是“以人为本”的落脚点。高校育人要以学生为中心，办学要以教师为本。构建新时代人才培养新模式，需要统筹学生第一与教师为本。所谓学生第一，是指“以学生为中心”，就是要以学生的学习和发展为中心，实现从“教”的范式向“学”的范式转变，从“传授模式”向“主动学习模式”转变，从而激发学生学习自主性，使学生在综合素养上获得全面提升。以教师为本，则是需要大力培养造就一支师德高尚、业务精湛、结构合理、充满活力的高素质专业化教师队伍，需要涌现一大批好老师，他们是高校德之本、学生德之源。

一、学生第一

所谓“学生第一”，并不是指教师与学生的角色、身份和地位的高下之分，而是强调办学理念、育人理念、管理理念和服务理念的转变，要以学生的学习和发展为中心，真正重视教学、崇尚教学，推进个性教学、全员育人，加快推进“教的范式”向“学的范式”转变，也就是从教师“传授”知识，学生“被动”接受知识，向教师“引导”学生，学生主动探求、积极创造知识转变，从注重“如何教”向重视“如何学”转变，打造以“学生、学习、学问、学用”为中心的“学的范式”。

以学生为中心就是要以学生的成长成才和全面发展为中心，学校开展的各项工作都要站在学生的立场和角度，以服务学生的全面发展为中心，以促进学生的成长成才为最终目的，致力全面促进学生的可持续发展，学生的全面发展和学生的个性、特长发展，真正做到尊重学生、理解学生、关心学生、关爱学生。以学生为中心要求教育者充分了解学生在大学阶段发展的内容，以及当前大学生的发展状况，遵循人的发展规律，从而推进大学生的健康、持续发展；以学生为中心还要求学校在人才培养过程中，充分考虑时代、社会和行业乃至未来发展需求，结合学校优势学科专业大力开发以学生为中心的课程，构建灵活多样的课程体系和人才培养方案，引导和促进学生全面发展，为每一个学生提供实现梦想、成就事业、通达人生的机会和能力。

以学生为中心需要转变教学模式，着力为学生创造有意义的学习经历。以学生为中心的学习，课程教学应从学科认知规律出发，在教学过程中能够不断激发学生的学习兴趣和学习潜力，不断激励学生，引导学生进入深层次学习，有效达成学习目标。这就要求教师在通识课程教学中结合自身认知科学研究基础，从教与学两个角度，积极探索大班教学通识课程教学中支持深层学习的教学策略；在专业课程教学中注重应用思维导图帮助学生建构知识体系，有效激发学生的学习潜力，启发学生对于学习的反思；在公共基础课教学中将课程设计为从大学生生活出发探索学习规律，引领他们品尝成功的乐趣，并进一步爱上学习；在思想政治理论课教学中开展“挖掘现实素材，融入课堂主题”的思考性教学，让同学们结合现实，思考未来，树立正确的世界观、价值观、人生观，提升自身应变与处理问题的能力。

以学生为中心需要构建多元统一的评价体系，将教育教学质量评价的重点从教师的教学效果转移到学生的学习结果上来。教育具有自身的规律，学生学习也有自己的规律。教育具有非决定性、非线性的特点，教师讲课与学生学习之间并没有直接的决定性关系，所以以往的仅仅考核教师教学的评价方式显然不能完全反映教学中存在的问题。由于以学生为中心重点是关注“学”，也就是学生的“学习效果”，所以要根据人才培养目标和教学工作要求，以学生学习与发展为目标，制定明确的包括专业质量标准、教学环节质量标准和教学评价标准等多方面内容的质量标准体系，通过多种渠道，采取多种形式，考查学生掌握和应用知识的水平与能力。以学生为中心的教学评价的根本目的是要打破以往以教师为单一评价主体的模式，加入学生自评、学生互评和外部评价等环节，通过评价主体的多元化，使评价结果更客观、更全面、更公平。

高校各领域工作都必须紧紧围绕立德树人这一核心使命，明确教师教学是育人，科研也是育人；管理的目标是育人，服务的宗旨也是育人。由此可见，健全完善的管理和服务是落实以学生为中心的重要保障。在WTO 的框架内，教育是被列入服务业范畴的。因此，从广义上来说，教育既然是一种服务，那么其服务对象——学生，也就是消费者，无疑应处于中心地位。学校理应以主动的态势，转变自身观念，深入了解学生群体需求，学生希望得到怎样的服务支持等，基于此构建以学生为中心的软硬教育支持环境，为学生学习提供优质的服务。要大力培育具有学校自身特色的质量意识，打造质量文化，全面优化各类师生学习研究的硬件资源配置，健全完善适合人才培养目标的培养方案和管理制度，构建各类学生学习支持服务系统，集中所有教学和学习资源为学生成长成才提供优质服务。

二、教师为本

教师是高校教育教学工作的主体，是实现人才培养目标的保障。《国家中长期教育改革和发展规划纲要（2010—2020）》指出：“提高质量是高等教育发展的核心任务，是建设高等教育强国的基本要求。”高校的核心竞争力在于教师队伍的实力，教师的整体水平决定了大学的教学质量。教师有狭义和广义之分，广义上的教师群体是高校育人系统的所有教师，而这里讲的“教师”重点是指学校的专任教学教师。我们常说，百年大计，教育为本；教育大计，教师为本。以“教师为本”的教学和管理则是新时代高校办学治校的基本理念，它充分体现了高校的组织特性及管理特点。

国家“双一流”建设方案明确指出，要建设一流师资队伍，尤其是要培养和造就一支有理想信念、有道德情操、有扎实学识、有仁爱之心的优秀教师队伍。2018 年 1 月，中共中央、国务院印发了《关于全面深化新时代教师队伍建设改革的意见》，对新时代教师队伍建设做出了顶层设计和明确要求，旨在培养造就党和人民满意的高素质专业化创新型教师队伍。对于高校而言，坚持以“教师为本”是新时代深化高校综合改革的必然要求，它包含三个方面的含义：一是高校要充分认识到教师在教育教学中的主体地位和作用。大学的根本使命是人才培养，教师的第一责任是教书育人。显然，教师是这一根本使命和主要责任的承担者。因此，必须真正树立重视教师、尊重教师、支持教师发展的意识，尊重高等教育发展规律，尊重每一位教师的价值，更多地考虑人性关怀，更多地尊崇人的精神和人的创造性。

二是以教师的发展为中心。教师的发展成长离不开环境，高校要为每一名教师施展抱负营造良好环境，不断加大资源投入力度，助力教师们成长成才。要创新考核评价机制，科学分类实施考核评价，通过注重共性、凸显个性、灵活多样的激励制度，激发教师自我发展的内源性动力；要创新管理机制，采用灵活而富有弹性的师资管理模式来求才、选才、育才、用才、激才、成才，通过师资人才的放权，促进“人尽其才、才尽其用”。

三是按照“教师为本”的要求构建办学治校新范式，实施以教师为本的管理创新。以满足教师需求和促进教师发展为主旨，构建起扁平化的服务组织结构，及时改进完善管理服务中的薄弱环节，积极主动为教师提供个性化、人性化，以及专业、快捷、优质、高效的全方位服务，为广大教师解难题、办实事、办好事，同时注重服务的信息化、智能化，使教师们能够从繁文缛节以及无穷的报表和审批等繁杂事务中解脱出来，全心从教、安心从教、热心从教、舒心从教、静心从教，切实增强教师的尊严感、归属感、获得感和幸福感。

第二节　统筹精神成人与专业成才

统筹精神成人与专业成才和习近平总书记在全国高校思想政治工作会议上所强调的“高校立身之本在于立德树人”在本质上是一致的。大学教育的本然价值在于培养“人”，培养具有健全人格和使命担当，具有社会责任感和历史使命感的完整的“人”。大学教育不能仅仅注重专业训练和职业导向，只是培养某一领域、某一行业的“人才”或者“专才”，而是要做到精神成人和专业成才并重。

一、精神成人

大学教育的本然价值在于引导大学生实现“精神成人”，即要使学生具备健康心理，塑造完整人格。作为贯穿世界高等教育史发展历程的一条主线，“精神成人”正是对高等教育叩问人文理想的深切关怀。为实现学生“精神成人”的目标，近代高等教育进行了一系列有益尝试。英国纽曼倡导的博雅教育，旨在对学生进行人格层面的品性熏陶，以实现学生精神的完整为根本，对健全学生身心具有积极意义。他在《大学的理想》一书中认为大学教育的目的在于理智训练，发展人的理性，提升人的教养，培养学生的理智能力。“大学的光荣就在于培养完全有教养的人。”[①]故纽曼认为，与功利性“专业成才”相比，旨在“精神成人”的“博雅教育”无疑应在大学教育中占首位。20 世纪美国教育家、高等教育哲学理论的奠基人布鲁贝克在《高等教育哲学》一书中也认为自由教育的目的在于培育人的理性、发展人的理智美德。即大学教育在于把学生培养成为有教养、有教化的人，培养成为有理智的人。[②]此外，美国高等教育学者、原芝加哥大学校长赫钦斯极力反对大学的过于功利主义的教育，以及专业主义与职业主义的大肆盛行，而强调名著与经典的学习，力倡通过阅读经典来守护人类的人文精神家园。赫钦斯十分重视大学的通识教育，他在《美国高等教育》一书中，强调通识教育就是为了人的理智训练。大学教育就是要实行通识教育。[③]通识教育在高等教育发展史上产生了广泛而深远的影响，对于今天我们实施“精神成人”教育仍有很多启迪和借鉴。

---

① [英]约翰·亨利·纽曼. 大学的理想[M]. 徐辉，等，译. 杭州：浙江教育出版社，2001：序言 23-24.

② [美]约翰·S·布鲁贝克. 高等教育哲学[M]. 王承绪，等，译. 杭州：浙江教育出版社，2001：83.

③ [美]罗伯特·M·赫钦斯. 美国高等教育[M]. 汪利兵，译. 杭州：浙江教育出版社，2001：35.

20 世纪 90 年代以后，我国高等教育领域逐渐认识到传统专业教育模式对人才培养的局限性，在借鉴欧美大学先进办学理念的基础上，着眼于通识教育改革，进行了富有成效的探索与实践，并取得了一系列改革成果，诸如复旦大学本科生教改、中山大学“博雅学院”、南京大学“三三制”改革等。这场通识教育革命，突破了人的工具理性与价值理想的鸿沟，对我国高等教育的影响是深远的，它促进了人们对高等教育理念认识的飞跃，使人们深刻认识到，大学教育的主要目标不仅仅是培养专业人才，更在于培育完整的人，塑造学生的健全人格，促进大学生的全面发展。这也是全面提升人才培养质量，促进高等教育内涵式发展，推动我国从高等教育大国迈向高等教育强国的必然选择。

习近平总书记在党的十九大报告中提出了“培养担当民族复兴大任的时代新人”的新要求。“时代新人”这四个字思想深刻、内涵丰富，语重心长、情真意切。时代新人一定是全面发展的人，是体力、智力、心力以及创新力、创造力等全方位的发展，是大学关注人、培养人和发展人的根本遵循和重要抓手，而精神成人既是时代新人的重要内涵，也是时代新人的应有之义。精神成人具有明确的教育指向，包括心理的健康、人格的健全、道德的养成、理想的坚定等。

一是心理的健康。心理健康在“精神成人”的层次结构中处于基础地位。作为一个现代人，其适应社会发展的基本要求就是要具备健康、成熟、理智的心理。现在高校学生正处于从心理尚未成熟走向心理成熟的关键时期，因此，密切关注他们的心理状况，帮助他们培养健康心理，保持健康心态，实现心理成熟、心理和谐、心性理智，对于其“精神成人”来说是非常必要的。

二是人格的健全。健全人格是“精神成人”的关键一环。人格是一个人身体结构和心理潜能的表征，体现为个体在适应社会关系过程中真实自我的展现。健全人格是一个过程，是各种人格特质的不断丰富和完善。健全人格的培养和教育可以采取多种形式，但都要坚持以问题为导向，充分了解大学生人格发展中存在的问题和矛盾，既要遵从大学生人格心理实际，也要遵循大学生心理发展规律，同时还要立足新时代，契合社会发展的新要求。

三是道德的养成。道德的养成是“精神成人”的首要环节，是衡量“成人”的根本。道德养成关乎个人能否遵守社会公德，关乎社会的文明程度。陶行知先生曾讲：“道德是做人的根本。”党和国家也始终强调“德才兼备、以德为先”的用人标准。大学时代正值学生道德养成的关键期，对他们走向社会后的道德走向、道德水准高低有着深远影响，所以必须以社会主义核心价值观为引导，促进大学生尽早形成道德自觉，养成道德自律。

四是理想的坚定。坚定的理想是“精神成人”的价值追求。理想是人类特有的精神旨趣，是对生活意义的认知和认同，是对人生价值的信奉和敬畏。一个人只有确立了理想信念，才拥有情感的寄托与归属，才拥有自我实现的深层次动力。在校青年学生作为实现中华民族伟大复兴中国梦的后备军，作为建设社会主义现代化强国的中坚力量，树立坚定的理想信念，涵养家国天下的情怀，将个人的理想与民族和国家的梦想紧密相连，既是中华民族兴旺发达的不竭动力，也是青年学生成就自我、超越自我的现实源泉。

二、专业成才

专业才能是参与社会分工、从事特定职业所需的专业知识、专业技能和专门素质，它表征一个人的专业核心竞争力、创新创造能力、终身学习能力和可持续发展能力，彰显出综合性的特点。职业的成功，理想的实现，专业才能是基础。青年大学生要做到专业成才，往小的范围讲，就要热爱所学专业，积极加强专业技能学习和训练，打牢知识基础，掌握专业能力，练就过硬本领，努力成长为高素质专门人才，能够胜任本专业、本领域的职业岗位要求；往大的范围说，青年大学生能否专业成才，其专业成才的水平和状况，直接关系到我国高等教育目标的实现，关系到中华民族伟大复兴中国梦的实现。

高校虽然肩负着人才培养、科学研究、社会服务、文化传承与创新、国际交流与合作等多项重要使命，但人才培养是高校的根本使命，培养大学生的专业能力依然是当前高校教育教学工作的重点内容。然而，高校在办学过程中，如何抓住培养社会主义建设者和接班人这个根本，着力培养适应新时代需求的人才，同时兼顾大学生不同个体的特点，全面提高大学生的专业技能？一方面，高校要主动对接社会需求，积极服务国家战略部署，着力培养社会发展、知识积累、文化传承、国家存续、制度运行所要求的人，这是人才培养的方向性问题。另一方面，要着力打造一支高素质教师队伍，这是促进学生提高专业才能的基础性工作。人才培养关键在教师，教师的第一责任就是教书育人。唯有努力培养和造就一支有理想信念、有道德情操、有扎实学识、有仁爱之心的优秀教师队伍，才能更好地促进学生的专业成才、精神成人和创新创业成长。另外，还要着力构建高水平人才培养体系。通过协同校内院系、学科、部门，以及校外的行业企业、国（境）外的科研院所等，整合各方面优势资源，拓展学生获取知识和能力增值的空间，不断创新人才培养模式，形成富有特色的高水平人才培养体系。

大学阶段是青年大学生自我意识迅速发展的特殊时期，同时也是学习知识、增长才干的关键时期，自我监督和自我控制等素养都得到了高度发展。因此，要抓住这一大学生快速塑型的关键时间点，充分挖掘大学生的潜能，发挥大学生学习的自主性、积极性、创造性，统筹利用好“五课堂”（第一课堂是指传统和现行的课堂教育教学；第二课堂是指校内课外科技、文化、社团、公益等各类活动；第三课堂是指校外各类社会实践、实习、实训和义工等活动；第四课堂是指开展海外游学、访学、留学，拓展海外学习和实习项目的主战场；第五课堂是指“易班”（E-class）、慕课（MOOCs）课程、云学习、翻转课堂等虚拟课堂和网络交互平台），围绕终身学习能力、专业表达能力、动手实践能力、研究创新能力和敏锐洞察能力等诸多方面，快速提升提出问题、分析问题、解决问题的能力和水平，努力成长为德智体美全面发展的社会主义建设者和接班人。

第三节　统筹理论教学与实践培养

培养人才的两大基本环节就是理论教学和实践培养，两者相得益彰、相互促进，是辩证统一的关系。通过统筹理论教学与实践培养的各个环节，实现课程理论知识与专业实践认知的有机融合，能够有效解决人才培养过程中理论与实践脱节的问题，充分发掘大学生的个人潜质，锻造动手能力，启迪创新思维，激发学习兴趣，培育综合素养，从而不断提高人才培养质量。

一、理论教学

所谓理论教学，是指通过向学生教导、传授理论知识，提高学生对自然现象、社会现象或事物的理性认识，进而塑造学生的思维方式，培养学生的思维能力，提升学生的创新能力。《中共中央关于制定国民经济和社会发展第十三个五年规划的建议》第十四篇“提升全民教育和健康水平”中，强调要：“深化教育改革，增强学生社会责任感、法治意识、创新精神、实践能力，全面加强体育卫生、心理健康、艺术审美教育，培养创新兴趣和科学素养。”其中，增强学生的创新精神、实践能力，培养创新兴趣和科学素养，均是指要加强理论教学，努力缩小理论与实践的差距，着力培养学生的创新意识和创新能力。

加强理论教学是提高高等教育质量，促进高等教育内涵式发展的“关键一招”。理论教学能够帮助促进学生系统地学习和掌握学科的概念体系，对自然现象、社会现象和事物的本质及规律有比较全面、深刻的认识和阐释，培养逻辑思维、抽象思维、辩证思维、批判思维等理性思维能力。尤其是专业理论，一般是在“理论—实践—理论”的基础上总结而来，是能够用于指导专业实践的系统性理论知识，应当充分消化、吸收。

作为人才第一资源、科技第一生产力、创新第一动力结合点的大学，其实施理论教学的重要意义在于：一是提高师生的理论水平，训练和启迪师生的理论思维能力、创新能力，鼓励通过理论创新，特别是重大的理论创新来为学术事业发展贡献力量；二是培养学生崇高的理想和社会责任感，为学生毕业后走向工作实践岗位提供应有的理论知识支撑，进而在社会实践和人生发展过程中融会贯通、守正创新，实现自我升华，进而为社会发展做出创造性的贡献。所以理论教学一直在高等教育发展过程中备受关注，并拥有很高的地位。

理论教学效果的发挥，有赖于理论教材、教学计划以及教师主导作用发挥等多种因素的综合效用。教材是理论知识的主要载体，要结合专业和时代特点，着力编写和选择最新最前沿最权威的理论教材，并结合学生学习特点，用严谨科学的方法和丰富生动的实际案例，将理论教材转化为教师课堂授课的教案。要变革教学计划，实施一体化教学。围绕人才培养目标，建立集教学内容、教学时数、教学考核等为一体的教学模式，整合理论教学与接下来所提到的实践培养的各个环节来组织、实施教学活动。充分发挥教师的主导作用，首先要求教师既要有扎实的理论功底和丰富的教学经验，又要阅读大量最新学术理论文章或专著，能够联系本专业领域最新动态进行教学；其次还要能够运用新知识、新技术、新方法开展教学及科研，能向学生阐明有待解决的新问题，指导课堂实践。

二、实践培养

当前，中国高等教育人才培养的目标仍偏向于对学生学术能力的培养，造成了一种重学术、轻实务，重理论、轻实践的人才培养格局，已然成为学生创新能力和创造能力培养的桎梏，不仅影响了学生能力的全面发展，也不符合当前新时代对有理想有本领有担当的时代新人的要求。理论学习多、上手实践少导致的人才培养要求与学生全面发展相脱节的矛盾，已经迫切要求高校在人才培养过程中要统筹贯通理论教学与实践教学，将技能实践培养摆到与理论教学同等重要的地位。

实践教学与理论教学紧密联系，是学生在教师指导下以实际操作为主，获得感性知识和基本技能，提高综合素质的一系列教学活动的组合。从辩证法的角度来看，理论教学是实践培养的基础，理论要接受实践的检验，并随着实践的发展而发展；实践培养则是理论教学的出发点和归宿点，对理论起着阐释、验证作用。二者对立统一，相辅相成，互融互补。高等教育的主要任务是培养具有创新精神和实践能力的高级专门人才，而实践培养则是培养学生实践能力的重要教学环节，旨在通过启发和训练学生动脑、动手，掌握认识世界、改造世界的理论性、实践性、应用性、创新性方法和本领，真正激发出学生的主动性，提高学生提出问题、发现问题、解决问题的能力，同时，也有助于解决当前教育理念和教育现实相互脱离、高校人才培养与社会需求脱节等现实问题。

实践教学具有五种课堂形式。第一课堂是课堂实践教学，旨在通过案例教学、启发教学、课堂讨论等多种形式，开展研究性学习、跨学科学习、学生合作学习、师生共同学习等，训练引导学生掌握专业理论，以及用专业理论解决实际问题的方法。第二课堂是校园实践教学，旨在通过校内实验室、工程实训、技能操作，以及课外社团、公益、兴趣小组等，开展科技、文化、艺术等各类校园实践活动，打造“第二成绩单”。第三课堂是社会实践教学，旨在通过企业深度合作、实践基地建设、高水平实习项目等，开展各类社会实践和志愿服务、专业实习、课程实训等活动，促进学生与实际工作岗位能力需求相衔接。第四课堂是国际化实践教学，旨在通过留学、游学、访学，以及国际工程实践、国际机构实习等，开展海外学习、考察和实习。第五课堂是综合实践教学，旨在通过课程论文、调查论文、毕业论文等多种形式，开展综合性实践教学，全面提高学生的实践创新能力。这五个实践教学课堂共同构成了全员、全过程、全方位、全天候、全社会共同参与的无时不在、无处不在的“泛在”实践教学课堂，从而实现理论教学与实践培养的有机融合。

第四节　统筹线下教学与线上自学

党的十九大作出了中国特色社会主义进入新时代的重大判断，也为积极推进“互联网+教育”发展，加快教育现代化和教育强国建设指明了前进方向。立足新的历史起点，围绕促进高等教育内涵式发展的新部署和新要求，必须主动应对新技术浪潮带来的新机遇和新挑战，积极聚焦新时代经济社会发展对人才培养的新需求，变革高等教育理念，创新人才培养模式，将教育信息化作为推进高等教育强国建设和教育制度变革的内生要素，大力推进“O2O（online to offline）教学模式”，统筹传统的线下教学和先进的线上教育，实现互联网教育与高等教育的深度融合、优势互补，构建起网络化、数字化、智能化、个性化、终身化的高等教育体系，真正助推高校创新型人才培养。

2018 年 4 月，教育部印发了关于《教育信息化 2.0 行动计划》的通知，在行动计划中提出了一个核心概念，即大力推进“互联网+教育”发展，积极探索新模式、开发新产品、推进新技术支持下的教育教学创新。然而，当前高校的教育教学模式仍然停留在以教材为核心和以课堂辅导及案例教学为核心上，学生的真实需求并没有得到真正重视，学生呼吁成长成才模式变革的愿望也没有得到真正回应。而 O2O 教学模式正是顺应时代潮流而生，既符合学生对人才培养变革的需求，又契合国家教育信息化要求的教育教学创新。O2O 概念原意是指基于“互联网+”的新型商业模式，其在电子商务领域的成功运用引起了高等教育领域的高度重视，并将其理念应用到了高等教育教学中。所谓 O2O 教学模式，就是坚持互联网与教育教学深度融合的核心理念，将传统的线下教学（课堂教学）与先进的线上自学（网络教学）相结合，突破课堂教学的时空限制，促进线下线上教学过程优势互补，构建起“泛在”的学习环境，努力打造“互联网+”条件下的人才培养新模式。

一、线下教学

线下教学也叫课堂教学，是一种传统的“教师讲、学生听”的教学方式。线下教学具有显著的优势，由于它是师生、生生共同参与的面对面教育，有着老师的现场指导与管理约束，能够形成一个共同学习的氛围和环境，并提供真实的人与人沟通交流的社会化组织体验，也能够保证基本的教学效果。当然，线下教学也具有一定的局限性，如在时间和空间上有限制，必须在固定的时间、固定的地点进行现场上课，在学习内容上主要基于老师的讲授内容，教学方法较为陈旧，课程集中统一安排，内容更新迭代较慢，可重复学习性较低，缺课学生无法跟上课程进度，课后的沟通交流有限，学习内容平均留存率不高。

二、线上自学

线上自学也叫网络学习，学习方式较为灵活，没有时间、空间上的限制，依托 PC 端、手机端以及智能设备等可以随时随地观看和学习，其内容可以反复学习，且能够很好地适应个性化学习要求，可以按需选择，学习费用低廉。相对于线下教学，线上自学既有优势，也有一定不足，主要体现在：对学生的自主学习能力和自我约束能力要求较高；社会交往能力的培养和社会关系的建立，都难以通过线上自学获得；由于缺少老师现场指导，学生遇到学习问题不能立即得到解决，学习效果难以保证；选学优质课的集中性，也会导致很多学生具有相同的观点、思维和认识，这非常不利于知识创新、学术研究，乃至文明的传承创新发展。

三、O2O 教学模式

基于“互联网+教育”大平台，引入 O2O 教学模式，即统筹线下教学与线上自学，通过重构课程体系、教学体系、学习体系与评价体系，翻转线下教学中的“教”与“学”，有效克服线下教学与线上自学的不足，促进线下教学与线上自学理性接轨、深度融合，使学生成为学习的主体，构建真正有效的互动课堂，切实提高教学质量，提升人才培养水平。这种新型的教学模式，已经呈现出其他教学模式所不具有的优点。

一是学习形式丰富多样。整个 O2O 教学模式的过程是线下教学与线上自学两种方式的交互联通，通过线下课前预习、线上自主学习、线下课后复习三个学习环节，将易班（E-class）、MOOCs 课程、云学习、翻转课堂等虚拟课堂以及网络交互等学习和线下教学、班级活动等紧密相连。教师通过预设学习问题，引导学生在线上学习平台上自主开展学习，及时发现学生在实际学习过程中的焦点、盲点、难点问题，帮助学生扫清学习障碍，内化知识学习，并对学生的学习情况进行收集整理，进行大数据综合分析，根据实际情况重新调整教学内容，选择效果最优的教学方案；同时，多元化的学习形式也有效锻炼了学生的自学能力以及分析和解决问题的能力。另外，教师还可以利用线上平台的记录功能追踪学生的学习情况，对学生课前预习、独立思考、课中学习、课后复习、作业分享等情况进行全面监督与考核，促进学生评判思维、创新思维、沟通交流、合作精神等方面的综合素养提升。

二是学习空间无限扩展。O2O 教学模式实现了传统线下课堂教学和线上教学资源的齐头并进、线下正式学习与线上非正式学习的有机统一、校内教育与校外教育的有效融合。线上学习成本低廉，且拥有海量的课程资源，可随时随地自主学习，其教育覆盖面可实现全国化乃至国际化，打破地域、时间和空间的限制。在线下则借助班级组织的形式实现学生与教师、学生与学生的本地化交流互动，打破纯粹线上学习缺乏互动的瓶颈，实现实用性与社交性的双重功能，提升了学生的学习效果及创新能力。

三是优质教学资源整合共享。O2O 教学模式实现了丰富优质教学资源的整合、共享和充分利用，全新的教学模式促进教学向以学生为中心转变。教师必须转变传统的供给思维，树立以学生为中心的需求思维，根据学生需要权衡教学资源优劣，筛选为学生所需的教学内容充实资源库。教师可以充分利用大数据对学生的学习情况、需求情况进行综合分析，作为教学资源开发的重要依据。比如，在实际操作中，统筹推进慕课授课进度计划，录制微课程视频、在线教学视频、在线作业指导视频以及在线测验视频等教学资源，以及 PPT、图片和文字等多种形式的在线课程视频，还可以开发适合公众账号推送的学习材料，包括课前预习材料、课程重点、课后复习材料等。

四是搭建实践教学平台。将互联网、人工智能等技术引入实践教学环节也具有显著优势。一方面，通过与行业企业现有网络教育资源对接，有计划有针对性地将企业实景平台中一些规范的、先进的操作和流程进行现场录制，与学校进行网络共享，有助于学生在实践环节近距离学习、反复观摩学习，提高学生进入实践现场操作的正确率。另一方面，通过“互联网+实践教学”模式可以提高学生的科研创新能力。可以在开展网络实践教学环节之前设置专题讨论或者抛出相关思考问题，促进学生“要动手，先动脑”习惯养成，并由企业精英负责，在线上互动过程中对提出的问题和学生一起进行探讨，给予解答。

第五节　统筹个体学习与成长共同体

党的十九大报告强调，要坚定不移实施创新驱动发展战略，加快推进创新型国家建设。创新型人才是实施创新驱动发展战略最核心的要素，创新型国家建设必然呼唤创新型人才。高校的根本使命是人才培养，而如何培养创新型人才已然成为高校面临的严峻挑战，也是高校人才培养模式变革亟须解决的关键问题。立足新时代，着眼新要求，高校是否能够有效把握学生成长与发展规律，成为拔尖创新型人才培养的关键。根据教育内部关系规律，学习首先是个体化的行为，任何形式的学习最终都要由个体学习来完成，别人是无法替代的。然而，学习从来都不是一个人孤立进行的活动，而是一种社会性交往活动。个体身处共同的社会文化环境，学习不仅仅是满足个体需要，而且也在于满足经济社会发展的需要，着眼于解决面临的共同问题和矛盾冲突。无处不在的对话、理解和沟通，让每个人之间的学习都在相互影响、相互作用，处在“你中有我，我中有你”的状态中，进而构建学习型社会，并使得个体学习向学习共同体、个体成长向成长共同体不断拓展和深化。所以，个体学习与成长共同体天然联系、不可分割，统筹个体学习与成长共同体，以寻求亲密朋辈关系为重要规律的人才培养模式变革，已成为拔尖创新型人才培养的重要基础。

一、个体学习

学习是指个体对社会文化、前人思想观点的总结及解决问题的方法不断内化并运用于个体生活实践的过程。学习主要表现为个体对理论和规律的把握与理解，对实践和技能的操作与练习等，从而形成自我思维、认知、理解和实践能力的建构。个体学习通常被称为“自学”，自学是一个普通名词，它是对学习形式的摹状与描述。具体到学生而言，个体学习能力是构建以学生为中心的学习体系，学生能够培养适合自我特征的学习方法，能够对自己的学习活动进行综合管理。大学生的个体学习能力越强，意味着其步入社会后自主独立、自主学习的水平越高，对社会发展的适应性越强。

当前，国内外高等教育领域均把培养学生的个体学习能力，引导学生树立终身学习的理念作为重要的教育目标。大学是个人人生观、价值观和世界观形成的关键时期，也是个体学习能力和主观能动性、独立性、独特性培养的最佳阶段。我们要建设世界高等教育强国，培养大批拔尖创新型人才，必须打破传统的应试教育体制的惯性束缚，帮助大学生培养自我发现问题、自我提出问题、自我解决问题、自我验证问题解决成效的个体学习能力，进而培养能够适应形势变化和掌握如何学习的人，这样才能确保所培养的人才适应新时代的发展要求。提高大学生的个体学习能力主要有以下几个途径：

一是从学校的角度来说，要创造良好的学习环境。首先，大学校园是学生学习和生活的主要场地，树立良好的校风和优良的学风能够帮助学生端正学习态度，确立科学学习方法，明晰人生导向，是大学生成长成才的重要保证。其次，要加大学习资源投资建设力度，尤其是加强数字资源建设，并努力为学生搭建更多实践平台，鼓励学生学以致用，提高分析问题、解决问题的能力。此外，要不断优化专业课程设置，通过大数据帮助选择开设相应课程，加强对学生专业发展与职业选择的指导，促进不同学习阶段的学生对学习任务和成长目标有更加清醒的认知，以更好地规划个体的学习。

二是从教师的角度来说，要积极转变教学观念，不断激发大学生的学习兴趣。首先，教师作为教育教学活动的引导者和实践者，学生学习环境和课堂活动的设计者与督促者，要处理好教师“教”与学生“学”的关系、知识传授与策略指导的关系、学习结果与学习过程的关系，充分调动学生学习的积极性，这样才能真正发挥学生在教学过程中的主体作用。其次，要不断创新教学模式，充分利用“互联网+”、人工智能等新技术，实现教学方式多样化，满足学生的个性化需求，从而促进学生的独立、自主学习。此外，作为人才培养的主体，教师还要不断提高自身专业素养，努力掌握帮助大学生学习所需要的各种理论、知识与技能。

三是从学生的角度来说，要转变学习理念，明确学习目标，端正学习态度，创新学习方法。学生是学习的主体，大学生从高中阶段步入大学将会出现一个短暂“适应期”，这就要求学生步入大学后要尽快转变学习观念，尽量缩短“适应期”时长，实现学习习惯由被动接受知识向主动探求知识转变；要合理制定短期、中期、长期学习目标及具体学习计划，举一反三，触类旁通，探索适合自己的学习方法，并充分利用大学里丰富的学习资源培养自主学习能力，提升综合素养；要树立明确的奋斗目标，对自己的人生及早规划，激励自己向着人生梦想不断前进。此外，还要培养自己强大的自制力，不断反省、调整自己的学习过程，保证个体学习的顺利进行。

二、成长共同体

所谓共同体，是指人们基于共同意识、共同利益、共同诉求等特征而结成的集体，其外延和构成极其丰富，包括民族共同体、政治共同体、社会共同体、生命共同体，以及经济共同体、文化共同体，等等，可以说共同体的概念适用于各个领域。本书中的成长共同体则是专门针对高校而言的，一般是指以若干教师与学生、若干学生与学生等为单位，自愿自发组成的比较稳定的、关系平等的、多元化的学习与成长的团体。首先，成长共同体的核心着眼点是学生，其形式是指基于教师与学生或学生与学生之间的统一行动，强化团队精神与合作意识；其次，成长共同体的概念不等同于学习共同体，成长行动的核心不限于课堂上的学习活动，而是指学生综合素养养成的方方面面，包括课堂学习活动、课下校园实践活动等多元丰富的团队合作形式，旨在促进学生的综合素质发展，帮助学生学会尊重、倾听、合作、共处、感恩、欣赏、分享，学会自我组织与管理，实现共同进步、共同成长。

构建成长共同体具有惊人的潜力和无穷的魅力。著名物理学家、量子力学创始人沃纳·海森堡在《物理学及其他：相会与交谈》中指出：“科学根源于交谈。在不同的人合作之下，可能孕育出极为重要的科学成果。”[①]成长共同体能够促使每一位成员拓宽思路和开阔视野，从多种角度理解知识和看待问题，在不同思想的碰撞和交流中启迪智慧和激发灵感，在与共同体中其他成员交往的过程中审视自身的弱点和缺陷，全面检视自身优劣强弱，从而有针对性地不断提高自身素质。高校中的成长共同体，一般分为师生成长共同体和朋辈（学生与学生）成长共同体两类。

一是师生成长共同体。高校师生成长共同体在强调知识探究、技能传授的同时，更加重视学生个体主观能动性的发挥和实践能力的培养，更加关心师生之间的交流和沟通，情感上的“和”与“融”，更加注重各类教学资源的利用和开发，既契合高等教育内涵式发展的必然要求，也是促进师生共同成长的必由之路。中国的高校已经全面迎来了“00后”大学生，传统的师生相处模式已然不适应这个新时代，亟须重塑师生关系，建构师生成长共同体。在师生成长共同体中，教师应该积极邀请学生参与成长共同体的建构，与学生建立相互接纳、相互理解，民主平等、相互促进的和谐关系，把对学生进行积极而有效的引领贯穿其中，从而帮助学生找到自己当下成长的最佳途径，与学生在共同的旅程中成为密切的伙伴，呈现出师生共同持续生长的发展态势。

二是朋辈成长共同体。大学生群体处于相近的年龄阶段，具有相似的成长背景、成长需求和价值观念，在生活、娱乐和学习等主要活动中呈现出相似的心理状态和行为倾向，基于班级、团队、小组、室友等亲密关系容易形成稳固的朋辈成长共同体。置身于这种自然、轻松和愉悦的朋辈成长共同体，每个个体能够放下顾虑、防御，彼此相互激励、相互帮助，从而激发起个体的学习意识和热情，形成帮学比超的良好氛围，实现共同成长的团体目标。因此，高校在进行人才培养模式改革与人才培养方案制定时，必须重视朋辈成长共同体的作用，重视朋辈关系作用的发挥，并遵循这一规律来促进拔尖创新型人才的培养。同时，作为成长共同体的参与主体，学生也应发挥主体意识，积极参与共同体各项活动，共同致力共同体的凝聚力建设。

---

① 王昌达. 卡尔顿大学研究生教育中的讨论课及启示[J]. 高校教育管理，2008（01）：88-91.

第六节　统筹扎根中国与融通中外

党的十八大以来，我国高等教育取得了一系列举世瞩目的成就，正由高等教育大国阔步迈进世界高等教育强国。当前，我国高等教育办学规模和年毕业人数已居世界首位，截至2019年，我国高等教育毛入学率已达到51.6%，到2030年高等教育毛入学率有望超过60%，届时高等教育将进入全面普及化阶段，高等教育质量和人才培养水平不断提升，实现从高等教育大国向高等教育强国的转变，满足人民群众对更高水平更加公平高等教育的新期待。十九大报告指出，中国特色社会主义进入了新时代，这是我国发展新的历史方位。站在新的历史方位，中国正前所未有地走近世界舞台的中央，为解决人类问题贡献“中国智慧”和“中国方案”。随着国家日益强盛，中国高等教育必将前所未有地走近世界高等教育发展第一方阵，全面参与全球高等教育治理，为促进世界高等教育治理体系和治理能力现代化贡献“中国智慧”，提供“中国方案”。在新的历史起点上，要办好有中国特色的高等教育，建好有中国特色的社会主义大学，育好中国特色社会主义建设者和接班人，努力在实现中华民族伟大复兴的历史进程中作出高等教育领域的贡献，必须深刻把握中外高等教育发展历史规律，始终坚定社会主义办学方向，坚持扎根中国、融通中外，立足时代、面向未来，走适合自己的高等教育发展道路，建设有中国特色的世界一流大学。

一、扎根中国

2016年12月，在全国高校思想政治工作会议上，习近平总书记强调：“我国有独特的历史、独特的文化、独特的国情，决定了我国必须走自己的高等教育发展道路，扎实办好中国特色社会主义高校。”2018年5月2日，习近平总书记在考察北京大学发表重要讲话时指出：“古今中外，每个国家都是按照自己的政治要求来培养人的，世界一流大学都是在服务自己国家发展中成长起来的。”习近平总书记的重要讲话，为新时代中国高校建设和发展指明了前进方向。坚持扎根中国大地办大学，必须全面加强和改进高校党的建设，把思想政治工作体系贯穿高等教育教学全过程；统筹推进“世界一流大学和一流学科”建设；致力建设具有中国特色的高等教育治理体系，推进治理能力现代化。

一是全面加强和改进高校党的建设，把思想政治工作体系贯穿高等教育教学全过程。党的十九大报告指出，要“加快一流大学和一流学科建设，实现高等教育内涵式发展”。推进实施这一高等教育重大战略任务，必须全面加强和改进高校党的建设。加强和改进高校党的建设，既是贯彻党的教育方针的必然要求，也是坚持党委领导下的校长负责制的应有之义，更是办好中国特色社会主义高等教育事业的指南针、定盘星和压舱石。全面加强和改进高校党的建设，必须以习近平新时代中国特色社会主义思想为根本指引，全面贯彻落实党的十九大精神和全国高校思想政治工作会议精神，坚持正确的政治方向，切实增强政治意识、大局意识、核心意识、看齐意识，全面加强政治建设、思想建设、组织建设、作风建设、纪律建设、制度建设和反腐败斗争等党的各项建设，把思想政治工作体系贯穿立德树人全过程，真正实现全员育人、全过程育人、全方位育人。

二是统筹推进“世界一流大学和一流学科”建设。以习近平同志为核心的党中央作出了建设“世界一流大学和一流学科”的重大战略部署，就是要建设与中华民族实现伟大复兴、从大国迈向强国地位相称的具有中国特色、世界水平的一流大学。习近平总书记在全国高校思想政治工作会议上的讲话中指出：“高校立身之本在于立德树人。只有培养出一流人才的高校，才能够成为世界一流大学。”所以，办好我国高校，办出世界一流大学，必须以服务国家重大战略部署、区域重要需求为导向，突出学科建设的基础作用，打造一批具有世界先进水平的优势特色学科，牢牢抓住全面提高人才培养能力这个核心点，并以此来带动高校方方面面的工作，切实提升高校整体办学水平和国际声誉。

三是建设具有中国特色的高等教育治理体系，推进治理能力现代化。要迈向世界高等教育强国，全面实现高等教育现代化，必须全面深化高等教育综合改革，进一步完善具有世界先进水平和中国特色的高等教育现代化治理体系建设。要深刻认识到我国高等教育当前发展所处的历史方位，积极探索高等教育发展新理念、新机制、新内容、新方法、新技术、新手段，大胆推动对高等教育原有治理体系中陈旧过时的功能进行调整改造，逐步完善具有中国特色的现代大学制度和治理体系建设，着力构建以大学章程为核心的现代化高等教育发展体系，奋力推动国家科技与文化创新发展，满足新时代国家建设和发展对各类人才的需求，为实现中华民族伟大复兴发挥前所未有的重要支撑作用。

二、融通中外

在推进高等教育现代化进程中，我国高等教育必将加速国际化，应对来自全球高等教育市场的竞争，可以预见，世界上各个国家和地区的高校对优质生源、高层次人才的抢夺将会更加激烈，迅速崛起的跨国（境）合作办学、资源开放共享也会对当前的高等教育生态形成冲击，中国高校发展挑战将会不断加大。同时也应该看到，高等教育加速国际化，也有助于推动我国高等教育深化对外开放，通过融通中外，取长补短，借鉴国外有益做法，培养具有国际视野的优秀人才，快速提升我国高校的学术竞争力、科技创造力、思想影响力和文化吸引力，提升我国高等教育的国际影响力和话语权，广泛传播中华优秀文化传统，以更自信的姿态深入参与全球高等教育治理。

一是坚持中国特色和世界水平相统一。在世界上人口最多的发展中国家建设高等教育强国，打造人力资源强国，是规模宏大且极具特色的伟大创新。当今世界是一个多元化的世界，高等教育现代化不是只有一条道路可走，更没有一条标准的道路可循，而是有多种道路多种模式可以选择。在高等教育发展过程中，我们既不能简单继承和延续中国高等教育发展的已有经验，也不能直接照抄照搬西方发达国家的高等教育发展模式，只能立足中国国情，扎根中国大地，坚持中国特色和世界水平相统一，坚持文化优势与体制优势相贯通，坚持高等教育发展与强国建设相结合，创造性地形成具有中国特色的教育现代化模式，坚定不移走具有中国特色的高等教育发展之路，进而迈进世界高等教育强国行列。

二是持续优化高等教育对外开放布局。十九大报告指出，要推动形成全面开放新格局，而持续优化高等教育对外开放布局则是全面开放新格局的重要组成部分。高等教育对外开放具有双向性，既要“引进来”，也要“走出去”。在扩大高等教育对外开放过程中，既要加强“引进来”，包括借鉴国（境）外先进高等教育理念和办学经验，吸收优秀文明成果，引进国（境）外高等教育资源，设立高水平的教育教学、实训、科研机构和项目，引进高层次人才、专家，以及高等教育输出国的留学生，有选择有针对性选派出国留学等，也要加强“走出去”，包括为世界高等教育治理提供“中国智慧”和“中国方案”，输出高等教育理念和高等教育发展经验，输出高等教育办学资源，在国（境）外举办高等教育机构、科研院所，联合开展重大科技项目攻关，打造全球留学目的地，通过人文交流传播知识和中华优秀文化传统等。

三是积极参与全球高等教育治理。十九大胜利召开之后，中国正以更加自信和更加开放的姿态拥抱世界，也正以更加积极和更加负责的态度推动全球高等教育治理进入新时代。事实上，十八大以来，中国正积极参与全球高等教育治理，已然从过去的参与者和合作者，逐步演变为今天的设计者和贡献者，为全球高等教育治理贡献良多。《关于做好新时期教育对外开放工作的若干意见》提出要促进教育领域合作共赢，积极参与全球教育治理，提升发展中国家在全球教育治理中的发言权和代表性。《推进共建“一带一路”教育行动》进一步强调，要充分发挥国际合作平台作用，借助联合国教科文组织等国际组织力量，推动沿线各国围绕实现世界教育发展目标形成协作机制。面向未来，我们要以更加自信和开放的姿态，积极参与国际教育规则与标准制定，推动建立全球范围内学历互认联通机制，促进全球教育治理体系变革，为世界高等教育事业发展不断贡献中国智慧和力量。

第六章 新时代高等教育内涵式发展的人才支撑

千秋基业，人才为本。砥砺伟大新时代，开启高等教育强国建设新征程，人才的作用至关重要。2014年9月9日，习近平同北京师范大学师生代表座谈时强调："'两个一百年'奋斗目标的实现、中华民族伟大复兴中国梦的实现，归根到底靠人才、靠教育。源源不断的人才资源是我国在激烈的国际竞争中的重要潜在力量和后发优势。"2016年4月19日，习近平在网络安全和信息化工作座谈会上强调："人才是第一资源。古往今来，人才都是富国之本、兴邦大计。我说过，要把我们的事业发展好，就要聚天下英才而用之。要干一番大事业，就要有这种眼界、这种魄力、这种气度。"2016年7月1日，习近平在庆祝中国共产党成立95周年大会上强调："我们要以识才的慧眼、爱才的诚意、用才的胆识、容才的雅量、聚才的良方，广开进贤之路，把党内和党外、国内和国外等各方面优秀人才吸引过来、凝聚起来，努力形成人人渴望成才、人人努力成才、人人皆可成才、人人尽展其才的良好局面。"

高等教育的核心职能就是人才培养，建强高等教育同样也离不开人才的重要支撑，高校人才工作只能加强，不能削弱。高校的人才工作必须统一于“五位一体”总体布局、“四个全面”战略布局的逻辑体系，必须统一于决胜全面建成小康社会、全面建设社会主义现代化强国、实现中华民族伟大复兴的实践体系，必须统一于扎根中国大地建设世界一流大学的制度体系，奋力书写好高等教育改革发展的“奋进之笔”。

第一节　全心全意依靠教职工办学

教职工是学校的主人，是学校办学的主体，是学校改革、建设、发展和维护校园和谐稳定的主力军和根本动力源泉，高校要把教职工作为最根本的依靠力量。

一、树立全心全意依靠教职工办学理念

1. 坚持以党的领导作为根本保证

高校党委要坚持以习近平新时代中国特色社会主义思想为指引，认真学习贯彻党的群众路线和全心全意依靠工人阶级的重要论述，认真履行管党治党、办学治校主体责任，把方向、管大局、作决策、保落实、抓班子、带队伍。要坚持党管办学方向，充分发挥学校党委的领导核心作用，确保党的路线方针政策在高校不折不扣得到贯彻落实。坚持党管高校改革发展，在发展规划、治理结构、重大改革等方面科学设计，确保高效各项工作健康发展。要坚持党管干部原则，在干部选拔任用、监督管理，在人才培养使用、交流引进等方面把好关口。

2. 坚持以教职工为中心作为根本立场

人心向背是最大的政治。习近平总书记在中共中央政治局第十一次集体学习时指出："要学习和掌握人民群众是历史创造者的观点，紧紧依靠人民推进改革。人民是历史的创造者。要坚持把实现好、维护好、发展好最广大人民根本利益作为推进改革的出发点和落脚点，让发展成果更多更公平惠及全体人民，唯有如此改革才能大有作为。"全心全意依靠教职工办学就是高校贯彻落实一切为了群众、一切依靠群众和从群众中来、到群众中去的群众路线的具体体现。高校要深刻认识到教职工中蕴藏着极大的积极性和创造性，精心做好激发和引导工作，调动广大教职

工的主动性、积极性和创造性，充分体现广大教职工在学校工作中的主人翁地位；要切实落实学校广大教职工依法行使的民主参与、民主管理和民主监督权利，依靠他们促进学校各项事业不断向前发展；要切实维护广大教职工的合法权益，认真解决好教职工的实际问题，凝聚广大教职工共同建设好学校、发展好学校，营造和谐稳定的办学环境，真正把党的理论优势、政治优势、制度优势、密切联系群众优势转化为大学治理的强大效能。

3. 坚持以治理共同体建设作为根本手段

高校办学事业发展人人有责、人人尽责、人人享有，要打造校园治理共同体，明确建设原则、建设目标、建设路径、建设成效，营造共建共治共享的校园治理氛围，确保校园和谐稳定。高校要把现代大学制度建设作为“双一流”建设最重要的基石，积极推进高等教育治理体系和治理能力现代化建设，持续完善“党委领导、校长负责、教授治学、民主管理”现代大学制度基本构架。健全依法办学治校制度体系，健全依法决策、民主管理和监督机制，健全学术自由保障机制，健全权利救济和纠纷解决机制，形成以良好的机制、制度管事管人的良好局面。

二、建立全心全意依靠教职工办学的体制机制

1. 加强党委领导下的校长负责制和民主集中制

党委领导下的校长负责制是党中央推进中国特色现代大学制度建设的重要举措，为加强高校党的建设、完善高校领导体制和运行机制提供了重要遵循。高校党委要按照集体领导与个人分工负责相结合的要求，坚持集体领导、民主集中、个别酝酿、会议决定的基本原则，确定党委领导、校长负责的主要内容、具体职责、议事决策程序、会议研究事项和流程等，形成党委统一领导、党政分工合作、协调运行的工作机制，全面提升科学决策、民主决策、依法决策水平，切实发挥广大教职工在教育教学、学术研究和学校管理中的重要作用，全心全意依靠广大教职工办好中国特色社会主义大学。

2. 加强教职工代表大会制度建设

教职工代表大会（以下简称“教代会”）制度是学校管理体制的重要组成部分，是全心全意依靠教职工办学的基本形式，也是体现教职工主人翁地位、保障其合法权益的基本途径，发挥着民主管理、民主协商、民主监督、信息沟通等重要作用。高校党委要领导好教代会工作，支持教代会依法在其职权范围内独立自主地开展工作。高校行政要定期向教代会报告工作，认真听取代表的意见和建议，尊重和支持教代会在其职权范围内作出的决定、决议，自觉接受教代会的监督，为教代会开展工作提供必要的人力、物力和财力等方面的保障。高校要切实发挥教代会提案重要机制和重要平台作用，持续完善优化提案征集、提案见面、提案送达、提案办理、提案反馈等流程，针对关注度高或影响大，或办理协调部门较多的提案，要实行校领导领办制，对重点提案办理落实情况进行回头看和专项督查。

3. 建设完善校园共建共治共享机制

（1）保证工会源头参与作用的发挥。

高校各级党组织要支持工会按照《中华人民共和国宪法》以及《中华人民共和国劳动法》《中华人民共和国教师法》等法律法规和《中国工会章程》，独立自主、创造性地开展工作。学校工会主席应列席校长办公会议，学院工会主席应列席学院党政联席会议，同时还应通过召开联席会议或座谈会等形式，通报有关重要政策及重要工作部署，研究解决教职工有关问题。学校各行政部门在制定关于教职工队伍建设和涉及教职工切身利益的政策时，要认真听取工会的意见和建议，保证工会的源头参与。

（2）畅通教职工参与学校治理的途径。

高校对于教职工关心的热点问题要有途径反映、认真解决、沟通反馈，切实维护教职工的利益。要实施“民生工程”，在学校年度工作要点中把教职工的合理化建议落到实处，明确责任单位、责任领导和完成时限，进展情况及时向教职工通报。要通过实行党政例会制度、分党委（总支、直属党支部）书记例会等制度，设立教职工意见箱，广泛听取教代会代表和教职工的意见和建议。高校还应坚持并创造民主管理、民主监督的其他有效途径，丰富教职工参与形式。广大领导干部也要积极践行“一线规则”，围绕深化改革、人才培养、科技开发、社会服务等方面开展调研、建言献策。

（3）建立健全权利救济和纠纷解决机制。

高校要健全完善教职工申诉机制，设立申诉处理委员会，进一步完善人事（劳动）争议调解制度，使争议调解工作规范化、制度化。要健全“校领导接待日”等制度，强化校工会等部门教师权益保障职能，畅通师生权益诉求渠道。高校还要不断完善法律顾问、财务顾问等专家论证和评估咨询制度，拓展师生员工和社会公众监督渠道，有效保障学校教育管理工作的合法性、合规性，预防和排除潜在的法律风险。各级工会部门要依法维护教职工的合法权益，对用人单位遵守法律、法规的情况进行监督。

三、加强校院两级工会建设

1. 始终坚持党的领导

2013年10月23日，习近平同中华全国总工会新一届领导班子成员集体谈话时强调：“只有坚持党的领导，工会工作才能方向明确、不走偏路，才能做得有声有色、扎实有效。工会要永远保持自觉接受党的领导这一优良传统。”工会组织是党领导下的群众组织，高校工会要在党的领导下坚定不移地推进党的依靠方针的贯彻落实，围绕党的教育方针和学校的中心工作献计献策，切实发挥好党联系教职工的桥梁纽带作用。高校党委要指导工会贯彻落实党的路线、方针、政策及有关工会工作的指示，将工会重要工作列入学校议事日程；要切实加强工会组织建设，健全校院两级工会组织机构；要选优配强工会组织干部，把有能力、有才干、能做事、会做事的同志选派到工会工作岗位上，推动学校工会工作迈上新台阶。工会要自觉接受党的领导，主动争取党政领导的支持，建立健全向党组织、上一级工会汇报工作和向行政通报工作的制度，紧密围绕学校的改革、发展和中心工作，依法独立自主地开展工作。

2. 牢牢把牢生命线

2013 年 10 月 23 日，习近平同中华全国总工会新一届领导班子成员集体谈话并发表重要讲话，强调“群众路线是党的生命线和根本工作路线，也应该成为工会工作的生命线和根本工作路线。工会必须牢记党的重托、不忘工会职责，增强对职工群众的感情，密切同职工群众的联系，为他们排忧解难，始终同职工群众心连心”。工会是党委领导的教职工群众组织，工作核心是要做好群众工作，把师生员工紧紧团结在党委周围，不断增强“四个意识”，坚定“四个自信”，做到“两个维护”。工会要当好党委的“眼睛”和“耳朵”，深入师生员工当中第一时间了解他们的心声和诉求，要把师生员工的意见和建议及时地上传到党委，并及时将党委的声音传递到基层和一线。工会还要主动想方设法帮助师生员工解决问题。建立和完善社会保障体系及教职工互助补充保险体系，实施送温暖工程，关心困难教职工的生活，及时开展解难帮困、送温暖活动。

3. 不断适应新形势

2015 年 4 月 28 日，习近平在庆祝“五一”国际劳动节暨表彰全国劳动模范和先进工作者大会上强调：“要自觉运用改革精神谋划推进工会工作，创新组织体制、运行机制、活动方式、工作方法，推动工会工作再上新台阶。”2018 年 10 月 29 日，习近平同中华全国总工会新一届领导班子成员集体谈话时强调：“工会要适应新形势新任务，加强和改进职工思想政治工作，多做组织群众、宣传群众、教育群众、引导群众的工作，多做统一思想、凝聚人心、化解矛盾、增进感情、激发动力的工作，更好强信心、聚民心、暖人心，使广大职工在理想信念、价值理念、道德观念上紧紧团结在一起。”高校工会工作要因势而进、因时而新，在工作思路上更加注重维权服务的辩证统一，推动维权服务实现更高层次更高水平发展；在工作对象上实现更广泛的覆盖，实现从“特惠”向“普惠”转变；在工作机制上更加注重一体化建设，将劳动关系协调、民主管理、劳动争议处理、困难职工帮扶等有机统一起来，在服务中极大调动教职工关心学校建设与发展和参与学校民主管理的积极性，增强学校的凝聚力。

4. 持续增强新本领

2013 年 10 月 23 日，习近平同中华全国总工会新一届领导班子成员集体谈话时强调："工会干部要加强学习、增强本领，努力走在时代前列、走在职工群众前列，在经济社会发展最需要的地方、在企业生产一线、在职工群众的伟大实践中经风雨、见世面，努力把自己锤炼成听党话、跟党走、职工群众信赖的'娘家人'。"广大工会干部要认真学习党的工作路线，学习党的方针、政策和工运理论，努力提高思想政治素质和业务素质，掌握维权服务工作必备的政策、法律等方面知识，做到精准维权、精准服务、供需对路，还必须拓宽工作视野和知识面，丰富社会学、心理学等多领域知识，增强做好职工群众工作的本领，这是工会干部履行好维权服务基本职责的关键所在。对于每一名工会干部而言，还要坚决防止"四风"特别是形式主义、官僚主义，让教职工真正感受到工会是职工之家，工会干部是最可信赖的娘家人、贴心人。

第二节　加强高校师资队伍建设

百年大计，教育为本；教育大计，教师为本。高校的地位和影响与师资队伍有着十分密切的关系，没有一流的教师就不可能有一流的大学。无论是哈佛、剑桥等世界一流大学，还是清华、北大等国内一流大学，一所大学成为一流的动力都源于教师的积极性。

一、深刻把握教师队伍建设新形势、新要求和新部署

党的十八大以来，以习近平同志为核心的党中央高度重视教师队伍建设问题，习近平总书记在不同场合多次强调教师工作的重要意义，每年教师节都会前往学校看望师生，或致信祝贺问候，用实际行动为全党作出了尊师重教的表率。

2013 年 9 月 9 日，习近平总书记在向全国广大教师致慰问信中强调，

百年大计，教育为本。2014 年 9 月 9 日，习近平总书记在同北京师范大学师生代表座谈时强调，教师重要，就在于教师的工作是塑造灵魂、塑造生命、塑造人的工作，全国广大教师要做有理想信念、有道德情操、有扎实知识、有仁爱之心的好老师。2016 年 9 月 9 日，习近平总书记在北京市八一学校看望慰问师生时强调，广大教师要做学生锤炼品格的引路人，做学生学习知识的引路人，做学生创新思维的引路人，做学生奉献祖国的引路人。2016 年 12 月 7 日，习近平总书记在全国高校思想政治工作会议中强调，教师要成为塑造学生品格、品行、品味的“大先生”，要加强师德师风建设，坚持教书和育人相统一，坚持言传和身教相统一，坚持潜心问道和关注社会相统一，坚持学术自由和学术规范相统一，引导广大教师以德立身、以德立学、以德施教。“四有好老师”“四个引路人”“四个相统一”等形成了习近平总书记关于教师队伍建设的核心内容。

2018 年 9 月 10 日，全国教育大会胜利召开，习近平总书记发表的重要讲话中，对新时代新形势下教师地位和作用的重新思考重新定位，强调了从战略和全局高度充分认识教师工作的极端重要性，对于新时代加强教师队伍建设具有重大意义，将教师队伍建设推向了新的战略高度。这些重要论述，对教师队伍建设提出新的更高要求，也对全党全社会尊师重教提出新的更高要求，为深化新时代教师队伍建设改革指明了方向。

2018 年，中共中央、国务院印发了《关于全面深化新时代教师队伍建设改革的意见》，提出了新时代教师队伍建设基本原则，即确保方向、强化保障、突出师德、深化改革、分类施策。这是中华人民共和国成立以来，党中央出台的第一个专门面向教师队伍建设的里程碑式政策文件。这是以习近平同志为核心的党中央高瞻远瞩、审时度势，立足新时代作出的重大战略决策，为决胜全面建成小康社会、夺取新时代中国特色社会主义伟大胜利、实现中华民族伟大复兴的中国梦奠定了坚实基础。

二、牢固树立“四有”好老师标准

立德树人是教育的根本任务，人才培养是大学的根本使命，教育教学是学校的中心工作，教书育人是教师的首要责任。习近平总书记在全国高校思想政治工作会议上强调：“教师不能仅做传授书本知识的教书匠，而要成为塑造学生品格、品行、品味的‘大先生’。”加强高校教师队伍建设，必须从师德师风抓起，教育者先受教育，传道者自己首先要明道、信道。高校教师要坚持教书和育人相统一，坚持言传和身教相统一，坚持潜心问道和关注社会相统一，坚持学术自由和学术规范相统一，将“四个统一”作为为人、为师、为学的重要遵循，充分认识自己所承担的庄严而神圣的使命，发扬主人翁精神，自觉捍卫职业尊严，珍惜教师声誉，提升师德境界，不仅仅要成为业务上的骨干、学术上的专家，更要成为先进思想文化的传播者、党执政的坚定支持者。高校党委要坚持依法治教、依法执教，坚持严格管理监督与激励关怀相结合，充分发挥党委的领导和把关作用，确保党牢牢掌握教师队伍建设的领导权，保证教师队伍建设正确的政治方向。

三、教师队伍能力培养与提升

教师是教育教学一线工作者，是人才培养的主体力量。据《2019 年全国教育事业发展统计公报》，全国各级各类学校专任教师达 1732 万，其水平如何很大程度上决定了教育教学水平如何，也决定了人才培养如何。实现高等教育内涵式发展，全面提升人才培养质量，教师队伍的能力和水平至关重要。在《中共中央　国务院关于全面深化新时代教师队伍建设改革的意见》中，明确了新时代教师队伍建设的目标任务，经过 5 年左右努力，教师培养培训体系基本健全，职业发展通道比较畅通，事权人权财权相统一的教师管理体制普遍建立，待遇提升保障机制更加完善，教师职业吸引力明显增强。教师队伍规模、结构、素质能力基本满足各级各类教育发展需要。

1. 大力拓展教师发展平台

高校要面向新入职教师和青年教师开展岗前培训，帮助青年教师实现身份转变、思维升华和能力进阶。实施“教师成长与发展计划”，开展教学研究与指导，推进教学改革与创新，开展心理学、教育理论等人文社会科学知识培训，提高教师人文素养和教育水平，从教学能力、科研能力、工程（社会）实践能力、国际化水平、综合素养等方面提高教师业务能力。实施“青年教师能力提升工程”，将青年教师的培养与学科平台建设、科研团队建设、科研资助体系建设、国际合作交流、社会实践有机结合，为青年教师成长提供政策保证。要建立完善传帮带机制，丰富完善岗位练兵和讲课比赛等交流展示形式，加快建设院系教研室等学习共同体。

2. 有序推动教师国际交流合作

高校要坚持“中国特色、世界一流”，坚持开放发展战略，主动融入国家对外开放、“一带一路”建设等重大战略举措，加大对外开放办学力度，构建国际化办学新格局。要积极提升具有国际学术背景的优质教师资源在师资队伍的总体水平，拓宽教师到世界一流大学交流访学的途径和平台，特别要积极推动“一带一路”沿线国家涉外高端研修。坚持“走出去”和“请进来”，构建常态化的国际学术交流机制，提高主场学术能力与水平，显著提升高校的国际影响力。

3. 积极支持建立“人才特区”

高校要始终把人才工作放在推动科学发展最优先的位置，全面贯彻落实“高层次教师队伍建设系列计划”，更加积极、更加开放、更加有效地实施千人计划、万人计划、长江学者奖励计划等重大人才项目，广开进贤之路、广纳天下英才，不断改革人才培养、引进、使用等机制，更好地识才、爱才、敬才、用才，着力打造创新团队，培养引进一批具有国际影响力的学科领军人才和青年学术英才。高校高层次人才遴选和培育中要突出教书育人，让科学家同时成为教育家。

4. 营造人人、事事助力人才成长发展的环境

人才发展环境在人才工作和人才队伍建设中具有长期性、根本性、战略性作用。习近平总书记强调：“环境好，则人才聚、事业兴；环境不好，则人才散、事业衰。”良好的人才发展环境，对内是凝聚力、向心力、驱动力，对外是吸引力、竞争力、生产力。高校要有识才的慧眼、爱才的诚意、用才的胆识、容才的雅量、聚才的良方，营造人才成长成才的

良好校园环境。要健全机制、鼓励创新、宽容失败、匹配待遇、加强保障，不断提升人才工作的软实力，吸引和激励更多优秀人才长期从教、终身从教，开创人人皆可成才、人人尽展其才的生动局面。

四、深化教师队伍建设改革

抓住关键环节，优化顶层设计，推动实践探索，破解发展瓶颈，把管理体制改革与机制创新作为突破口，把提高教师地位待遇作为真招实招，增强教师职业吸引力。

1. 严把教师选聘入口关，坚持思想政治素质和业务能力并重，将师德师风作为评价第一标准

高校要规范教师选聘程序，创新选聘方式，开拓国际化招聘视野，提升选聘教师人岗相适度。要严格教师职业准入，对新教师开展全覆盖、无死角监督和考察。要不拘一格降人才，打造教师队伍的“源头活水”，要不唯出身、不唯 C9、不唯国外学历，还要更加注重德才兼备，更加注重综合素质，更加注重发展潜力，为建设高质量教师队伍打好基础。

2. 适应人才培养结构调整需要，优化高校教师结构，鼓励高校加大聘用具有其他学校学习工作和行业企业工作经历教师的力度

配合外国人永久居留制度改革，健全外籍教师资格认证、服务管理等制度。帮助高等学校青年教师解决住房等困难。推动高校教师职称制度改革，将评审权直接下放至高等学校，由高等学校自主组织职称评审、自主评价、按岗聘任。条件不具备、尚不能独立组织评审的高等学校，可采取联合评审的方式。

3. 推行高校教师职务聘任制改革，加强聘期考核，准聘与长聘相结合，做到能上能下、能进能出

习近平总书记在 2018 年两院院士大会上的重要讲话中指出，“人才评价制度不合理，唯论文、唯职称、唯学历的现象仍然严重”。2018 年，全国高校集中开展清理“唯论文、唯帽子、唯职称、唯学历、唯奖项”

专项行动，努力扭转不科学的教育评价导向，推行代表作评价制度，注重标志性成果的质量、贡献、影响。特别是在职务职称晋升、项目基地评审、考核评价等方面，进一步完善人才分类评价机制，深化改革人才评价激励机制，全面激发学校内生动力，敢于创新。要以绩效工资改革为契机，改变“大锅饭”的分配格局，充分发挥人事分配制度总杠杆作用，加大成绩、成果、成效在分配中的话语权和力度，并在考核学术的同时，加大以德立人、以德立学、以德施教方面的内容，坚持向高水平、高素质人才倾斜。

4. 构建各级各类教师先进典型的评选表彰体系

突出教师的代表性和示范性，充分展示新时代教师队伍有理想信念、有道德情操、有扎实学识、有仁爱之心的良好精神风貌，激励全体教师学习最美、争当最美，为加快推进教育现代化、建设教育强国、办好人民满意的教育，决胜全面建成小康社会、实现中华民族伟大复兴的中国梦做出新的更大贡献。

五、坚守教师职业道德“底线”

抓好师德师风是建设高素质教师队伍的内在要求和重要保证。抓好师德师风建设，既要知“高线”，努力成长为“四有”好老师，更要守“底线”，令行禁止。2014 年 9 月，教育部印发了《关于建立健全高校师德建设长效机制的意见》，强调建立健全高校教师违反师德行为的惩处机制，首次明确提出对高校教师具有警示教育意义的“红七条”。2018 年 11 月，教育部又出台了《新时代高校教师职业行为十项准则》，简称“红十条”，对“红七条”进一步深化和发展，要求进一步加强师德师风建设。具体到高校来讲，广大教师要遵守三条“底线”：一是坚守“政治底线”，就是要在言行方面，特别是在教育、教学的行为上，必须遵守最起码的政治立场、政治观点和政治主张；二是坚守“法纪底线”，就是要在言行方面，特别是在教育、教学的行为上，必须遵守法律和纪律；三是坚守“道德底线”，就是要在言行方面，特别是在教育、教学的行为上，不能违反起码的社会公德、职业道德和学术伦理规范。总之，高校教师树立底线意识不是一日之功，也不可能一蹴而就，要把底线意识设为行为常态，不懈坚持下去，切实抓紧抓实、抓常抓长。

第三节　加强干部队伍建设

实现新时代高等教育内涵式发展，干部队伍是无法避开的关键一环。高校党委要深入贯彻落实习近平新时代中国特色社会主义思想和党的十九大精神，严格落实《党政领导干部选拔任用工作条例》《事业单位领导人员管理暂行规定》《高等学校领导人员管理暂行办法》等文件规定，把政治建设摆在首位，切实担负起选人用人的领导之责、把关之责、监督之责，统筹做好干部选拔任用、培养锻炼、管理监督等工作，着力建设高素质专业化干部队伍，全力打造一支忠诚、干净、担当，肯学习、勤思考、身先士卒主动干的干部队伍和爱国奉献、符合学校事业发展迫切需要的人才队伍，为建设中国特色、世界一流高校提供有力的组织保障。

一、新时代高校干部队伍应具备的基本能力

能力素质是高校各级干部的履职之本。干部能力素质的高低，直接关系到高校事业发展和广大师生的福祉。

1. 着力增强驾驭全局的能力

高校广大干部胸中要有“一座山”，坚定贯彻党的教育方针；肩上要有“一面旗”，始终把牢学校的办学政治方向；手中要有“一把尺”，牢记忠诚干净担当，把好干部标准落实落细到各项工作中。广大干部要有全局观念、长远眼光和宽广视野，紧紧围绕学校改革建设发展的目标任务，主动把本单位及个人职责放到全局来思考，确保集体与个人目标同向、工作同心、措施同步、节奏同频。要坚持求真务实、开拓进取、奋发有为，大力加强工作作风建设。紧紧围绕学校改革发展稳定中的重大

问题、师生工作生活中的紧迫问题、党的建设中的突出问题，察实情、说实话、办实事、求实效，引导各级干部立志做大事、立足做小事、立身做实事，在教学、科研、管理等工作中处处走在前列，做出表率，赢得师生员工的充分肯定。

2. 着力增强开拓创新的能力

领导干部必须要跟上时代步伐，不断提高知识化、专业化水平，使自己的素质和能力跟得上时代节拍，做理论武装的引领者，做奋进文化的塑造者。提升开拓创新能力，关键途径就是学习，真正把学习作为第一使命、第一要务，静下心来读书，深入进去思考，努力钻研高等教育理论，积极探索高等教育发展规律，注重学习的强化、理解的深化、内容的消化、实践的转化，在学懂弄通的基础上，把学习成果转化为教育报国的内生动力，不断提高理论素养、党性修养和领导水平，转化为推动学校发展的实招硬招，把奋进文化贯穿于办学治校、育人育才的全过程、各环节。

3. 着力增强执行落实的能力

抓落实，是各级领导干部的重要职责和基本素质，是检验一个共产党人党性修养的重要体现，也是干部态度、职责和能力的一种实际体现，更是高校治理体系和治理能力现代化的重要内容。习近平总书记强调，各级领导干部“要有真抓的实劲、敢抓的狠劲、善抓的巧劲、常抓的韧劲，抓铁有痕、踏石留印抓落实”。当前高校工作任务繁重、千头万绪，关键在于领导干部带头抓落实。广大领导干部要有“落”的能力、“实”的本领、“狠”的状态、“抓”的举措，创造性地把重大决策部署和基本要求转化为推动改革、促进发展、维护稳定的成效。

4. 着力增强沟通协调的能力

各级干部处在学校各单位、各部门的重要岗位，是承上启下的“关节点”，做好沟通协调工作十分重要。坚持心系群众、依靠群众、一心为民，加强领导作风建设。不断强化宗旨意识、群众观念，领导干部带头深入基层调研；学校领导干部定期与师生员工“零距离接触、面对面交流”，始终保持血肉联系。沉下去，做一线规则的践行者。要始终做到“人在一线”“思在一线”“心在一线”“干在一线”，在一线找真问题、想真办法、讲真感情、炼真本领，把实现好、维护好、发展好师生的根本利益作为一切工作的出发点和落脚点。广大干部要深入基层、察民意、听民声、解民忧、汇民智，以深入下去带动凝聚起来，切实发挥“桥梁纽带”的重要作用。

5. 狠抓干部作风建设

高校要教育引导各级干部牢固树立正确的权力观、地位观、利益观；严格执行领导干部廉洁从政的各项规定，老老实实做人，干干净净做事。坚持抓早抓小，始终把规矩和纪律挺在前面，对个别干部违规违纪问题进行严肃处理，保证学校教育事业风清气正，健康发展。学校要坚持以中央“八项规定”，对准焦距、找准穴位、抓住要害、动真碰硬，对作风之弊、行为之垢进行经常性的大排查、大检修、大扫除，以作风建设的新成效凝聚起推动学校事业发展的强大力量。

二、建设一支忠诚、干净、担当的好干部队伍

1. 树立正确的选人用人导向

用人导向是一面鲜艳的旗帜。用准一个干部，就会对广大干部起到积极的引导、示范和激励作用；用错一个干部，就会挫伤干部群众的积极性，甚至败坏党的风气。习近平总书记强调：“用一贤人则群贤毕至，见贤思齐就蔚然成风。选什么人就是风向标，就有什么样的干部作风，乃至就有什么样的党风。”学校党委在选人用人工作中，要严把干部的政治关，坚持把政治标准放在首位，突出考察干部的理想信念、政治品格和道德修养，提拔使用牢固树立“四个意识”、坚定“四个自信”、做到“两个维护”，经得起各种风险考验，信念坚定、为民服务、勤政务实、敢于担当、清正廉洁的领导干部。对政治信念、纪律规矩、师德师风、学术诚信等方面存在的问题，实行“一票否决”。

2. 坚持严格执行干部选任程序

高校党委严格落实干部选任“凡提四必”，组织部门进行全程纪实，严把“推荐提名、考察酝酿、讨论决定”三个关口，通过民主测评、个别谈话、实地访查、查阅档案、核查个人有关事项报告、征求纪检监察部门意见、核查信访举报等方式，精准科学考察干部，坚决防止“带病提拔”。高校党委要严格执行选人用人工作纪律，坚持营造风清气正的选人用人环境，切实加强对干部选拔任用的监督，杜绝“跑官要官”、拉票贿选、“说情打招呼”等行为发生。高校党委为担当者担当、为负责者负责，不断探索优化干部考核方式及结果运用，让干部们放心大胆开展工作，鼓励和保护敢作为、真作为、善作为的干部，进一步营造风清气正的选人用人环境和奋发向上的干事创业氛围。

3. 不断提升干部工作科学化水平

（1）构建干部教育培养体系。

高校要认真抓好干部教育分类培训，切实构建起立体的、交叉互补的干部培训体系，全面提升干部队伍综合素质。进一步扩大受训、受培干部的范围，加大对干部的跟踪和考察力度，全面指导干部能力的提升。要拓展教育培训渠道，充分发挥党校的熔炉作用，积极与校外党性教育基地等机构合作共建党性教育基地。创新培训方式，充分运用线上培训资源，参加上级部门举办的各级各类干部培训。

（2）构建干部日常监督体系。

把“党要管党、从严治党”的要求贯穿于选人用人工作全过程，坚持“严”字当头，严肃干部任免程序，严格执行干部监督纪律要求，健全监督网络、拓宽监督渠道、创新监督手段，拓展干部监督渠道和范围、严格监督不留盲区，突出帮助目的和服务意识、严格开展警示教育，加大干部问责追究的力度、严肃追责问责。在选人用人工作中全面落实“从严治党”，以严树正气、以严强能力、以严聚民心、以严正形象，把学校各级干部队伍建设成为办学治校的坚强中坚骨干。

（3）构建科学的考核评价体系。

建立完善“主体明确、职责清楚、权责对等、量化具体”的岗位目标责任体制，完善绩效考核评价机制，注重“目标考核”与“过程考核”相统一，变“静态考核”为“动态考核”，多渠道、多层次、多侧面了解干部德才表现、工作实绩和作风状况，切实把“信念坚定、服务师生、爱岗敬业、敢于担当、清正廉洁”的好干部选拔出来，真正营造“让能干事者有机会、干成事者有舞台”的良好氛围。

（4）营造干部干事创业氛围。

高校应不唯年龄、不唯学历选人用人，大胆使用既敢于直面矛盾，又善于化解矛盾，有想干事、真干事的自觉，又会干事、能干成事的干部，充分体现新时代选人用人导向；加大对干部年度、届中和届满考核结果的运用，让更多素质过硬、有干劲、作风好的同志充实到干部队伍之中，形成从严管理干部的良好导向和制度环境，不断增强干部队伍的活力；严格执行中层领导干部任期制、到龄免职、任期届满离任等制度。

4. 推进干部队伍年轻化

培养选拔年轻干部，事关党的事业薪火相传，事关国家长治久安。加强和改进年轻干部工作，要下大气力抓好培养工作，对那些看得准、有潜力、有发展前途的年轻干部，要敢于给他们压担子，有计划安排他们去经受锻炼。要积极拓展干部培养成长渠道，实行青年教师挂职制度；实行干部轮岗交流制度，结合换届改选、班子调整，有计划分步骤实施校内干部交流，多岗位培养锻炼干部，不断优化干部资源配置，把最适合的人放在最适合的岗位；坚持用“四高”标准，即“高起点规划、高强度培养、高要求管理、高标准使用”加大对后备干部的培养力度；按照马斯洛的需求层次理论，注重从政治上关注干部、工作上关爱干部、生活上关心干部、心理上疏导干部，充分调动各级干部的积极性、主动性、创造性，为广大干部营造一个安心、顺心、舒心的学习、工作、生活和成长环境。

第四节 加强思想政治工作队伍建设

高校思想政治工作关系高校培养什么样的人、如何培养人以及为谁培养人这个根本问题。高校思想政治工作队伍担负着国家、社会和千万家庭赋予的重大历史使命和时代责任。加强高校思想政治工作队伍建设，打造一支高水平的思想政治工作队伍，对高等教育实现内涵式发展具有基础性作用。

一、高校思想政治工作队伍建设理念

理念是行动的先导。推进新时代高校思想政治工作队伍建设，要充分发挥“以人为本”“与时俱进”“大思政”这三大理念的引导作用。

1. 牢牢树立和坚持“以人为本”理念

以人为本是高校立德树人根本任务的核心理念，更是我们想问题、做事情的出发点和落脚点。高校思想政治工作的最终目标是学生的成长成才，而思想政治工作队伍建设的关键也是解决“人”的问题，因此，在队伍建设的过程中把“人”作为工作的核心，即为了保障每一个大学生的成长成才，要切实依靠、关心思想政治工作队伍中的每一个人。高校思想政治工作一旦离开了“人”这个核心目标，也就偏离了正确的方向。加强高校思想政治工作队伍建设，不能只“从上到下”看问题，更要“从下向上”看问题，要多站在普通思想政治工作者的角度来思考和解决问题，切实解决他们工作上的困难与后顾之忧，为他们多搭建平台、创造更多有利条件，以促进高校思想政治工作队伍全面、协调、可持续发展。

2. 牢牢树立和坚持“与时俱进”理念

高校思想政治工作机遇和挑战并存，面对的形势也复杂多变，因此在思想政治工作队伍建设中必须时刻保持“与时俱进”的理念。一方面是坚持时间意义上的“与时俱进”：与时代同步，即在工作中及时对新形

势、新情况、新问题做出研判，不断解放思想、开拓创新，突破传统观念和惯性思维的束缚，创新工作方式和方法，树立超前意识，力求工作体现时代性、把握规律性、富于创造性。另一方面是坚持空间意义上的“与时俱进”：与世界同步，即在工作中要具有开放思维、国际视野、世界眼光，时刻站在世界前沿阵地，善于借鉴世界各国的育人经验，掌握思想政治工作的主动权，使高校思想政治工作队伍建设更加具有开放性和国际性，更加有效应对新时代背景带来的诸多挑战。

3. 牢牢树立和坚持“大思政”理念

近些年来，高校人才培养工作面临的新形势、新情况和新问题迭出，导致高校思想政治工作者的工作量急剧增加，使得他们在工作时间、精力的安排上捉襟见肘。因此，要保证高校思想政治工作的实效性，就得树立和坚持“大思政”理念，强化协同育人意识，充分发挥课程、科研、实践、文化、网络、心理、管理、服务、资助、组织等方面工作的育人功能，挖掘育人要素，完善育人机制，切实构建“十大”育人体系，在新时代立德树人共同目标指引下，共担育人之责，做到思想同心、目标同向、落实同步，打破各自为政的藩篱，避免工作的碎片化、力量的分散化，凝聚思想政治工作合力，建设高校“大思政”工作队伍，形成齐抓共管的“大思政”格局，为学生成长成才保驾护航。“一枝独秀不是春，百花齐放春满园”，只有充分调动一切积极因素，促使广大教职工争做“四个人人”，即“人人做学校主人，当学生朋友；人人为学生尽一份责任，献一份爱心；人人为学校育人环境增砖添瓦；人人从我做起，从点滴做起”，才能形成高校“全覆盖思政工作网”，高校的思想政治工作才能够保持持久的动力和得到全方位的保障。

二、高校思想政治工作队伍建设路径

锻造一支学习型、复合型、创新型、开放型的高水平高校思想政治工作队伍，需要遵循规律、统筹兼顾、多管齐下，需要突出可操作性、系统性、针对性和实效性。具体而言，新时代高校思想政治工作队伍建设可以按照“六化”要求，采取有效措施扎实推进，构建高校思想政治工作队伍建设综合配套机制。

1. 高校思想政治工作队伍建设“联动化”

新时代高校思想政治工作队伍已经不仅是由传统意义上的固定人员组成，而应囊括更多的积极力量，形成“全员联动”的高校大思政工作格局。高校大思政格局是指在全校上下和全体教职员工中形成充分认识思想政治工作的大地位，科学确立思想政治工作的大目标，牢固树立思想政治工作的大理念，有效推行思想政治工作的大机制，圆满落实思想政治工作大任务的有机工作体系和良好工作状态。广大教职工都肩负着开展大学生思想政治工作的重任，因此在继续下大气力抓好高校思想政治工作队伍（即思想政治理论课教师、辅导员、班主任、党团工作干部等）建设的同时，还应该大力倡导教书育人、管理育人、服务育人，充分发挥教师队伍、管理人员队伍、后勤服务人员队伍“三支队伍”的联动育人力量，积极营造全方位的育人环境。高校教师课堂上不仅要教书，更要育人，用优良的师德师风和爱岗敬业的实际行动影响和教育学生，特别是思想政治理论课教师更是责无旁贷，因为思政课一直以来都是加强大学生思想政治教育工作的主渠道和主阵地；同时，学校心理研究咨询中心的教师也要担负好大学生心理辅导的重要职责；而高校管理人员也要在工作中彰显育人导向，以规范化、人性化、科学化的管理教育引导学生；高校后勤服务人员工作在为学生服务的第一线，同样要用优质的服务和真诚的态度感染、教育学生。

2. 高校思想政治工作队伍建设“专业化”

新时代高校思想政治工作面对的形势更加多变复杂，因此推进高校思想政治工作队伍专业化建设成为一大必然要求。高校思想政治工作是一项综合性的工作，因此高校思想政治工作者不仅要有对这一工作的满腔热情，更需要面向学习型、复合型的发展目标持续提升综合素质。首先，必须坚定理想信念，坚持正确的政治导向，实现由信念上的坚定到行动上的自觉，不断增强做好思想政治工作的定力。其次，必须具备超强的学习能力。高校思想政治工作者必须注重马克思主义及其中国化最新理论成果的学习，完善政治学、管理学、教育学、心理学、经济学等专业知识，不断开阔知识视野，拓宽专业领域，提升知识层次，将理论学习与实践运用紧密结合起来，增强思想工作的亲和力、感染力和影响力、公信力。最后，必须提升应变能力和对应急事件的处理能力。要倡导广大思想政治工作者加强高校思想政治工作的调查研究，不断提高高校思想政治工作队伍的专业化工作水平，同时积极搭建形式多样的锻炼平台，锻造“专家型”的高校思想政治工作队伍。

3. 高校思想政治工作队伍建设“层次化”

“结构合理”是高校思想政治工作队伍可持续发展的重要条件。“结构合理”包含知识结构合理、学历结构合理、性别结构合理、年龄结构合理等诸多方面，因而思想政治工作队伍建设“层次化”就是题中应有之义。当前，不少高校思想政治工作队伍（特别是辅导员队伍）的年龄结构存在过于年轻化的问题，因此在推进思想政治工作队伍“层次化”上需重点优化年龄结构，促进老中青三代合理比例搭配，使他们发挥各自优势，以打造稳健而又充满活力的高校思想政治工作队伍。高校可以考虑在校内聘请一批思想政治工作经验丰富的老专家、老教授担任思想政治工作顾问，将他们长期积累的经验和优良传统传承下来；中年思想政治工作者是高校思想政治工作队伍的中坚力量，他们在多年的工作中积累了比较丰富的经验，身体状况相对较好，便于指导年轻的思想政治工作者，因此，可以考虑吸纳一批教学岗位上的中年教师作为兼职思想政治工作者充实到高校思想政治工作队伍中；年轻的思想政治工作者可塑性很强，思维比较活跃，应注重对其锻造培养，使他们尽快成长起来。

4. 高校思想政治工作队伍建设“规范化”

高校思想政治工作是一项长期任务，也是一项常态化的工作，因此思想政治工作队伍建设要按照“规范化”的要求构建长效机制。高校思想政治工作队伍“规范化”建设关键是要严把“三关”：一是严把“进口关”，育人者德是根本，无论是教学岗位师资力量的引进，还是思想政治工作岗位人员的招聘，都需要严格遵循“德才兼备，以德为先”的基本原则，实施道德指标“一票否决制”；二是严把“培养关”，要用长远的战略眼光着力建立健全高校思想政治工作队伍培养规划，务求实效，去形式化、过场化，重科学化、人本化；三是严把“考核关”，应构建科学合理的思想政治工作评价指标体系，引入科学评价方法、易操作的考核标准指标和激励措施，以激励广大思想政治工作者想干事、能干事、干成事。

5. 高校思想政治工作队伍建设“国际化”

高校思想政治工作队伍建设既要扎根中国，也要融通中外，坚持“走出去”与“引进来”相结合的方式，打造一支开放型的高校思想政治工作队伍。一方面，与国外知名高校建立长期合作关系，加强国际文化、科技和学术交流，把现有的高校思想政治工作者送到国外高校进修学习或组织考察学习，使其了解国外高校在育人方面的成功做法和先进经验，结合我国国情加以吸收改造创新，打造国际化背景下的中国高校思想政治工作新模式。另一方面，要善于引进政治坚定、综合素质好、有着国外留学经历的毕业生到高校思想政治工作队伍中来，优化高校思想政治工作人员结构，提升高校思想政治工作队伍的国际化水平。

6. 高校思想政治工作队伍建设“信息化”

面对价值多元、信息裂变、新生代成长、新媒体崛起的时代变化，高校思想政治工作队伍应深刻把握时代环境的变化，建设成为一支适应互联网发展的队伍。一是注重加强对文化传播和新媒体发展规律的研究，努力成为文化传播和新媒体运用的“行家里手”。二是要善于运用新媒体、新技术使工作活起来，用新时代的语言、最新的技术、灵活的手段，寓教于乐、寓教于学，推动思想政治工作传统优势同信息技术高度融合，增强高校思想政治工作的时代感和吸引力。三是要注重互联网空间思想政治教育话语能力培养，减少说教式、灌输式语言，加强互动性，引导师生共同打造风清气正的校园网络空间。

第七章 新时代高等教育内涵式发展的制度支撑

党的十九大报告明确作出了“中国特色社会主义进入新时代”的重大判断。[①]在新的时代背景下，实现高等教育的创新发展和跨越式发展，是党和国家高等教育事业前所未有的迫切需要，具有重大战略意义。高等教育的发展由传统发展模式向内涵式转变，必然需要建立一套与之相适应的体制机制，构建一套完整的制度框架，基于此，本章节将着重探讨高等教育内涵式发展的制度支撑。

① 习近平.决胜全面建成小康社会 夺取新时代中国特色社会主义伟大胜利——在中国共产党第十九次全国代表大会上的报告[N].人民日报，2017-10-28(1).

第一节 坚持党委领导下的校长负责制

党的十九大报告进一步强调了“党政军民学，东西南北中，党是领导一切的”的重要意义。[①]习近平总书记指出，我们的高校是党领导下的高校，是中国特色社会主义高校。办好我国高等教育必须始终坚持党的领导，牢牢把握住党对高校工作的领导权，将我国的高校建设成坚持党的领导的坚强阵地，并强调高校党委要全面领导学校工作。[②]高校选择的发展道路和发展方向，直接影响到高校发展的兴衰成败，关系到高校能否培养出社会主义的合格建设者和可靠接班人，进而关系到党和国家的未来发展。坚持高校党委领导下的校长负责制是把握好高校未来发展方向的必然选择。

《中华人民共和国高等教育法》第三十九条明确规定，国家举办的高等学校实行中国共产党高等学校基层委员会领导下的校长负责制。[③]党在高校发展中的重要地位与作用在有关高等教育的基本法中就已经得以明确。2012 年教育部印发的《全面推进依法治校实施纲要》，提出坚持和完善学校党的领导与依法治校紧密结合。[④]这份纲要文件不仅将党委领导下的校长负责制度实施上升到法律的高度，同时也为在这一制度下高校依法治校，确保形成权责明确的治理体系提供了制度遵循。贯彻好党委领导下的校长负责制，解决好党、政、学术、群众之间的法律职责和运转体系，建立职责划分明确、权利和义务相统一的制度体系，全面推进依法治校，是高校实现内涵式成长和发展的重要依靠。其中，深入理解和把握高校党委全面负责领导的科学内涵和实践要求，明确党委领导下的校长负责制对于积极寻求内涵式发展的高校的重要意义，坚决落实党

① 习近平.决胜全面建成小康社会 夺取新时代中国特色社会主义伟大胜利——在中国共产党第十九次全国代表大会上的报告[N]. 人民日报，2017-10-28(1).

② 习近平在全国高校思想政治工作会议上强调：把思想政治工作贯穿教育教学全过程 开创我国高等教育事业发展新局面[N]. 人民日报，2016-12-09.

③ 中华人民共和国高等教育法. 中华人民共和国全国人民代表大会常务委员会公报，2016(1)：55-61.

④ 教育部.全面推进依法治校实施纲要[EB/OL]. 2012-11-22.http://old.moe.gov.cn/publicfiles/business/htmlfiles/moe/s5933/201301/146831.html.

委领导下的校长负责制，将成为当前及未来时期内高校贯彻执行习近平新时代中国特色社会主义思想，牢牢把握高校发展方向，扎根中国大地创建世界一流大学的重中之重。

一、高等院校领导体制的演变历程

回顾我国高等教育发展的历史进程，不难看出高校的发展不仅深受时代背景的影响，更与其内部建构的管理方式、领导体制有着十分紧密的联系。相较于西方国家高等教育发展而言，我国高等教育发展的历程较短，因而最早的高等院校领导体制也受到了西方的影响。中华人民共和国成立以来，我国开始自主探索高校领导体制的发展。根据现有研究成果来说，学者普遍认为我国高校领导体制变迁先后经历了八个具体历史阶段，通过实践中的积极摸索和改进，形成了具有中国特色的高校领导模式——党委领导下的校长负责制，并在此基础上不断革新和发展。高校领导体制的变化和发展阶段如表 7-1 所示：

表 7-1　中华人民共和国成立以来高校领导体制改革发展变迁

制度变迁阶段	正式制度文件	制度内容	制度特征
校长负责制时期（1949—1956）	延续原校务委员会制度[①]	教职工代表成立校务委员会临时管委会，学校管理工作由管委会集体负责。	按照少数服从多数的原则，实行民主管理
	《高等学校暂行规程》[②]（1950 年教育部颁发）	① 高等学校采取校长、院长负责制，由中央人民政府任命校长，校长全面负责领导高等学校的各项管理工作，并直接向政府负责。 ② 高等学校党的组织实行党组制，党组织与高等学校行政管理之间没有领导的关系	校长具有较高的管理高等学校的权力。党组织与校长之间尚未建立领导关系。不利于民主监督
	《中华人民共和国高等学校章程》[③]（1956 年教育部颁布）	高校校长领导学校的全部工作，代表学校处理一切问题	进一步明确校长全面领导学校改革发展工作

① 中国教育年鉴编辑部. 中国教育年鉴（1949-1981）[M]. 北京：中国大百科全书出版社，1984：233.

② 中央人民政府教育部颁布高等学校暂行规程[N]. 人民日报，1950-08-19（03）.

③ 高等教育部颁布《中华人民共和国高等学校章程草案》[M]//龚育之. 中国二十世纪通鉴（1941—1960）. 北京：线装书局.

续表

制度变迁阶段	正式制度文件	制度内容	制度特征
党委领导下的校务委员会制负责制时期（1956—1961）	《关于教育工作的指示》[①]（1958年中共中央、国务院颁发）	① 校党委为领导核心。建立校务委员会，接受党委的领导，贯彻执行党和政府推进教育的指导方针	党委、校长权责划分并不明确，实际运行中存在权力混淆
党委领导下的以校长为首的校务委员会制时期（1961—1966）	《教育部直属高等学校暂行工作条例（草案）》[②]（1961年中共中央颁布）	① 高等学校实行“党委领导下的以校长为首的校务委员会负责制”	党委对学校进行统一领导。强化校长领导责任。存在决策重复，工作效率下降的问题
党的“一元化”领导时期（1966—1976）	《全国教育工作会议纪要》[③]（1971年中共中央颁布）	革命委员会是权力机构	校长和党委的领导作用都十分有限
党委领导下的校长分工负责制时期（1976—1984）	修订《教育部直属高等学校暂行工作条例（草案）》[④]（1978年教育部颁布）	提出党委领导下的校长分工负责制。党委——领导核心；校长——分工负责	校长个人作用没有引起重视。校长地位实际处于下降趋势。党组织工作重心分散
党委领导下的校长分工负责制和试行（校长负责制）（1985—1989）	①《中共中央关于教育体制改革的决定》[⑤]（1985年中共中央颁布） ②《关于高等学校逐步实行校长负责制的意见》[⑥]（1988年国家教委颁布）	校党委组织工作的重心移到加强党的建设和思想政治工作上来	党委作用主要为“保证监督”、加强党的建设和思想政治工作
党委领导下的校长负责制时期（1989年至今）	①《中共中央关于加强高等学校党的建设的通知》[⑦]（1989年中共中央颁布） ③《高等教育法》[⑧]（1998年全国人大常委第四次会议通过）	① 高等院校实行党委领导下的校长负责制。 ② 党委是学校的政治核心；支持行政领导独立负责的工作；力戒包揽行政事务。 ③ 体制合法性、明确党政权责、为依法治校奠定基础	党委领导与校长分工协作配合。 集体领导和个人负责相协调

① 中共中央 国务院关于教育工作的指示[J]. 江苏教育，1958（18）：4-6.

② 中央教育科学研究所. 中华人民共和国教育大事记[1949—1982][M]. 北京：教育科学出版社，1984：295.

③ 中共中央转发《全国教育工作会议纪要》[M]//龚育之. 中国二十世纪通鉴（1960—1980）. 北京：线装书局.

④ 教育部. 全国重点高等学校暂行工作条例（试行草案）[M]. 1978-10-04.

⑤ 中国教育年鉴编辑部. 中国教育年鉴（1949—1981）[M]. 北京：中国大百科全书出版社，1984：188.

⑥ 刘英杰. 中国教育大事典（1949—1990）[M]. 杭州：浙江教育出版社，1993：1096.

⑦ 十三大以来重要文献选编（中）[M]. 北京：人民出版社，1991.

⑧ 徐心华. 中华人民共和国高等教育法.中国开放年鉴[M]. 北京：经济日报出版社，1998：354-358.

几十年理论研究、科学探索、经验总结和制度革新的实践证明，党委领导下的校长负责制是最适合我国高校发展的领导体制，深刻体现了中国特色社会主义的优势和特征，彰显了党的领导下开展高等教育的优越性和科学性，蕴含着集体领导、民主决策、分工负责的科学理念。

二、高等院校实行党委领导下的校长负责制的意义及面临的问题

截至目前，高等院校实行党委领导下的校长负责制已超过 30 年，制度的发展有效保障了国家高等教育发展和高校自身建设。始终坚持党对教育事业的领导地位，对于牢牢把握住我国教育的治学理念与道路，结合中国国情、社情办教育具有重要意义。一是有利于加快实现教育公平，推动高等教育从精英教育走向平民教育。二是在学校党委领导下，全校党政、群团组织各自履行工作职责，团结一致，上下联动，齐心协力共促发展的良好工作局面。三是该制度的实行促进了民主集中制在高校内部的创造性贯彻和运用，高校严格按照“集体领导、民主集中、个别酝酿、会议决定”[①]的决策程序处理事关学校改革建设发展稳定的重大事项。四是党的核心领导地位不断得到强化，高校党建工作尤其是思想政治教育工作不断得到加强，维护了高校乃至整个社会的稳定和谐。

当然，高校实行党委领导下的校长负责制的具体运行过程中，也不可避免地存在着一些问题，主要表现在以下几个方面：

1. 制度设计不全面导致权力失衡

目前的《高等教育法》中对于党委领导下校长负责制的具体架构以及党政分工协作尚且没有具体性安排。近年来，国家为进一步优化治理高校组织机构，相继修订出台《中国共产党普通高等学校基层组织工作条例》《关于进一步加强和改进大学生思想政治教育的意见》等，并在全国高校思政工作会等重要工作会议上接续对党委领导下的校长负责制的具体实施细节进行规定，如：高校党委全面统筹安排学校的工作，承担

① 关于新形势下党内政治生活的若干准则[J]. 实践：思想理论版，2016，0(11)：9-17.

管党治党、办学治校的主体责任，对涉及学校的改革、发展和基本管理制度等重大事项内容具有决定性地位；同时直接指出要推动执行校长履职单独行使权，全面负责所属学校的基本教学工作、科学研究任务和相应职责内的行政管理任务。[①][②]但这些文件多侧重于方向性表述，对于党委领导下的校长负责制的具体分工不明确，相关配套细则也因高校的历史背景、党政力量、实际运转特点不同，在执行方面显得参差不齐。比如不同高校对于“重大问题”“重大事项”等没有明确界定，导致党委和行政的职责划分不明确，决策程序和决策层面不统一，又缺乏公认标准，长此以往极易使党委和行政决策中出现矛盾和偏差，或权力失衡。如：党委领导不力、校长权力过大，或党政各执己见、政令不一等现象，导致机构运转不灵、工作效率打折、党政领导班子战斗力和凝聚力受影响等不良后果。

2. 党政在工作中认识不统一、配合不佳出现矛盾冲突

思想是行动的先导，只有统一了思想才能统一行动。依托 2016 年中共中央办公厅、国务院办公厅印发的《关于加强和改进新形势下高校思想政治工作的意见》，高校的工作应由本校党委全面负责和组织领导，履行管党治党、办学治校的主体责任，承担领导者职责。[③]而校长则以学校的法人代表为主要身份，主要的工作职责是配合党委执行相关决议，行使相关法律明确规定的校长职权。在高校的实际运转治理过程中，党委书记和校长分别承担“党委负责人”和“学校负责人”的身份，但由于双方在教育背景、成长经历、兴趣偏好、思维过程等方面总是会存在或大或小的差异，因此在领导方向、管理方式、工作标准、行为准则上也各不相同，有时难以对同一事项达成统一共识，进而暗含出矛盾和冲突的党政关系。

① 江流.中国共产党普通高等学校基层组织工作条例[M]//中国特色社会主义年鉴. 北京：中国法制出社，1997：181.

② 习近平在全国高校思想政治工作会议上强调：把思想政治工作贯穿教育教学全过程 开创我国高等教育事业发展新局面[N].人民日报，2016-12-09.

③ 中共中央国务院印发《关于加强和改进新形势下高校思想政治工作的意见》[M]//张淼. 北京社会科学年鉴. 北京：北京出版社，2018：17-19.

3. 高校机构冗杂，执行效率低下

党委和行政分工侧重不同，在高校实际工作运转过程中，客观上就产生了两个既并行存在，又需要相互配合协作的系统。在高校实际机构设置中，党群部门和行政部门有明显区分，例如党口系统有党委书记、党委副书记、党委常委，部门有党委办公室、组织部、宣传部、纪委办公室、工会、团委、党委学生工作部、党委教师工作部、党委保卫部（武装部）、党委老干部部等，行政系统有校长、副校长，部门有校长办公室、教务处、研究生院、科学技术与发展研究院、战略发展处、人事处、财务处、审计处、后勤集团、资产处等。这两个系统虽然能够各司其职、各尽其责，完成好自己的本职工作，但着眼于现实的操作过程，还是存在职能重叠和交集等现象，例如原本可以由一个部门完成的工作，实际上却要细化给几个部门分别去完成，客观上造成高校内部机构臃肿、冗员趋多，不仅容易引起部门间的推诿扯皮造成工作效率低下，还使得人力物力等资源使用过剩过度，学校额外负担最佳效率外的运营成本。

三、坚持和改进党委领导下的校长负责制的有关思考

在新时代的全球背景下，党中央、国务院已经吹响了“建设世界一流大学和一流学科”的冲锋号，党的十九大报告也明确提出要建设教育强国，再加上中国的市场经济在改革开放中不断完善，社会以前所未有的广度和深度剧烈转型，这些都给高等教育和高等院校的发展带来新的机遇和挑战。如何加强和改进党委领导下的校长负责制这一我国高等院校的根本领导管理制度和中国特色现代大学的核心制度，既解决好已有问题，又应对好不断发展和前进的时代所带来的挑战，是我国高等院校迈向世界顶尖道路上的难点。

1. 加强制度建设

贯彻落实好党委领导下的校长负责制，既需要党政领导班子拥有较高的政治站位，同时也必须有完善的制度体系作为保障。通过建章立制，理顺、规范、明确和界定党政职权的划分、领导班子成员的权力范围、

党委会和校长办公会议事决策的规则程序等。

（1）加强民主集中制建设。

民主集中制是马克思主义认识论和群众路线在党的生活和组织建设中的运用，是党的根本领导和组织制度。[①]因而高校领导干部也要将这一制度作为一项根本性制度带头执行好。高校加强民主集中制建设，既要充分发扬民主精神，在决策前充分考虑领导班子成员的意见，加强面向师生开展广泛调研；又要坚持民主基础上的集中，在广泛汇集各方意见的同时，达成一致共识，形成统一的意志推进各项工作。既要避免脱离民主讲集中，导致个人专断和家长制，如个别领导“一言堂”，其他领导班子集体无法充分发表意见或不能参与有效决策，以及与师生广泛意见相悖等；又要避免离开集中讲民主，导致极端民主化和无政府主义，如领导班子对于办学发展中的大事要事僵持不下，全校上下难以形成“一盘棋”的工作格局，工作推进效率缓慢等。高校党委对于学校的关键事务，尤其是“三重一大”事项，要充分践行民主集中制原则，进行科学决策和依法决策。

（2）细化配套制度。

按照教育部要求，当前，各高校纷纷结合自身实际情况，出台了党委领导下的校长负责制的配套实施办法，以具体化地将党委领导下的校长负责制落到实处。但从教育部巡视整改检查结果公示来看，大部分高校仍然存在不同程度的党委领导下的校长负责制落实不实、有偏差等问题，亟须进一步细化配套制度。具体来说，首先要结合党的大政方针以及新时期教育部党组对于高校党委领导下的校长负责制实施的精神要求，修订现有制度体系，如：进一步修订、梳理、完善学校党政相关议事程序，“三重一大”事项的决策流程等，不断增强制度对于操作流程的约束和规范作用。其次，在校内各层级合理党政分工，建设有机协调的方案机制。如：出台基层单位党政联席会议指导性意见，科学细化评价指标体系，成立督察督办工作队伍或巡察工作队伍等定期检查会议情况并汇报检查结果；建立校领导干部定期参与基层单位党政联席会指导工

① 关于新形势下党内政治生活的若干准则[J].实践：思想理论版，2016，0(11)：9-17.

作的制度，及时纠正和解决潜在问题，等等。

（3）强化监督机制，建立责任追究制度。

对于高等院校来说，党委领导下的校长负责制这一机制在根本上就已涵盖了既相互协调配合又相互制衡分离的内涵深意，因此，加强和改进党委领导下的校长负责制，首先就要求高校党政主要负责人对照党要管党、从严治党的根本要求进行自我批评和自我改进，成为懂政治的教育家和懂教育的政治家。其次，学校纪委要履行好专责监督职能，对党政权力的运行加强监督。另外，要提高党务政务工作透明度，在依法依规基础上，增加信息公开的频率、范围和实效性，拓宽信息传输通道，自觉接受社会和群众监督。

此外，对于重大决策失误，必须建立责任追究制度，不能法不责众，不能和稀泥和互相推诿，一定要明确责任主体，避免盲目决策、任性决策。

2. 深刻准确把握内涵

党委领导下的校长负责制在一些高校落实不到位，运转不顺畅，以及落实有偏差，是因为存在着“校长负责”比较实、“党委领导”比较虚，或书记、校长工作协调配合不够好，或党委把方向、谋大局、议大事的能力不够，或党委包揽行政事务、领导班子分工不合理，以及学校领导班子难以有效协调党委领导和校长负责间的矛盾关系等原因。

对于这一问题，首先要明确的是书记和校长二者的根本任务和目标是一致的，都是为了学校更好的发展，落实好人才培养这一根本任务。党委对学校工作实行全面领导，体现在把方向、管大局、抓班子、带队伍、做决策、保落实等方面；校长负责体现在以党的要求为基准，总管学校的教学任务和科学研究工作，统筹安排行政管理任务。从整体来说，二者在学校发展、人才培养等方面具有一致的目标要求，在工作形式和层次上互为补充、有机结合，统合形成具有内在逻辑性的统一整体。

3. 加强领导班子建设

制度最终是要靠人来执行的，党委领导下的校长负责制需要高校党政领导班子集体来执行，领导班子的组织结构和综合素质对制度的贯彻执行效果起到了决定性作用。因此，党政领导班子要坚持用习近平新时代中国特色社会主义思想武装头脑，增强“四个意识”，坚定“四个自信”，做到“两个维护”，从根本上提升自身的政治觉悟、思想素质、文化素质，加强贯彻落实党的路线方针政策尤其是贯彻落实习近平总书记关于教育的重要论述的能力和水平。要结合新时代优秀政治家和教育家的要求和标准，紧跟时代发展特点和高等教育发展宏观方向，立足学校深层次跨越发展的需求，系统制订领导班子年度学习计划，增强学习的高度、深度和广度，提升谋大局、议大事的站位、能力；要加强班子成员在个人修养、思想品德、道德情操和工作作风等方面的建设，树立起尊重学术、敬业爱生、真抓实干、公开公正的良好形象；要充分激发领导班子既能互相搭台补位，又能对于分管工作独当一面的工作能力，发挥好整体效能，实现“1+1 > 2”的工作效果。

第二节　构建科学的校院两级管理体制

影响到高校办学发展的另一对主要关系，即学校和学院的关系。在我国高校办学的传统时期，主要采用了“校办院”的管理模式，这一模式的形成脱胎于中华人民共和国成立初期的计划教育体制时代，是国家为迅速发展高等教育，培养更多高水平人才投身国家经济建设的重要举措。随着高校的不断发展，以及新时期对人才培养的差异化需求，必须充分激发高校发展内生活力，推动人才培养工作的有效进行。

“校院两级管理”是现代大学的基本运行模式，建设世界一流大学、一流学科，必须建立与之相适应与匹配的合理且高效的管理体系。践行校院两级管理体制改革实践，旨在适应新时期、新阶段学校发展需要，构建充满活力的新型校院两级管理体制，“学校统一领导实施办校治校”与“教学科研单位自主办学治学”相结合，落实校院两级管理主体各自职责，实现校院两级权力清晰运作、权责匹配科学，围绕学校发展总体目标形成协调联动、动力强劲的有机整体，这是助力高效建立现代化治理体系和提升治理能力，不断推动高等教育改革创新发展的关键。

一、高校校院两级管理体制改革的必然性

随着社会的更迭变换和科技的革新发展，日新月异的时代对高等院校人才培养的质量以及高校对社会发展的快速适应性等方面提出了新的更高要求，这就为高校内部管理体制的改革和发展提出了新的课题。无论是从高校内部发展需求来看，还是从当今世界发展趋势和我国“两个一百年”奋斗目标的实现来看，高校进行校院两级管理体制改革就本质而言都有其必然性。

其一，从管理学角度来看，由于高校的覆盖边界不断外延和社会职能的多元化倾向，其内部组织体系模式也变得日趋复杂和多样，高校本身和社会各组织间功能交织，合作密切，如许多高校增设对外合作与联络处、政策研究室、各类智库等。组织规模扩大就意味着各管理阶层的管理幅度应不断扩大，各管理层级将获得更多授权，或实现管理层级之间的分权，以此提升决策的科学性和有效性，增强信息交互传递的效率。同时，更加充分激发各级管理组织的主动性和创造性。高校也当通过这种办法提升自身的管理效能。

其二，从高校本身所肩负的社会职能来说，高校的根本任务在于立德树人，要为践行“四个服务”培养各类高水平专门人才。随着人工智能、大数据等科技不断创新发展，多学科交叉融合，培养具有综合实践能力、掌握跨学科知识的人才，逐渐成为国家对高校发展运行的必然要求。因而，高校必须通过赋予二级学院更多的自主权，鼓励它们从学院以及学科未来长远持续化发展的角度出发，对学科如何优化、人才怎样打磨、师资队伍怎么建设、如何服务国家社会等方方面面进行主动的、充分的考量，不断打破既有发展模式，优化发展路径，推动学院之间相互沟通交融，不断提升教育资源的优化配置。

其三，新式人才培养模式必须与社会主义市场经济发展需要相匹配的要求迫使高校必须进行校院两级管理体制改革。当前，培养出符合社会多元化发展趋势的具有复合型能力的创新性人才，是高等院校在面临

提供何种教育服务困境时必须考量的难题，因此也引发了高等教育的根源性变革。在欧洲许多国家，以及日本等亚洲国家，高等教育已经成为提高国民素质的重要途径。当前的中国正面临百年未有之大变局，实现中华民族伟大复兴中国梦，实现“两个一百年”奋斗目标，就更加依赖于高素质人才队伍的强有力支撑，基于此，高校必须通过管理体制改革构建新型人才培养模式，提升复合型高素质人才培养的质量和水平。为构建这一新型人才培养模式，高校内部必须进行管理体制的深层次改革，调动全校上下全情投入人才培养工作中来。

二、当前校院两级管理体制改革存在的问题

以党的十八大为节点，我国高等教育综合改革试点工作正式启动。比较典型的参与高校包括清华、北大、浙大和复旦等，在改革中获得了许多宝贵经验。但在实施过程中发现，以放权为手段、以“搞活”为目的的校院两级管理体制改革仍存在很多问题。

1. 校院两级权责关系尚未理清

当前，部分高校的校院两级管理模式仅仅停留在制度形式上的两级，而在实际操作过程中仍然存在学校权力过于集中的现象，主要体现在以下三个方面：一是权力划分不明确、不合理。校院两级管理体制改革主要是要拓宽学院个体单位的自主权力范围，但就实际情况来看，学校下放的权力主要采用审批和少量授权的方式，其他主要权力依然掌握在学校机关部处一级。二是权责关系不对等、不统一。校院两级管理体制改革的关键点落在人权、事权、财权的重新调整与分配，但实际情况却是校院两级权力享有和责任承担不对等，财权与事权不匹配，学院主体性还是处于弱化地位，呈现出“事权下放，财权人权和重大事权仍集中在校级”的现象。三是责权匹配难度不一致。校院两级管理体制改革要激发全部二级学院的主动性和积极性，但现实情况是不同学院所处的发展阶段不一致，在改革的内涵理解、主观意愿、自身基础条件等方面差距巨大，导致学校难以进行较为统一的责权匹配。

2. 院系发展水平参差不齐

院系自身的实际发展水平是学校对学院进行充分授权的基础。不同院系间的发展水平实际上参差不齐，主要体现在院系党政领导的管理能力，内设机构和行政人员数量、素质等方面。部分院系的党政领导、机构和人员配置还无法满足学校建设“双一流”大学的需要，领导干部惯性思维对改革创新的阻力较大，人事分配和薪酬绩效改革不到位导致教职工缺乏主动性和积极性，部分院系行政人员的自身素质也不能满足改革后院系所承担的事务工作的要求，还停留在机械服从上级部门指令、观念上和实际行动上都没有积极主动进行改变和提升的阶段。另外，相较于机关部处，院系内部管理的体制机制建设明显不足，很多院系连最基本的党政联席会议制度和“三重一大”议事决策规则都没有建立或者执行有偏差、不到位，遑论改革后学校在院系构建分权治理体制。

3. 学校的服务支撑体系建设不到位

除权、责、利等的划分以外，影响校院两级管理体制改革的另一个重要因素是学校的相关服务保障体系建设是否到位。比如，数字化技术已成为推动国家治理体系和治理能力现代化的一个十分重要的途径，但许多高校的数字化技术平台建设却严重滞后于社会发展，校院之间缺乏统一的信息交互平台，或者校内信息平台众多，各自为政，没有互相关联，导致院系对接学校层面信息经常出现滞后甚至丢失等情况。另外，对于到底给学院放多大权力，机关部处的一个常见担忧是怕出现“一统就死、一放就乱”的现象，因此主动改革的意识、服务基层单位和师生的意识都不太强，不同程度上都还是想把权力掌握在自己手中，在某种程度上阻碍了校院两级管理体制改革过程中服务支撑体系的建设。

三、校院两级管理体制改革的路径

新时期校院管理体制改革将在党委领导的基础上，优化体制机制，赋予二级学院教学、科研、资源配置等方面更多权力。

1. 进一步完善学校层面的治理体系

学校层面应进一步提升对校园管理的站位，更多将日常工作着眼于设计关系到学校改革发展稳定的重大决策事项上。同时在推动执行的过程中，按照权责对应的方法给予各二级教学科研单位授权。学校层面应全面调研教学科研单位对权责下放的需求，按照简政放权、权责一致、提升效能的要求，梳理校机关职能部门职责和各类别岗位职责，系统做好各职能部门权责的“服、废、放、统”。服务事项坚决从管理中明晰分离出来以确保保障到位，该废止的校内政策文件、不适宜的权责坚决废止，该下放的校内管理权限坚决下放，该学校层面担当的权责坚决统筹起来并切实履行好。同时，制定系统的权责梳理与改革方案、具体的放权方案及相关配套的制度，并在权责梳理的基础上，各单位公布“权责清单”，理清学校各部门和教学科研单位的权责界限。

2. 全面激发学院办学活力

学院层面要大力完善内部治理结构和体系。大力加强学院党建工作，明确二级党组织的主体义务责任，充分发挥教职工党支部模范先锋作用。要完善内部治理结构和相关议事决策机构，明确党政联席会、教授委员会、二级教代会等议事决策机构间的权责界限，建立健全各决策机构的议事决策机制。要系统化建立学院内部相关管理规章制度，“自我规范管理”与“精细化管理”并重，全面提升内部治理能力。

另外，学院要有针对性地对管理人员加强培训和机关挂职短期锻炼，大力提高人员履职能力和业务胜任力，打造一支作风优良和专业素质卓越，能合理优化协调业务工作和承接权责两者关系的基层管理团队，使之能够在服务内部教职员工、与校机关部门和校外单位业务往来中有效沟通与高效履责。

3. 加强组织保障体系建设

学校要加强组织保障体系建设。建立起学校统一的信息资源统筹管理平台，统筹负责教务、科研、人事、财务、资产、学生、图书、后勤等业务管理系统，保证相关信息的一致性。要注重跨平台尤其是跨处室的信息化业务流程衔接，实现学校与各二级单位和教职工在办公网络上的业务联通。要建立校院两级改革绩效考评体系及激励机制，学校层面制定实施学院目标管理考核实施方案，学院层面健全教职工个人考核评价体系，在严格考核的基础上，加强绩效考核结果运用，通过“奖优罚劣”“奖勤罚懒”，激发全体职员的内在积极性与创造性。

同时，要将校机关作风建设、人员职业素质提高与校机关职能转变紧密结合、同步推进，打造一支自身素质过关、能够担责的校机关队伍集体。要简化办事服务环节，明确机关“X 讲 X 不准”，建立外部随机监督机制，全面推动校机关作风转变，更好地服务全校师生员工。

第三节　推进人事制度改革

在高校的各项管理工作中，人事管理工作作为把控总体教研质量的第一道关，起着至关重要的首要促进作用，具有内在的系统复杂逻辑性，可以说是高校各项管理工作的核心。

一、推进人事制度改革的紧迫性和必要性

高校人事制度改革作为高校改革流程体系中的重难点，直接影响着高校未来的可持续健康发展。随着我国改革开放的不断深入和国家正式拉开“双一流”建设的大幕，我国的高等院校将更加广泛深入地参与到世界范围内高等院校间的竞争中。而无论是何种形式的竞争，最终都是对“人才”的竞争，有了人才方能有其他的一切。建立起一个能够吸引人才、培养人才、用好人才、留住人才的有机循环，从根本上增强学校的可持续竞争优势和获取人才资本效益，人事制度可以说是核心制度之一。另一方面，人事分配制度也是调动全校教职员工工作积极性和创造性的牛鼻子，以前适应计划经济体制的人事制度已不能适应当前生产力的发展要求，制约和束缚了人的积极性和主动性，必须通过改革来适应

21世纪生产力发展的要求。

1. 适应国家战略需要

面对新形势的变化，党的十九大报告提出要实施人才强国战略，加快建设人才强国。①就现阶段来说，我国依然处于人口大国而不是人口强国的阶段，仍然面临着把庞大的人口数量转化为优质的人力资本优势的挑战，一方面需要建设一大批高质量的教育机构来加速这一转化，另一方面需要高等院校更高质量地培养出适应新形势的高素质优质人才。随着目前国家深化改革的持续推进，更多的人已经意识到制度的重要性，国家间的竞争说到底其实就是制度的竞争。在高校中，合理制度的重要性不言而喻，好的制度才能吸引到优秀的人才。从这一点来说，高等院校想要做好对人才的选育用留，让更多的人才愿意留下来，就必须建立一套科学合理的人事制度，通过人事制度革新和发展，建立符合新时代人才培养要求的新模式。合理的人事制度改革可以积极高效地吸引人才，让人才和合适的岗位相匹配，尽展其才，发挥出最大作用，让优秀人才为我国各行各业发展培养出卓越的建设者和接班人。

2. 适应社会发展需要

当今时代不断变革，社会也不断进步，我国市场经济持续向好发展的要求也使得社会分工越来越规范化和精细化，中国劳动力市场体系已基本形成，就业结构更加多元化，社会人才体现出高流动性的特点。为适应时代发展趋势，高校人事制度的面向群体不应该局限于为管理、工勤、专业技术人员这些具体划分的人群，而应该扩大范围，面向不同岗位、需求、特点的人群，多方位全面关注人才。在劳动力市场选择方面，既要面对拥有多数高端人才的学术劳动力市场，也要面对非学术劳动力市场，让人才选择机制更加灵活全面。此外，通过与市场接轨，兼具全球化视角，让人才选择面向全国乃至全球市场。高校岗位的需求直接与人才市场相通内合，而不再拘泥于过去的单一内部的人事管理。随着社会分工的细分和进一步具体化，人才流动范围进一步扩大、流动速度进

① 习近平. 决胜全面建成小康社会　夺取新时代中国特色社会主义伟大胜利——在中国共产党第十九次全国代表大会上的报告[N]. 人民日报，2017-10-28（1）.

一步加快，高等院校需要寻求更加高效灵活的用人机制，推行更加积极开放的人事管理体系。

3. 适应高校发展需要

2018 年 2 月 28 日，中国共产党第十九届中央委员会第三次全体会议通过了《中共中央关于深化党和国家机构改革的决定》，决定指出在深化改革中要以国家治理体系和治理能力现代化为导向，同时将推进党和国家机构职能优化协同高效作为改革着力点，为提高效率效能，优化机构设置和职能配置，深化转职能、转方式、转作风。①

为深入实施党和国家的机构改革，进一步推进国家治理体系和治理能力现代化，政府机关、国有企业都在顺应局势潮流加速改革进程。在这样的大环境大背景下，高校急切需要改变目前“铁饭碗”“大锅饭”“干好干坏一个样”的情况，以提高学校管理水平和办学效益为目标，建设起契合党的人才培养要求、匹配市场经济形式的新式人事管理体制，改变高校工作人员只进不出、只上不下的情况，形成可上可下、可进可出的人事管理制度，让工作氛围更加轻松活跃，调动并提高全体教职工人员工作积极性和工作效率，让教职工队伍更具活力和凝聚力，方能紧随时代发展步伐，适应高校自身发展的需要。

二、当前高校人事制度改革面临的主要问题

我国高校的人事制度改革从国家开始实行改革开放后正式拉开序幕，在过往 40 余年的改革摸寻过程中，已经取得了许多突破性的成绩，积累了许多宝贵的经验，但由于受到诸多现实条件和因素的制约，高校的人事制度改革工作还面临着许多问题，主要体现在以下几个方面：

1. 高校管理者观念滞后

我国传统文化和中华人民共和国成立初期国家推行的计划经济体制对各行各业的管理者产生了深远影响，某些管理者存在安于现状、观念

① 中共中央关于深化党和国家机构改革的决定[M]. 北京：人民出版社，2018.

滞后的问题，生怕做出一些大的突破和创新后要承担相应的责任和失败的后果，宁愿维持老办法，只要老办法还能用就不愿做出改变。在高校层面，人事制度的改革牵一发而动全身，是关乎全体教职员工切身利益的核心制度，因此更成为高校各项改革中的重点和难点，这也导致高校管理者对于人事制度改革普遍积极性不高，生怕踩了雷，或者担心人事制度改革影响到学校其他工作的正常开展，因此边等边看。高校人事管理部门的工作理念也基本停留在以事为中心的阶段，没有充分转变为以人为中心的工作理念，对于如何通过人事制度改革调动全体教职员工的积极性、如何改善和优化人力资源生态环境、如何通过改革增强学校吸引人才用好人才留住人才的力度等都缺乏整体思考。

2. 改革方案缺乏针对性、系统性和操作性

高校人事制度改革涉及学校各方面的工作，且对学校的发展有着广泛而深远的影响，因此对改革方案提出了全面、科学、系统并结合学校实际情况的要求，而不是在其他高校人事制度改革方案的基础上随意做些修改就可以套用到自己的学校中。现实情况是，绝大部分高校无论是从事人事管理工作的领导干部还是一般科员，本校改革方案的制定往往都是在自身工作经验的基础上，盲目模仿其他高校的成功改革经验，不仅缺乏与高校相关的人事管理理论知识，也没有对基层单位进行相应的调查研究，主观性较强。设计出的方案未能做到理论和实践的有机结合，难以针对自身高校存在的实际问题提出有针对性的解决措施，因此在实际操作中难以有计划有步骤地推进，对于实施过程中遇到的困难和各类实际问题也难以进行有效解决，大大降低了整个改革方案的实操性。

3. 相关配套制度、措施不完善

高校人事制度改革涉及学校工作的方方面面，要想取得实效，需要其他部门出台相应的配套和保障措施并且进行强有力的施行，才有可能确保人事制度改革方案取得实效而不是流于形式。然而在现实情况中，这些配套措施往往因为各种实际情况难以完全施行，比如由于高等教育

扩招，目前大多数高校都面临着教师队伍的数量与质量严重落后于学生数量的增长和新时代对人才培养提出的新要求的现象，在一定程度上导致高校难以对全体教师建立全员聘任合同管理体系；机关管理人员的量化工作绩效考核实施难度较大，导致机关部门存在忙闲不均、收入相同工作量相差却较大等现象，挫伤部分机关工作人员工作积极性，同时也存在着养懒人的现象，按劳分配、多劳多得、优劳优得的人事分配制度原则无法得到有效落实。

三、深化人事制度改革的思路和措施

目前，我国社会发展进入转型时期，高等教育也进入了发展的关键期。改革的同时伴随着机遇和挑战，高校的人事制度改革也凸显出了不少矛盾，推进高校人事改革需要新的思路和措施。为了满足高校人事制度更长远、精密的需求，新一轮改革需要面临更高的要求、解决好更深层次的问题。

1. 解放思想，更新理念

思想是行动的先导和动力，思想上“差很多”，行动上就会“差更多”，积极的思想可以正确指引行动的方向，为目标的顺利达成打好基础。高校人事制度改革首先要观念先行，解放思想，高校管理者要充分意识到人事制度改革是整个高校各项改革的核心和关键，是建立现代大学制度的重要组成部分，是我国高校实现对世界一流高校赶超的必由之路，也是自身所在高校实现对国内其他一流高校赶超的必由之路。在这一认识基础上，高校管理者必须早日转变因循守旧的思想。人事制度改革需要顺应经济体制改革的潮流，在如今的市场经济体制背景下，计划经济体制下传统的高校人事制度显然已经不能适应时代的发展，应当完成向战略人力资源开发和管理转变的系统工程；高校人事制度改革也应该从面对精英教育的高端院校人事制度转变，更多地面向社会和大众，转变为现代人事制度；过去以政府管制为主的高校人事制度，应当转变为在政府宏观调控下充分发挥高校的自主能动性。唯有如此，才有可能保持自身在越来越激烈的高等教育竞争中占有一定优势。

2. 做好顶层设计，增强改革实效

高校人事制度改革是综合改革的一部分，制度的改革需要遵循社会主义市场经济发展的客观规律，同时高校制度改革更应遵循高等教育发展的客观规律，要进行综合考量，在适应多样化、复杂化的社会需求的基础上，还要特别关注人才培养，在顶层设计和具体实践举措的落实过程中，尊重人才的个性特征、考虑人才的心理特点。高校人事制度改革是综合改革的一部分，综合改革应当重视改革的系统性、综合性和全面性，因此也对高校人事制度改革提出了避免“碎片化”的要求，既要注重包括教学科研组织方式、内部管理体制等在内的配套措施的变革，又要从全局上谋划，与优化内部治理结构、建设现代大学制度相适应。

另外，坚持从实际出发和实事求是的原则是任何一项改革能够取得良好成效的必要条件，高校人事制度改革也不例外。此外，多样性和独特性也是高校制度改革的鲜明特征，由于不同层次、类型和区域分布的高校在内部结构和制度管理中具有各异的特点，因此不同高校在人事制度改革过程中必然有所差异。各高校应该结合实际，找准自身定位，因地制宜，改出特色。在改革的推进过程中，要特别注重可行性、可操作性，充分发挥群众路线的作用，广泛地听取一线教职工的意见和建议，将其融入改革进程，增强改革的实效性。

3. 配套制度同步、同向、同度

随着改革逐渐迈向深水区，我国已经进入社会转型的关键时期，随之而来的是高校人事管理制度变得越来越开放，原有的屏障正在逐步被打破。现如今高校改革日益重视起配套措施的关键作用，特别是社会人事管理新体制等管理体制的同步变革。因此，高校人事制度改革应当刚柔并济，既要建立一系列合理的配套制度，也要重视对教职工的人文关怀和心理疏导，在思想政治工作方面加强引导，在制度保障和群众基础两方面为深化人事制度改革提供支持。

深化人事制度改革，应有几方面的改革作为重点配套：

一是教学科研组织方式的变革，调整优化学校内部治理结构，形成以服务、教学、科研为中心工作的高效运行机制。积极探索矩阵式、共享式、平台式、团队式等多元化的基层教学科研组织形式，在实践中不断发掘与学校内部组织结构相适应的形式，并建立与之相适应的人力资源开发和评价机制。

二是二级单位和个人的分级分类考核制度。以学科专业排名、生源质量、人才培养质量等为关键绩效指标制定考核学院的周期考核管理办法。在个人绩效考核方面，遵循分类管理的原则，着重考察个人的业绩贡献和能力水平，同时还要充分考虑各学院、各学科特点的差异以及不同岗位之间的职责要求，因人而异地制定教师个人考核评价制度。

三是以考核为基础，不断深化薪酬分配制度改革。既要基于岗位职责定下岗位薪酬，又要充分发挥绩效薪酬的激励作用，将在校职工的收入与其工作业绩、实际贡献紧密联系起来，真正形成重实绩、重贡献的分配机制。在注重公平公正原则的基础上，建立以岗定薪、按劳取酬、优劳优酬的薪资分配办法。

四是构建起各类别岗位人员的流转和退出机制。在岗位聘期考核的基础上，充分运用考核结果，实现岗位“能上能下”、待遇“能高能低”，人员“非升即转”或“非升即走”，构建起面向社会的人员退出机制。

第四节　全面推进依法治校

党的十八届四中全会《中共中央关于全面推进依法治国若干重大问题的决定》就全面推进依法治国这一重大问题作出战略部署；党的十九大报告则指出“全面依法治国是中国特色社会主义的本质要求和重要保障”。依法治国涵盖各个领域，具体到学校层面，就是要全面推进依法治校，既要使制度化、规范化和程序化成为学校各项管理工作的要求和特征，也要维护教工、学生等学校各类人员的合法权益，还要将学校的办学置于国家教育机关的充分监督之下。

一、全面推进依法治校的意义和重要性

全面推进依法治国是国家治理的基本方略和基本国策，大学依法治校是推进依法治国的重要举措和重要组成部分，也是教育事业发展不可或缺的重要内容。依法治校是在教育领域的法治实践和法治创新，要充分体现依法治国的目标价值和本质要求。因此，从顶层设计到具体落实依法治校工作，能够对全面实施依法治国战略起到重要的服务、支撑作用，具有十分重大的意义。

1. 高校履行好自身职能的本质要求

人才培养和社会服务是高校需履行的职能，从这个意义上来说，为社会输送合格人才和提供法治教育是高校应当承担的重要责任，同时高校也在构建现代法治教育体系中起着基础性、战略性的作用。实行依法治校，要求高校全面贯彻教育方针，坚持“四个服务”，将完善服务体系作为探索推进依法治校的有效途径，同时也要坚持探索教育与生产劳动、社会实践有机结合的实践路径，使社会主义建设者和接班人在教育过程中养成良好的法律意识和法治思维。此外，高校是各类人才和学术资源的集聚地，可充分发挥好这一优势，加强师生法治教育。一是通过学术研究、实践创新等途径不断更新法律法治理念；二是通过舆论的宣传引导提升师生及社会公众的法治意识和法治素养；三是在学术理念落地的过程中汲取经验和教训，向社会推广治理范式，并建立健全社会法律服务体系，丰富和完善依法维权路径、矛盾化解机制和执法监督体系；四是通过多种方式开展法治教育，从理念层面促进社会各领域依法治理，使高校成为全社会培育良好法治文化的重要枢纽。

2. 高等教育领域深化综合改革的制度保障

社会主义法治国家建设不断推进，深入到全社会各行各业，在高等教育领域，也影响了高校综合改革的发展方式、发展环境、发展理念等。法治化成为高校深化高等教育综合改革中每一个环节的必要元素。深入推进依法治校，有利于理顺教育活动中各主体之间的关系，为教育活动中出现的新问题提供解决方向，还能推动教育行政部门实现从管理到服务的职能转变，办事流程严格依照法律规定，充分体现教育为人民服务

的宗旨；有利于运用法治思维，用法律制度破解综合改革中的瓶颈和障碍、巩固综合改革的成果和成效，用法律手段激发综合改革的活力，促进各部门、各群体积极建言献策；有利于高校各项民主管理制度的完善与创新，通过高校管理与运行的制度化、规范化和程序化，依法保障高校各个利益群体的合法权益。

3. 构建中国特色现代大学制度的内在要求

中国特色现代大学制度的构建应以高等教育的发展规律为基础，牢牢把握“中国特色”和“现代大学制度”的高度统一，建立先进的教育观念，健全高等教育法律，改进高校内部治理结构，优化教育结构布局，完善教育治理体系，提高治理能力，妥善处理大学内外部各种权力关系，不断改革和改善大学与社会的关系，从制度体系层面推进的大学可持续发展。其中包括处理好依法治校与国家立法机关、行政机关和司法机关之间的法律关系，处理好大学自身与教职工、学生之间的关系，处理好大学内部治理结构的优化问题等。其中，处理大学内部和外部的法律关系对于现代大学制度建设起着基础性的作用，建立法治信念、完善规章制度、健全执法监督体系，都应当是依法治校的主要内容。

二、存在的问题

伴随着我国社会法制的不断推进，我国高校依法治校的进程也得到了长足发展。特别是在改革开放以后，高等教育领域的法律法规相继颁布，为高等教育的发展起到了重要的保驾护航作用，从制度层面促进了高校依法治校的建设，如教育部于 2003 年颁布了《教育部关于加强依法治校工作的若干意见》①，又于 2012 年颁布了《全面推进依法治校实施纲要》②。但由于多种历史原因的影响，加之我国高校开展依法治校工作的时间较为有限，高等教育从“精英化”到“大众化”转变的任务重、时间短等原因，高校的依法治校工作严重滞后于人才培养、科学研究等

① 教育部关于加强依法治校工作的若干意见[J]. 中华人民共和国教育部公报，2003（9）：395-399.

② 马焕灵.《全面推进依法治校实施纲要》学习读本[M]. 北京：世界图书出版公司，2014.

工作的进展，主要存在以下几类问题：

1. 大学的“根本大法”——大学章程建立情况堪忧

高等学校章程素来被称为“大学宪法”，用于确保大学的独立地位、规范办学行为、建立健全现代大学制度。当前，高校章程制定工作大体存在以下三方面问题：一是仅有少数高校已经制定了学校章程，绝大部分高校并未对章程制定工作进行相应部署安排；而且在已经制定章程的高校当中，还有一部分为了完成任务而敷衍了事，章程的质量堪忧。二是各高校制定的章程内容千篇一律，你抄我来我抄他，与学校实际情况结合不够，特点和针对性不够突出。三是有些部分完全照搬照抄国家的有关文件内容，实践性和应用性不够强。

2. 高校内部法治体系不健全

长期以来，高校内部实行的是单一的行政管理模式，依法治校工作不管是在客观环境营造上还是主观意识培养上都没有得到学校管理者的足够重视，导致学校依法治校工作的相关规章制度建设严重缺失或者不系统不完整，主要表现在：管理监督体制不完善，缺乏科学、民主、规范的决策机制和决策实施、评估、反馈、追责机制；学校党委常委会或校长办公会在不同程度上替代了教职工代表大会和工会会员代表大会的权力，师生员工参与学校内部管理的作用发挥不足；学校信息公开制度落实不到位，相关信息公开透明度不够，教职工和学生应有的知情权、陈述权等相关权利无法得到有效保障，学校内部矛盾纠纷调解制度缺乏等。

3. 法治宣传教育不足

随着时代的进步，无论普通群众还是高校教职工和学生的民主法治观念均得到普遍提高，法治意识和维权意识已然深入人心。但由于长期以来法治宣传教育的宣传力度不够或覆盖面不广等，很多人对法律的认识仍然存在着许多误区。很多人对法律基础知识的学习有限，对一些法律基本知识点往往只是一知半解，并没有透彻了解，未能养成知法用法守法的良好习惯，具体表现为大学生群体的作弊现象、同时与几家用人单位签订就业协议现象等，以及教职员工在维护自身权益过程中不按规定程序进行，总是想着通过大吵大闹把事情搞大来促进事情解决的现象等。

三、加强和改进对策

1. 落实强化章程在高校工作中的战略领导地位，建立健全学校依法治校制度体系

要坚持章程在学校改革发展，特别是依法治校建设过程中的重要地位，建立并落实章程执行情况定期报告制度、监督制度和审查制度，完善教学、科研、学生、资产、财务、人事、后勤、安全、对外合作等方面的规章制度时以章程为依据，落实章程在高校工作中的战略领导地位，形成规范、系统、健全的学校依法治校规章制度体系。

要坚持"以学生为中心"的办学理念，完善尊重和保护学生权利的相关规章制度，保证学生受到平等、公正对待，避免学生的合法权利受到侵害，同时杜绝教师、学校工作人员对学生实施违法犯罪行为。

要尊重和保障教师权利。为加强现代学校制度建设，应深化教师聘任制度，完善内部管理机制，聘任程序、聘任内容都要依照法律规定，特别要明确学校与教师双方的权利与义务；建立健全教师职务评聘、继续教育、绩效考核等规章制度，尊重保护教师的基本权利；提高教师职业道德规范，明晰教师行为准则，以"四有"好老师标准强化师德建设。

2. 建立健全依法决策、民主管理、各项监督机制，优化学校内部治理结构

要建立健全高校依法决策机制、民主管理机制、纪律检查机制和各项监督机制。要坚持和改进党委领导下的校长负责制，高校党委对学校工作进行统一领导，校长的工作重点在于主持学校行政工作，同时在党的领导下完善学校治理体系，提升学校治理能力，使学校治理不断朝着有序化、规范化和科学化的方向变革，使学校的办学水平和能力得以持

续提升；坚决落实“三重一大”决策制度，在党委统一领导的基础上，有机结合党委领导和校长负责的决策原则，以此发挥领导和管理的互补作用，同时从制度上保证党委全委会、党委常委会、校长办公会依照其议事规则履行职责，学术委员会、教职工代表大会、工会、共青团、学生会、各民主党派、无党派人士各单位组织依照有关规定履行职责、积极参与学校民主管理的过程，纪律检查委员会、监察处等充分发挥其制约和监督权力运行的职责作用，对违纪违法行为“零容忍”，严格落实追责制度，倒逼各主体能够正确行使各项权力。

3. 完善信息公开制度，落实学校工作过程透明、结果公开

落实信息公开制度，坚持“以公开为常态，以不公开为例外”，保障学校内外部人员对学校重大事项的知情权，保证其有途径能够了解重点公开经费使用情况、教学课程设置、教育教学质量、招生就业指标、收费等相关信息，使高校处于广大社会群众的监督之下。

落实办事公开制度，办事过程应当公开透明，公开办事依据、要求、条件和结果，保障利益相关人员知情权，对外及时公布岗位职责、工作规范、监督渠道等内容，通过信息公开帮助师生享受更为便捷、优质和舒心的服务。

4. 健全权利救济和纠纷解决机制，高效化解矛盾纠纷

依法健全校内纠纷解决机制。维护学校成员的合法利益、解决校内矛盾和冲突，一方面需要合理运用法律手段，另一方面还要充分树立法治思维，切实做到有法可依，依法治校。建立健全信访、申诉、调解、仲裁等各种争议解决机制，对于因人事处分、学术评价、教职员工待遇、学籍管理等事件引发的各种纷争，设置相应的解决渠道和解决程序，综合运用上述解决机制，做到依法、妥善处理。通过教师申诉委员会、学生申诉委员会的设立，进一步完善教师和学生的权利救济制度。

5. 健全法律顾问制度，强化依法治校专业法律支持

建立法律顾问遴选制度，完善法律顾问服务架构，拓展法律顾问服务领域，从制度上保障法律顾问能够常态化参与学校教育管理工作。法

律顾问能够为学校提供专业法律支持的领域包括法律咨询、合同审查、校内规章制度制定（修订）以及重大工程、重大项目、大额投资决策事项法律风险评估与合法性审查、可行性论证等各类涉法业务，通过健全法律顾问制度形成事前预防法律风险、事中严格依法办事、事后落实法律责任的法律事务运行机制。

6. 广泛开展法治宣传教育，努力形成学校法治文化氛围

法治宣传教育的开展不仅要深入领导干部群体，还要在教职员工和学生群体中形成广泛影响，使高校从上到下整体形成浓厚的法治文化氛围。法治教育应当成为领导干部任职培训、岗位培训中的重要内容，增强法治观念，切实提高领导干部学法遵法守法用法意识，让领导干部在学校治理过程中善用法治思维推进发展、深化学校制度改革，用法治方式去化解纠纷，营造安全有序的校园环境。将法治教育内容纳入教职员工入职培训和岗位培训等一系列培训活动中，引导教职员工系统学习相关教育法律法规以及校内规章制度，帮助教职员工做到教育教学活动依法实施、学校管理依法参与和自身权益依法维护。要充分发挥课堂教学在法治宣传教育中的主渠道作用，通过开设专门法治课程、开展法治讲座等方式打造具有学校特色的法治宣传教育品牌；开辟高校法治教育网络专栏，利用新媒体技术，丰富法治宣传教育的形式，增强法治宣传教育的影响力，拓宽法治宣传教育的覆盖面；充分挖掘和利用社会资源，开展高校学生学法用法等实践活动，提高学生的法律实践能力。

第五节　大力推进教授治学

随着高等院校综合改革的不断深入推进，建设现代大学制度越来越成为全社会的广泛共识。2010 年国务院办公厅印发《关于开展国家教育体制改革试点的通知》，建立现代大学制度是该通知提出的专项改革试点

十大任务之一。现代大学制度的构架组成包括宏观层面和微观层面，宏观层面指的是学校与外部的关系，例如政府对学校的宏观调控、市场所起到的调节功能，以及社会对大学建设的参与监督；微观层面指的是学校与内部的关系，党委领导、校长负责、民主管理、教授治学组成了学校的内部治理结构。其中，教授治学在现代大学制度建设中发挥着重要作用。①

教授治学的含义十分丰富，从表层含义来说，是指治学科、治学风、治学术和治教学。评价学校办学水平高低的重要指标之一是学校的学科建设水平，从一定意义上来说，学校的生命线就是学术发展水平，学风和教学水平是促使学校持续发展、落实好人才培养根本任务的根本所在，就这几点来说，教授都对此有着不可推卸的责任。就深层含义来说，教授治学强调以教授为主要组成部分的教师积极管理学校学术事务，群策群力，共同行使学术权力，以确保学术研究的健康发展。

实施教授治学的目的在于凸显教师的主体地位，从原本的“行政本位”向“学术本位”转变。但我们也应该清醒认识到，现代大学是一个与外界有密切往来的复杂系统，不仅包括教授承担重要作用的学科、科研、学术和学风，还包括把握办学方向、运行党务政务、提供社会服务、促进国际交流合作、贯彻落实国家政策，等等。因此，在教授治学的实施过程中，不能偏离教授“传道授业解惑”的根本使命，不能盲目扩大教授治学的范围，以免导致教授注意力分散、事务繁忙，不能专心搞学术。

一、推行教授治学的合理性和重要性

教授参与学校管理的传统一直伴随着现代大学的发展历史，欧洲中世纪被称为“西方大学之母”的巴黎大学、柏林大学开创了教授参与学校管理的先河。

就我国来说，教授治学是中国特色现代大学制度的特质，是高校区别于企业、政府运转模式的主要特征。《国家中长期教育改革和发展规划

---

① 国务院办公厅关于开展国家教育体制改革试点的通知[J]. 中华人民共和国国务院公报，2011（2）：4-13.

纲要（2010—2020）》提到“要探索教授治学的有效途径，充分发挥教授在教学、学术研究和学校管理中的作用”[①]，在《统筹推进世界一流大学和一流学科建设总体方案》中也对加强学术组织建设，尤其是增强学术委员会的作用提出了明确要求[②]。

1. 教授治学是学术本位在现代大学中的体现

大学从本质上来说是一个学术组织。从教授治学的基本依据来讲，一所优秀的大学离不开其学术的繁荣，学术的繁荣又和学术逻辑紧密相关。由此提出了教授治学的管理理念，要求教授尽可能地参与学术治理，在规划学术发展方向、协调学术关系、配置学术资源、评价学术成就等方面发挥重要作用。

纵观全世界，高等院校都十分重视教授在办学中的重要作用。教师是大学的主体，教授是教师的重要组成部分，很大程度上代表了高校的学术水平。教授们常年奋战在教学和科研的最前线，对学校以及所授学科有广泛且深刻的认知，对学术知识、学科发展、人才培育有系统的了解。因此，在学术发展、教学研发、人才队伍建设等方面，应该赋予教授们更多权力，共同行使决策权力，这是世界一流大学在长期的实践中得出的共同宝贵经验。

2. 教授治学是构建科学和谐的高校内部治理机制的需要

在我国，高校根本的领导体制是党委领导下的校长负责制，以党委统一领导，党政分工合作、协调运行为特征。在此基础上，高校通过建立“党委领导、校长行政、教授治学、民主管理”的大学内部治理体系，实现政治、行政、学术三大权力的分工与平衡。

教授治学明确界定了学术权力与政治权力、行政权力相区别的权力范畴，确保了在学校内部以教授为代表的教师可以依托教授委员会、学术委员会等教授团体，管理和决策学术事务，以此保证学术权力的有效行使，避免了非专业非学术的其他权力主体参与其中，造成效率低下以

---

① 国家中长期教育改革和发展规划纲要[J].中国高等教育，2010（15）：4-17.

② 国务院关于印发统筹推进世界一流大学和一流学科建设总体方案的通知[J].辽宁省政府公报，2016（4）.

及资源的不合理配置。

3. 教授治学是共享治理的现代学术民主精神的体现

一直以来，高校都被认为是与现实社会相脱离的“象牙塔”，但实际上，现代大学已经融入整个社会体系的运转过程，“社会服务”早就成为高校的职能之一，高校的人才培养输送、科学研究创新、文化传承创造、国际合作交流等工作更是与社会有着息息相关、唇齿相依的关系。高校学术工作同样如此，大学内外诸多要素对高校学术的影响都在不断增强，比如政府、市场对高校学术的需求和通过有关体制机制对高校学术发展产生影响，以及高校内部非教学人员的大规模增加对高校学术发展产生影响等，已经形成了多元主体参与、共同治理学术的模式。

所以，在承认和尊重各方利益及相关权利的基础上，亟待建立健全现代学术的共治体系。教授治学正是为了控制好这些内外部因素对大学学术的影响、消除这些内外部因素对大学学术发展的不利影响而提出和施行的，是具有时代意义的重要管理理念。

二、推行教授治学存在的主要问题

随着高校管理体制的不断深化改革，以教授为代表的师资队伍深度参与学校的管理和决策，彰显出学校民主管理机制的不断完善和对学术独立自由的追求，还为教授治学的推广和深入实施积累了许多宝贵经验。但由于受到各种历史条件和现实因素的制约，高校在推行教授治学的具体过程中仍存在着许多问题。

1. 相关规章制度建设不完善

西方教授治校的思想对我国教授治学的理念产生了深远影响。1904 年清政府颁布《大学堂章程》；1931 年梅贻琦担任清华大学校长期间，教授掌握的大学管理权和决定权达到顶峰。中华人民共和国成立后很长一段时间，教授在高校中的权力和地位不受重视，更不要说对校内有关事务拥有决策权。2000 年东北师范大学成立教授委员会，这是教授治学理念在中国的第一次实践，其后经过十年摸索，2010 年

《国家中长期教育改革和发展规划纲要（2010—2020）》方才正式提出实施教授治学。

迄今为止，与国外相比，我国与教授治学相关的规章制度建设仍然严重不足。美国的《宪法》《合同法》《教授手册》等一系列文件对教授的权利和义务做出详尽规定；德国在《宪法》《高等教育总法》中明确提及学术自由作为教师的基本权利，理应受到保护；日本则在《日本学校教育法》中规范了教授会的权利义务、职权范围和组织形式。而我国《高等教育法》《教师法》等法律法规在原则上许可教授治学，但相关具体的实施细则或办法并未出台，也无从对教授治学进行明确和规范。

2. 行政权力的越位现象严重

当前，我国高等院校多由校长作为学术委员会负责人，而在校长主管学校行政工作的现实背景下，难免会逐渐出现重行政、轻学术，行政权力越位、学术权力缺位的现象。比如，行政工作人员是评聘、考核学术人员的主要负责人，行政权力对学术人员的职业发展起着决定性作用；学术人员在学院学科发展、专业建设等学术事务中仅有建议权，没有决策权，反而由行政人员制定具体方案；“双肩挑”现象严重，很多大牌教授都兼任着重要行政职务，在为我国大学开放型流动型管理干部机制建立做贡献的同时，也出现了为了追求秩序与效率，用行使行政权力的方式来开展学术工作的问题，侵蚀了学术自由和平等，或者利用行政权力为自己谋求更多的学术资源等，导致学术乱象、学术腐败等不良现象的发生。

3. 教授自身参与治学能力不足

推行教授治学的前提和首要条件是教授需要具备一定的能力和素养，能够有效参与到学校学术事务等的管理中来。能力决定实施效果，教授自身的能力和素养在很大程度上决定了教授治学制度的实施效果。一般来说，能成为学校教授委员会或学术委员会成员的教授都有着很强的学术能力，因此，参与治学的能力不足就体现在其他方面。一是管理知识或管理技巧缺乏，无论是高校、现代企业或政府部门等，最终都要通过优良的管理来实现其目标，正所谓“三分靠技术，七分靠管理”。教授管理能力不足，就难以履行好学术管理等方面的事务。二是教授治学的效能难以发挥，许多身兼教学、行政多重任务的教授都将主要精力用于教学和行政事务等，思想上不重视教授治学，实践中草草了事，没有在学术管理工作方面投入足够的热情与精力。三是学术道德素养不够高，不具备参与治学的基本素养。

三、推进教授治学的路径选择

教授治学这一理念在我国提出的时间不长，相关实践经验积累也很少，人们对教授治学的认识还非常有限。尽管欧美高校在教授治校、教授治学等方面已有比较成熟的模式，但毕竟其所包含的大学管理理念、管理模式、社会背景等都与我国有着很大的差异，所以在中国推进教授治学，不能照搬照抄外国高校的经验和做法，必须按照中共中央和国家的有关要求，扎根中国大地，立足大学实际，办中国特色社会主义大学，探索施行有中国特色的教授治学体系。

1. 建立有中国特色的教授治学体系

教授治学这一现代大学管理理念的提出，既顺应时代发展潮流，又立足我国具体国情，也成为我国现代大学制度建设的重要内容之一，是我国现代大学在管理模式、管理思想、管理组织结构上的摸索和创新。它将理论和实践有机结合在一起，既拥有深刻的理论研究意义，又符合当前现实需要。落实教授治学，应着眼全局、提纲挈领，从大学领导管理体制创新入手，理论设计和实践探索双管齐下，形成一套体系严谨、体制完备、内容丰富的中国特色教授治学体系，使教授治学成为适用于我国具体国情和大学现状，并对大学的改革创新和发展发挥深刻影响的管理理念。

2. 建立健全相关规章制度

在我国，教授治学的相关内容在《中华人民共和国宪法》《中华人民共和国教育法》《中华人民共和国高等教育法》等法律法规和有关文件中均有提及，为高校施行教授治学提供了一定的法律和文件基础。但上述法律法规和文件只是对高校施行教授治学进行了原则上的保障，并没有具体到操作层面的相关配套制度出台。所以为了保障教授治学的顺利施行，有必要制定和颁布一系列配套规章制度，从制度上明确和规定教授治学的组织形式、运行方式、职权范围、约束条件和保障措施等，职责明晰，正确划分学术权力和行政权力的边界，规范教授治学的具体实施载体及职能行使要求，比如教授委员会、学术委员会行使咨询、审议、决策等相关职能的程序和范围，明确界定和管理学术不端行为，并通过依法治校来充分保证教授治学的顺利开展。

3. 克服行政化倾向，保障学术权力行使

高校“去行政化”并不是说不需要行政管理，而是要减少高校内部权力行政化对学术权力等其他权力的干预和影响，对教授治学来说就是行政权力绝不可以凌驾于学术权力之上，行政权力绝不可以代替学术权力。

因此，要清楚知晓行政权力和学术权力在高校管理中性质的异同之处，合理划分边界，厘清高校各项事务的属性、管理主体和决策主体，切实保障教授能够行使学术权力，在相关学术事务中拥有决策权，并以学术活动的运行规律、运行模式来管理事务。

4. 提升教授的治学素养

教授作为高校施行教授治学的主体，其个人品德、学术道德、治学能力、管理能力、教学与科研水平等都影响着教授治学制度施行的实际效果。因此，要加强教授队伍能力建设，一要加强教授的参与治学责任感建设。教授作为高校教师群体的代表和学校最高学术水平的代表，对学校的学术发展负有不可推卸的责任，理应承担起学校学术事务的管理和决策等责任，维护好高校学术的发展，这也是对高校落实好人才培养根本任务负起责任。二要加强教授对管理知识的学习和实践。管理水平的高低直接决定着教授治学的实施效果，但学术水平高并不意味着其一定具备相应的管理水平，因此务必要使教授完整全面地理解管理知识，并在实践中加以学习应用，力求不断提高行使学术权力的质量。三要加强学术道德建设。学术道德是学术研究的基础，求真务实是学术研究的起点，德高为师，身正为范，因此教授群体务必要恪守学术道德，克服社会上各种不良风气的影响和“官本位”的驱使，自觉遵守学术规范，严格自律，为教授治学的施行创造良好的学术风气。

第八章 新时代高等教育内涵式发展的文化支撑

高等教育是一个国家发展水平和发展潜力的重要标志。新时代高等教育要推进内涵式发展，就必须有“文化”维度的重要支撑。大学是思想与文化不断批判传承和发展创新的重要阵地，持续以文化人、以文育人，要净化思想、涵养品行、培养同理心、锻炼能力，而不能仅仅对学生进行专业教育。

第一节　大学文化：高等教育发展之魂

文化兴，大学兴。文化建设、文化熏陶对于大学中的人尤为重要，是大学立足之魂。大学文化从广义上讲，是大学及其成员传承和创新的物质文明和精神文明成果的总和，尤其是指精神文明，如哲学、科学、教育、文学和艺术等。从狭义上讲，它是大学成员习得的基本信念模式，它形成于外部适应和内部融合中，因行之有效而成为引导成员们认识、思考和感知大学外部适应和内部融合的方法。[①]大学文化是长久以来形成的一种氛围和传统，在长期教育实践中逐步成形并贯穿始终，体现着大学中人的理想信念、价值取向、群体意识等诸多方面，必须通过文化底蕴的不断丰富来实现大学的自我塑造与超越。

中国的大学要扎根中国大地，在中国特色社会主义文化的土壤中生出中国特色的大学文化。习近平同志在十九大报告中指出，中国特色社会主义文化，源自于中华民族五千多年文明历史所孕育的中华优秀传统文化，熔铸于党领导人民在革命、建设、改革中创造的革命文化和社会主义先进文化，植根于中国特色社会主义伟大实践。其中蕴含着中华民族最深层精神追求的积淀，代表着中华民族独特的精神标识。而大学文化，则是中国特色社会主义文化在高等教育过程中的集中反映，积淀着大学最深层的精神追求和大学独特的精神标识。因此，要促进大学内涵式发展，就必须要坚定大学文化自信，要坚守中华文化立场，不断汲取养分，立足当今时代条件，在高等教育实践中发展创新。

大学文化在高等教育实现内涵式发展的进程中不断提供着精神养分，在始终坚持“立德树人”这一根本任务的过程中发挥重要作用。通过文化的不断滋养，大学能够实现各个层级、各个部门、各个学科专业等在纵向和横向上交织相连，一个个相对独立的单位个体形成有序的整

① 武超群. 大学文化是“双一流”建设的内生动力[N]. 光明日报，2018-09-11（13）.

体，“形散而神不散”。在此过程中，大学文化增强了大学中每个人的认同感、归属感、荣誉感，提升了成员的凝聚力、向心力和创造力，影响他们的精神状态和人生态度。大学文化将抽象的精神转化为具象的实际行动，贯穿于大学发展的使命和职能中，实现有效的价值认同，集中体现于大学文化具有的思想力、集聚力和驱动力，这为高等教育的内涵式发展提供内生动力，也为大学治理提供理念支撑。

一、大学文化的思想力

陶冶教化思想是大学文化的核心作用。具有时代精神、先进理念的大学文化是高等教育生命力、竞争力的重要源泉。要培养担当民族复兴大任的时代新人，首要是以坚定的理想信念筑牢精神之基，厚植爱国荣校情怀，传播科学理性与人文关怀，将大学理念内化于人的价值取向与行为习惯。大学文化具备思想力，它是一双无形的手，无时无刻不引领大学中的人生发理性精神，以真理追求为旨归，以责任担当为道德价值的信仰，成为无论“居庙堂之高”还是“处江湖之远”都能够守持自我，坚定信念之真、内心之善、行为之美[①]的精英。大学文化是大学中的人能够“勤学、修德、明辨、笃实”的重要支持，在教育环境的营造下，师生自觉于志学、自律于修身，弘扬科学精神，弘扬时代新风，在思想层面充分发动师生树立正确的历史观、民族观、国家观、文化观，强化责任意识、规则意识、奉献意识，去影响更多的人，去改善思想力不够充盈的小环境，从而使得大学成为一个迸发理性光辉、涵养先进思想、构筑独立人格的和而不同的共同体。

二、大学文化的集聚力

教育发展的推动者是“人”，作为高等教育得以施受的载体，大学中“人”的力量该如何发挥、如何集聚，始终是不容搁置的重要论题。要看

① 眭依凡，俞婷婕，李鹏虎. 大学文化思想研究——基于改革开放三十多年大学文化发展的线路[J]. 北京大学教育评论，2016，14（1）.

待大学文化在这里发挥的作用，首先要看学生中求真理、悟道理、明事理的求知问学氛围是否不含糊，看教师中同心立德、潜心教书、热心育人的传道授业理念是否很牢固。大学文化是深层的牵引，最基础的教与学能够恪守根本秩序，那么一所大学的师生就能够拥有最共性的认知。在此前提下，师生便易于自然而然地接受大学文化形成的氛围，并浸润其中逐步产生“同频共振”，心往一处想，劲往一处使。大学文化具有集聚力，是对大学师生的感染、感召，是在不断的浸润下使得师生对学校的过去、现在和展望的未来、提出的目标达成共识，是对大学崇真、向善、求美、务实的追求生发出毋庸置疑的赞同接受，是发自内心地对学校产生强烈情感认同和共鸣，由此，方能将其内化为人与学校自觉、主动的紧密联系。

三、大学文化的驱动力

一所大学，如果没有能够充分彰显其自身特色和理念的文化，那么它就只可能亦步亦趋，没有发展活力，无法激发热情。大学文化提振思想、集聚人心，更重要的是它能够激发师生巨大的潜在能量，学科建设、探索真理、科研创造都需要文化的孕育和孵化[①]，大学创新人才的培养和创新成果的产生也都离不开大学文化的滋养和熏陶；此外，优秀的大学文化还将广为辐射，振奋大学精神，带动更系统、更先进的文化构建。也就是说，优秀的大学文化氛围能够充分释放内生动力，有力推动大学各项工作的全方位系统化升级，带动高等教育的创新创造能力加速提升，而此时大学文化的驱动作用就不仅仅体现于学校本身，而是随着大学中的人不断扩大影响，更进一步地成为优化社会文化体系建设的助推力量，这也为大学文化建设创造了良好的外部环境，从而形成良性互动、协同跨越的生动局面。

---

① 田联进．“双一流”建设进程中的大学文化空间塑造[J]．教育与教学研究，2016（11）．

第二节　大学文化的底蕴深厚

大学文化在中华文明的大地上生根发芽，依存于中华文明的土壤，依存于高等教育发展过程中沉淀的精神力量。大学文化的存在状态最基本的依凭就是初始的根底是否牢固，所谓“厚积薄发”，只有底蕴深厚，方有持续发展的保证。

大学文化有底气、有底蕴，就是因为它能够在中华优秀传统文化、革命文化、社会主义核心价值观中寻见支撑点。作为高等教育内涵式发展中不可或缺的重要内容，大学文化本身就是向内审视的，它徜徉在中华民族文化的共性特征里，凝聚适合自身发展的要素，观照大学本身，形成具有个性的大学文化。个性的形成要有深厚的共性基础，这种深厚是五千年来的层层累积和代代传承，这是中华民族的智慧，因此，将这样的基础作为大学文化的支点，是扎实稳妥又富含足够养分的。

一、中华优秀传统文化是大学文化的基因

经先秦诸子百家、两汉经学、魏晋玄学、隋唐佛学、宋明理学等的发展，博大精深的中华优秀传统文化绵延至今，是中华民族在修齐治平、尊时守位、知常达变等过程中逐渐形成的独特标识，是中华民族站稳脚跟的根基，更是持续发展的力量源泉。中华文化丰富多彩，作为世界文化史的一个高峰，中华传统文化是那个时代里理性主义和人文精神最浓的文化，它反对神而提倡以人为中心[①]，其基本思想体现在多个方面，如崇仁爱、重民本、守诚信、讲辩证、尚和合、求大同等，大学文化只有以中华文化为依托和根基才能生存，才能繁荣进步。

大学文化基于中华优秀传统文化的沃土，在近现代救亡图存、民族振兴、事业建设的发展史上，生发出了与之相适应的内涵与特质，愈发彰显出历久弥新的文化精神，它的作用才得以更大程度地体现，因为我们能够看到它对大学中人的改造与影响。如清华大学“自强不息、厚德

① 张岱年，程宜山.中国文化精神[M]. 北京：北京大学出版社，2015（3）：186.

载物”，北京大学的“思想自由、兼容并包”，西南联大的“刚毅坚卓”，浙江大学的“求是创新”，中山大学的“博学、审问、慎思、明辨、笃行”等，我们从中能够体悟到，一所高等学府在漫漫历史长河中，锤炼、凝聚了怎样的精神状态和文化特质。当大学将这样的文化特质固化为自己的校训、精神、传统，这些经过几千年流传的经典字句就不仅仅是一组词语、一组音节，而是鼓舞学子于内澄清自我、于外扬鞭奋进的精神力量。

二、革命文化是大学文化的血脉

一寸山河一寸血，一抔热土一抔魂。革命文化是在革命、建设、改革中创造的伟大文化，是在曾经的烽火岁月中淬炼而成的精神血脉，革命斗争年代所形成的“井冈山精神”“长征精神”“延安精神”“西柏坡精神”，以及遍及全国各个角落的各具地方特色的红色文化、先进集体与英雄人物等。习近平总书记曾指出，革命文化教育既要注重知识灌输，又要加强情感培育，使红色基因渗进血液，浸入心扉。中国大地的大学，培育的是社会主义的建设者和接班人，要不忘革命传统，牢记使命初心，从红色革命文化中获取力量，让同心奋斗、不畏艰难的精神在大学文化品格中得以凸显。

三、社会主义核心价值观是大学文化的科学内涵

文化的建设要与社会主义先进文化同向而行，其中社会主义核心价值观是我国大学文化的科学内涵，是大学文化软实力提升的重点，是决定大学文化性质、方向的最深层次要素。大学要做好文化建设，从根本上说取决于核心价值观体现出的生命力、凝聚力和感召力，必须要将其渗透贯穿于全过程。

如今的文化交融愈发纷繁复杂，外部因素对大学中的年轻人造成极大冲击。因此大学的文化建设必须以社会主义核心价值观为引领，夯实培育践行社会主义核心价值观的根基，把以“富强、民主、文明、和谐，自由、平等、公正、法治，爱国、敬业、诚信、友善”为基本内容的社

会主义核心价值观融入各个方面，将其转化为情感认同和行为习惯，汇聚力量，振奋人心，同时加强爱国主义、社会主义教育，发挥先进典型的精神引领作用，引领学校的价值追求、行为导向和治学治校理念，促进教育形式多样化、教育内容生活化，引导青年学生坚定信仰、锤炼品格，在“有自信、尊道德、讲奉献、重实干、求进取”等方面，有新风貌、新姿态、新作为[①]。

第三节　大学文化“润物细无声”

大学不能只教人可用的知识技能，更要让学生全方位浸润在无处不在的文化氛围里，潜移默化地提升精神层面的品质修养，造就拥有完整人格的独立的人。

一、大学文化坚定理想信念

我们要构建具有时代精神、风格鲜明的中国特色大学文化，以中国梦引领校园文化建设，就是要把中国梦融入理想信念教育中，引导广大学生把实现伟大中国梦的满腔热情转化为刻苦学习、报效祖国的实际行动；要把中国梦融入实践教育中，引导师生深入西部、深入农村、深入一线，深化对中国梦内涵的理解和把握；要把中国梦融入校园生活之中，注重思想观念的引领，注重行为规范的约束，注重日常生活的养成，培育中国特色社会主义大学精神；要把中国梦融入榜样教育中，通过培育选树先进典型，感召广大师生在实现梦想的征程中成长成才、建功立业；为师生搭建筑梦、圆梦的舞台，为老师教书育人、学生成长成才营造良好的环境，全面推动高等教育内涵式发展，为实现中华民族伟大复兴的中国梦贡献力量。

① 习近平新时代中国特色社会主义思想三十讲[M]. 北京：学习出版社，2018：197.

二、大学文化涵养家国情怀

赤诚、浓郁的家国情怀，一直以来是中国大学培养人的重要精神依归和人生追求，从司马迁“常思奋不顾身，而殉国家之急”，到顾炎武“天下兴亡，匹夫有责”；从钱学森“我是中国人，我可以放弃这里的一切，但不能放弃祖国”，到黄大年“只要祖国需要，我必全力以赴”，无不是家国情怀的生动表达。[①]大力弘扬爱国奋斗精神，把爱国情感和报国行动统一起来，在做好本职工作的点滴行动中书写爱国情怀。从中国优秀知识分子的爱国奋斗故事和感人事迹中，读懂典型的精神，感受榜样的力量，指引自己前进的方向。多一些对国家、对民族、对社会的大爱，既要从中华优秀传统文化中充分汲取爱国报国基因，增强民族自豪感和自信心，还要自觉在爱国主义教育和伟大实践中，积极涵养深厚的家国情怀，增强爱国意识和爱国情感，做对国家有为、对社会有用、对人民有益的人。

三、大学文化振奋进取担当

任何目标的达成都离不开筚路蓝缕的艰苦奋斗。实干才能梦想成真，奋斗的人生才是幸福的人生。作为将全程参与和见证百年中国梦最终实现的幸运群体，当代知识分子生逢其时、责任重大，要有敢于担当的高尚品行，在大事难事面前勇挑重担、敢于负责，在急事危事面前挺身而出、率先垂范，在名利地位面前淡然处之、不计得失。有功成不必在我的大境界，一张蓝图绘到底，不搞急功近利的形象工程。要时刻保持进取精神，以改革者的豪情积极投身改革，努力走在科技攻关、教书育人、产业升级、业态创新最前列；有甘于奉献精神，从大处着眼，小处着手，脚踏实地，不图虚名，用无怨无悔的坚守和付出书写人生华章；有只争朝夕的劲头，做到困难面前不低头、挫折面前不气馁，奋发向上、顽强拼搏，直面挑战、矢志不渝，努力创造出无愧于这个伟大时代的业绩。

① 徐杰. 知识分子要走在时代前列[N]. 学习时报，2018-08-29.

第四节　大学文化的建设

文化如无传承则会停滞断代，如无创新则必定落后于时代。大学文化是凝练的结果，大学文化建设就是不断地传承与创新。随着时代的发展，文化也要不断更新，不断加入更为丰富的内涵。

一、大学文化建设面临的问题

在大学这一特殊的坐标里，文化的建设发展面临诸多问题和挑战。有人说大学是象牙塔，自成一体，充满理想化的理念和学思，文化自然生发，枝繁叶茂。事实上，大学是真正迈入社会前的预演，是从单一进入多元的充分过渡，在大学校园中，我们已经能够感受到这环境多元、学生个体多元、思想多元，因此存在其中的大学文化就会面临很多不可避免的冲击和矛盾。

1. 不认同传统文化，易接受外来文化

如今的大学校园，学生多是“千禧年”之后出生的“00 后”，自小接触到的文化就是多元而繁杂的，面对日新月异的变化，新事物、外来事物很容易获得他们更多的关注。对于传统文化，有的学生觉得是“老古董”，认为其早已过时，不合时宜；有的则觉得那是课本中的先祖留下的“遗产”，显得遥不可及。最明显的表现就是节日，当下的青年人对于一些传统节日的内涵兴致不高，而一些外来节日却显得格外新鲜也格外受欢迎，过节气氛热烈，又“洋气”又有谈资。面临外来文化的冲击，学生们却对自身文化不了解，或是没有了解的动力，就更不用说文化自信了，他们缺少对于自身文化的内在认同和肯定。不过，如今出现了很多以品牌为载体、以文化为语言的“国潮”，媒体上也能看到很多传统文化的元素受到追捧，这些自然少不了青年学生的支持，因此如何能够恰当地重申中华优秀传统文化的重要性，这是大学文化建设中需要思考的重要方面。

2. 网络内容难分辨，三观建构存隐患

网络是信息传播的集散地，网络世界鱼龙混杂，这对当今校园中离不开网络的青年学生来说是非常大的挑战。网络环境错综复杂，其中有值得学习借鉴的内容，也有思想偏激极端的言论。作为网络的原住民，学生们也常常对网上纷繁的碎片式“轰炸”应接不暇。青年学生正处在世界观、人生观、价值观形成的关键时期，若没有足够的分辨能力，将极容易脱离主流文化的轨道，甚至自我怀疑，产生迷惘心理，导致信仰危机。如何能正确辨别去伪存真，如何能取其精华去其糟粕，如何能有自身定力不被轻易动摇，这是大学文化建设中的重要一环。

3. 活动意图功利化，活动内容娱乐化

大学文化活动丰富多样，花式宣传热闹非常，而通过举办文化活动提升文化素养，促进校园文化建设的初衷却不易达到。有的活动举办是完成任务，有的学生去参与是因为能获得奖励。虽然举办活动本身要投入精力，但重形式轻内涵的情况并不少，大力气常用在新的宣传包装，深究内容却常无新意。学生对有“热搜”知名度的人往往有更多兴趣，娱乐性综艺性活动一票难求，有些学术型活动门可罗雀或者抬头率不高的现象也并不罕见。这些也为大学文化建设提出了又一难题。

4. 常用新瓶装旧酒，只借概念不换芯

创新往往不是一件容易的事，大学文化创新也应基于既有文化成果，充分结合当下文化发展新内涵新要求。虽说“他山之石，可以攻玉”，借鉴学习是创新之初的必经之路，但很多情况下，我们很容易借鉴外壳，却忽略了其实质是否能够与学校发展特质匹配。事实上，一所大学中的人，只有对自己的文化有足够的体悟和认知，才能够准确分辨哪些适合自己，或是能够分辨出那些概念新奇却表里不一的新词新句。

二、优化大学文化建设路径

1. 大力培育文化氛围，构建大学文化体系

大学文化的建设要成体系、成系统，才能够更好地推进，更好地发挥其育人作用。大学文化建设涵盖物质文化建设、制度文化建设、精神文化建设等诸多方面。物质文化如楼宇设计与命名、人文景观的规划，专题活动的策划举办等；制度文化如大学章程的发布、规章制度的建立与完善、教学科研相关体制机制的设立等；精神文化如爱国荣校、尊崇科学、人文情怀、道德规范等，这是最重要最本质的部分。当然，大学的文化建设是一项久久为功的工程，要使大学中的一切成体系、成系统，相互映衬，和谐地共同“发声”，是需要很长一段时间的，并非能一蹴而就。因此要统筹谋划，首先做好文化体系建设的顶层设计，系统推进物质文化、制度文化、精神文化与校园建设、学校事业发展交融共生，有既定目标，有实施方案；其次要加强阐释，调动全校师生积极性，共同为学校的文化特质做注解，共同营造良好的氛围。

2. 充分利用文化载体，推动大学文化入心

大学的校训、校风、学风、精神等，都是一所大学精神文化的高度凝练，这些常常被镌刻或者书写在校园最显著的位置，提醒青年学子时刻以此为言行的准绳，谨记在心，不容忘却。大学的校史也是文化的生动教材。校史是对大学发展进程的记录，无数过去的岁月都在校史的卷轴上展开。几经周折、筚路蓝缕，曾经的前辈如何在艰苦的日子里废寝忘食、笔耕不辍，如何在温饱都无法保证的年代苦心孤诣、创造辉煌。深入推进校史研究，就是要让当代青年学子尽可能全面地了解学校的发展轨迹、老学长们的光荣事迹，能够从中切实体会到一以贯之的传统，并升华为精神层面的动力。因此要充分利用线上线下校史馆，并依托图书、话剧、歌曲、微电影等优秀文化作品的出版、演出或录制，发挥好校史文化育人的作用。再如常见的大学楼宇和人文景观等文化场景也是体现大学文化的重要载体，结合大学文化，统筹楼宇与景观的设计、命名也是非常重要的文化建设方式，且这些都是学生每天能够看见的建筑

实物，是文化浸润的重要途径。

文化载体是一种外在形式，有具体而生动的形态，但形式的美观多样只是用以包装的“椟”，最为要紧的是它所承载的大学文化内容，也就是装在其中的“珠”。我们在建设大学文化的过程中，就要做好规划，将它们充分利用起来，有分工有合作，打造处处是文化、处处有精彩的大学，让一草一木都成为大学文化的“大使”，共同讲述好大学故事。

3. 合理做好文化引导，加强大学文化宣传

大学的文化建设要重视引导，坚持正确的舆论导向，利用网络平台、传统媒体和新媒体等多种渠道，疏通关键环节；对于大学内部自有的宣传平台，如学校报纸、微信公众号、微博公众号、视频公众号等，则更要强化内容生产责任和审核把关责任，提高舆论引导的传播力、影响力、公信力。

首先要加强对中华优秀传统文化、革命文化、社会主义先进文化的宣传，尤其要将社会主义核心价值观这一价值的根本遵循贯穿其中，体现民族的精、气、神，让主流文化价值成为一面旗帜；其次要加强宣传大学自身形成的文化特质，使其进一步内化为大学师生的自觉意识，得以不断巩固和发扬，彰显大学的精、气、神。

4. 审慎传承与开放创新

要审慎甄别先进理念和落后思想，秉持科学的态度和精神，认真审视既有文化内容的实质。新时代会萌发出新的活力、新的因子，大学也有新的使命和新的实践，大学文化需要在实践过程中总结，及时去除不合时宜的成分，同时敞开包容开放的胸怀，把具有生命力、适宜大学向好发展的优秀文化吸纳进来，融合创新。自我内涵不断丰富的大学文化还能够充分发挥“智库”功能，在创新自身文化的同时丰富社会文明内涵，为民族文化的创新贡献大学智慧。[①]

① 汪明义. 论大学的文化本质[J]. 高等教育研究，2015（9）.

第五节　坚定大学文化自信

文化的自信是对文化价值体系的认同与尊崇。大学文化是大学在长期发展过程中不断内生演化形成的，唯有真正认同大学文化的内涵与价值，不断弘扬、繁荣、继承、发展大学文化，才能够推动大学进步，夯实发展根基，提振师生士气，保持前行定力。

一、大学文化彰显人文精神

大学文化建立在对中华文化蕴含的中国精神、中国智慧、中国理念、中国价值的整体性理解与把握之上，深入人心的中华优秀传统文化、革命文化、社会主义先进文化为大学文化提供充足的养分，也给大学文化的发展提供了充足的底气和信心。大学文化以人为本，彰显深刻的人文精神，包含着丰富的理念和智慧，这些具有极鲜明中国特色的理念和智慧，与大学中的人密不可分，他们以“开放包容、兼收并蓄”的姿态，构建起文化发展“多元一体”的格局，在比较和交流中凸显特色，在多样化的文化生态中生成新的特色。①

二、大学文化积淀“软实力”

高等教育要实现内涵式发展不能只在硬件设施建设上投入，更多的要在文化层面深化其实质，丰富其内涵，坚定大学文化自信，才能为高等教育发展提供源源不断的力量。我们说大学文化自信的力量更基本、更深沉、更持久，就是因为文化是将事业发展的根基作为着眼点发挥作用，让根基扎得深扎得稳，这是其他一切发展的基础和前提条件，是一个无形而又持久的优化过程。只要文化业已形成，就能够持续发力，潜移默化地影响着方方面面。文化自信是最根本的自信，只有对大学文化价值充满自信，才能有坚持坚守的定力、奋起奋发的勇气、创新创造的活力，才能让文化真正成为大学发展要素中具备能量的“软实力”。

① 蔡武. 从三个方面理解把握文化自信[N]. 学习时报，2018-09-05.

三、大学文化支撑大学治理

“人无精神则不立”，大学也要有精神的支撑，才能站得住、站得牢。文化与实在有形的物品不同，我们直观看不见文化到底做了什么，却能够通过大学中每个人的精神面貌、大学各个方面层出不穷的成果知道大学文化扮演了怎样重要的角色，知道文化自信发挥了怎样重要的作用。大学文化构成了多层次文化之网，具有广泛凝聚师生校友精神力量的治理效能，多角度影响大学的治理和发展。正是由于这种文化的存在，大学组织发展和组织转型才有了不可缺少的理论支撑和观念引导。大学治理体系与治理能力现代化，要在改革发展中除旧布新、与时俱进，需要大学文化完成从传统向现代的转化和扬弃的过程，[①]要在强化大学制度文化的硬治理和精神文化的软治理的基础上，形成生态型协同治理模式，将文化价值观与大学权力运作有机耦合，推进大学内部治理能力现代化建设。因此，进一步坚定文化自信，夯实文化根基，能够为大学治理体系和治理能力现代化提供强大的精神文化支撑。

① 施晓光．文化重塑：大学治理能力现代化之锥[J]．探索与争鸣，2015（07）：54-56.

第九章 人工智能时代高等教育的发展展望

随着当今时代下的科学技术发展和社会进步，作为新兴科技的典型代表，人工智能正逐渐改变原有的产业形态，在企业生产和管理中扮演更多角色，社会需求的人才格局和人才结构将随之产生变革。人工智能的蓬勃发展也让社会节奏和人类生活方式发生巨大变化。对教育来说，一方面，人工智能带动下的教育理念、育人过程和教学方式亟待重塑；另一方面，人工智能的发展对高科技人才需求十分迫切，这也是高等教育发展需要解决的问题，高等教育应对即将到来的人工智能时代做出有效应对。

第一节　人工智能的基本内涵

一、人工智能的概念

人工智能（Artificial Intelligence，AI），是研究、开发用于模拟、延伸和拓展人的智能的理论、方法、技术及应用系统的一门新的技术科学。人工智能是计算机科学的一个分支，它企图了解智能的实质，并产生出一种新的能以人类智能相似的方式做出反应的智能机器[①]。学者们对于人工智能的认定并不统一，传统认定下的人工智能发展思路是机器对人的学习与模仿，主要通过程序植入让机器按照人类的思维方式来指导实际行动；但随着人工智能技术的不断发展和科学家的大胆设想，现代人工智能概念认为，人工智能的研究着力点在于让机器来解决人类大脑面临并能够解决处理的各类问题。但是，和人类一样考虑问题未必是人工智能机器解决问题的必需办法。

随着人工智能技术的发展，结合当前人工智能的研究前沿及实际应用，人工智能逐渐被定义为可以模拟人类思维、意识、行动等行为模式，并可以帮助人们提高效率、高质量地完成一些高危复杂的工作，同时具有一定的学习和推理能力的技术。

二、人工智能的变化及特点

1. 人工智能的能力演进

判断人工智能的能力主要通过考量人工智能机器在工作中所表现出的类人行为方式，以及能达到的智能工作的效果。我们通常提到的人工智能的能力包括判断、推理、识别、通信、设计、验证等。结合现有人工智能技术的具体应用，可以得出人工智能主要有感知、学习、记忆、

① 徐贵宝. 人工智能技术体系架构探讨[J]. 电信网技术，2016（12）：1-6.

归纳、行动五个方面的功能。本书主要介绍人工智能发展带来的感知与学习能力的变化。

（1）从被动执行到主动感知。

从被动执行到主动感知是人工智能发展最具标志性的变化，也是学者们对于人工智能发展达成的普遍共识。人工智能的发展可以划分为计算智能、感知智能、认知智能和人类智能四个阶段，目前正处于从感知逐渐走向认知的过程。如：人工智能手机等产品的兴起已经让我们可以很清楚地看到，人工智能已经从被动执行走向主动感知。这包括两个方面：第一，人工智能当前可以在视觉、听觉、触觉等方面像人和动物一样同自然界进行信息交互，从而完成沟通并得到工作指令。经过数据和算法支撑的感知有时比人类更加敏锐，如激光雷达、微波雷达、视觉识别系统、无人驾驶技术，等等。第二，人工智能在科技进步基础上，逐步拥有理解和思考的能力。如：人工智能可以有效识别人类的语音和书写，将接收到的各类方言和各种字体的文字经过处理，甄别出标准化信息，并就此做出下一步行动的决策。比如，京东的人工智能客服可以通过客户交流的文字识别和判断客户的情绪，并做出相应处理，这也是所说的从感知走向认知的过程。在未来，拥有认知智能的人工智能将根据当前所处环境，进行独立的判断、思考和决策，而这也将对推动教育的发展起到重要作用，我们将在下一部分中对这个问题进行具体阐述。

（2）由简单的机器学习演变为深度学习。

人工智能的机器学习背后实际上是由各种算法组成的。人工智能的机器学习根本在于特征的提取，即通过特征提取使其获得感知能力，从而帮助计算机学习类似人的行为方式，最终演变成像人一样思考问题。特征提取是机器学习中非常复杂的一个环节，主要采取人工的方式将有效的特征集合起来帮助机器提取特征。而深度学习也是机器学习的一个部分，它可以自动将简单的特征进行组合，从中提取更加复杂的特征，并据此解决问题。

2. 人工智能的特点

结合人工智能的发展现状以及未来人工智能的发展趋势，可以总结人工智能发展的几个特点：一是人工智能的发展过程是从依托机器代码逻辑计算到让机器实现“能看会认”，最后到让机器实现“能想会做”的过程。让机器实现深度学习是实现这一过程的最关键步骤。二是人工智能发展的基础是计算能力呈指数量级的大规模提升和互联网、大数据背景下所拥有的海量数据来源。这些均为人工智能有能力进行深度学习提供了条件。三是从单一追求机器的智能化发展到实现高水平的人机、脑机相互协同配合的智能化发展。四是从关注个体智能发展到以大数据和物联网、互联网等技术为基础的，多人融合的群体性集成性智能。五是从人类模拟的智能化机器人个体，走向构建全方位、宽领域的智能自主系统，如智能工厂、智能仓储、智能无人机系统等。

简而言之，人工智能时代下，人的社会生活将通过更多智能终端和传感器的应用得到极大便利，随之产生的海量数据，又为智能终端提供良好学习资源，使之变得越来越“聪明”。人与智能终端的交流共同方式也将更加自然和人性化，可以为客户提供更多“贴心”服务；各行各业将逐渐变得“服务化”，集成式服务创新以及集成化设备打造将成为诸多厂商发展的重要路径；同时，大数据和智能化的时代下，资源也将进一步实现开放共享，并在共享中逐步走向创新。

三、人工智能的应用领域

2019 年的政府工作报告中，首次提出了“智能+”的概念。而在此之前，“人工智能”这个概念已经连续三年出现在工作报告中，目前已经成为高等教育学科发展及学科交叉融合的重要领域。同时，人工智能的相关技术也被广泛应用于各行各业，当前包括计算机、金融贸易、工业及建筑业、医疗、运输及通信、娱乐、诊断鉴定、科学探索、法律、服务等行业，从方方面面服务着地方社会经济发展。

1. 信息技术产业

人工智能在计算机中的应用十分广泛。把人工智技术应用到提升计算机网络安全领域，通过建立反垃圾邮件、防火墙和入侵检测可有效地管理计算机网络安全。再如，人工智能具有学习性以及特有的推理、协作能力和对信息的筛选以及模糊处理能力，因此对于计算机网络上各种信息，可以不通过某个特定的模型和算法即可通过人工智能进行模糊分析。如：根据用户的偏好不同，设置不同的用户界面；或通过大数据分析用户流量偏好，可以有效提高计算机网络的利用程度，提升计算机方面使用的灵活性。这些都是人工智能带给计算机发展的诸多益处。

2. 金融业

人工智能可以从多个角度应用于金融业。针对客户群体，人工智能可应用于信贷、保险、人工智能聊天等多项业务，对客户的信贷评级、保险的理赔判定和保险定价测算，以及通过聊天获得客户信息，继而进行简单的业务查询甚至为客户提供理财等方面的建议。它不同于传统模式下推行的单一标准化服务，而是根据不同用户的偏好帮助批量的用户实现个性化的服务，很大程度上提高银行的服务质量。针对企业运营者，人工智能可以通过计算机记录的金融业交易记录、客户信息、市场分析等大量数据进行深度学习，为提高资本优化效率、评估市场行为及走向、监管行业风险等方面创造良好条件。如：人工智能可以为各类交易内容量身定制时间安排表，同时根据后台实际数据流量、交易进度等进行动态预测，不断优化调整时间安排。再如：针对银行等服务窗口，可以通过利用生物特征识别技术更加准确地识别用户的身份和行为，发现可疑人员或 VIP 客户时，提前做好相应的工作预案。通过人工智能技术监测对交易进行批量监控，从中判断出需要重点关注的可疑交易，从而甄别出洗钱与恐怖融资行为。此外，人工智能还可以通过记录宏观经济指标及金融指标，判断当前国民经济形式、通货膨胀及物价变化情况、居民消费模式等，从而增强经济预测，并匹配相关的财政政策和货币政策，等等。

3. 建筑业

建筑行业从设计到施工、安全监测，再到后期运营，需要大量的人力物力，加之建筑施工规模较大，作业现场环境复杂，牵涉人员众多等特征，使得人工智能技术应用于建筑行业的领域十分广泛且潜力巨大，同时也为创造经济效益、提升行业安全性做出了巨大贡献。人工智能技术在建筑行业的应用包括：（1）控制成本，降低超支的可能性。根据项目规模和施工标准等数据设计项目完成的时间表，科学计算耗材数额和施工费用，科学合理做好分工，提升工作效率，等等。（2）优化建筑设计。兼顾好建筑、工程、机械等项目团队的活动顺序，对可能出现的冲突进行合理预期，并及时生成可供备选的方案。（3）增强施工安全。依托机器人减少建筑工人在施工过程中的高危行为；利用智能技术扫描施工现场排查安全隐患；开展装配化的施工方式，如进行建筑物外墙拼装。（4）便利后期运营维护。以信息化手段存储建筑结构信息，便于为建筑后期可能出现的运营问题提供解决方案，以及为后续施工提供参考性建议。

4. 工　业

人工智能技术在工业生产中应用广泛，就目前来说主要包括：（1）在设计方面，人工智能可以通过设计仿真，帮助优化产品各类运行参数。如：依托 AI 技术对汽车、汽轮机进行设计与仿真，降低产品在测试阶段的损耗，缩短产品设计的时间成本。（2）对机器设备以及生产线的监测和优化。通过数字化排产，帮助合理安排和配置人员，提升员工工作效率；通过改造流水线，优化流水线的协同作业，并使之满足不同品牌商品的个性化设计；快速响应生产需求变化，快速调和产能溢缺，提高生产效率、设备利用率和场地利用率，减少能耗和成本。（3）生产质量监控。控制生产指标，对产品生产算法进行优化，提升产品成品率和性能；依托人工智能机器的视觉实现更精细化的质量检测。（4）对产品进行预防性维护。应用数字孪生技术，借助机器运行中的传感数据和仿真手段来反映产品当前的性能状态、工作条件等，建立健康评估模型，预知可能发生的故障，提升工作效率，降低维护成本。（5）故障排查。例如，在城市公路隧道建设出现故障异常时，人员排除具体异常情况相对比较危险，因此常常用到故障树分析法，即在故障发生时先通过智能监控系统分析，依次排除火灾感应器、风机、车道灯等设备异常，再将各部分连接成完整的故障树，及时监测故障出现位置和具体异常情形，有效预警和解决故障。

5. 游戏娱乐业

人工智能在游戏中的应用也是多种多样的，同时更注重带给人们视觉上的体验感。如：（1）人工智能可以帮助游戏开发人员在短时间内创造出适合的游戏。(2)可以根据玩家的个人喜好设定更具个性化的体验，帮助用户自行设置游戏规则，选择不同的游戏场景，佩带不同的武器和控件，等等。(3)在资源和参与人员有限的情况下，构建一个与玩家较为匹配的智能 NPC 作为挑战性对手，增加游戏的趣味性。同时可以让 NPC 自己学习进化出不同游戏行为，让玩家难以预测，增加游戏的刺激性。(4)动作类游戏的设计。如：以势函数实现游戏人物的移动，帮助实现追逐、闪躲、集队以及避免相互碰撞等行为。

第二节　人工智能与高等教育之间的发展关系

根据清华大学人工智能评估报告显示①，人工智能对高等教育的影响是最大的，人工智能发展同高等教育发展是相辅相成、互相依托的关系。一方面，人工智能时代发展日益需要高、精、尖人才，需要高等教育在人才、学科、科研和技术创新方面给予强有力的支撑；另一方面，人工智能时代来临，也催生和推动着高等教育的变化发展，不仅改变高等教育的培养目标、培养模式，同时也将改变高等教育的育人结构。

一、人工智能发展对高等教育的迫切需求

1. 人工智能对高等教育学科发展的需求

人工智能是在多种学科相互交叉、相互渗透基础上发展而来的新兴学科。数学类、语言类、计算机工程技术类学科是目前人工智能发展的重要学科基础。随着人工智能逐步进入社会，在社会中承担各类角色，根据前文中谈到的人工智能应用领域可以发现，人工智能对经济学、心理学、法律、哲学等学科方面也有了新的需求。

2018 年 4 月，教育部印发《高等学校人工智能创新行动计划》。

---

① 清华大学. 中国人工智能发展报告（2018-2019）[R]. 清华大学-中国工程院知识智能联合研究中心联合发布.

文中明确表示要支持高校在计算机科学与技术学科设置人工智能学科方向，完善人工智能的学科体系，推动人工智能领域一级学科建设；形成“人工智能+X”复合专业培养新模式，到2020年建设100个“人工智能+X”复合特色专业，建立50家人工智能学院、研究院或交叉研究中心。①

2. 人工智能对高等教育人才培养的需求

当前人工智能处在蓬勃发展的时代。2017年腾讯研究院发布的一组数据中显示，全球人工智能人才约30万人。其中大约2/3为产业人才，就职于世界各地AI公司和科技巨头中；剩余1/3为学术及储备人才，分布在全球367所高校中。在人工智能专业人才需求方面，2017年AI人才需求量是2016年的2倍以上、2015年的5倍以上，人才需求年复合增长率超200%，但仍存在100万以上的人才缺口，短时间内很难填补。②

2018年，对全球Linkeln简历的统计调查表明，全世界大约有2.2万名AI从业人员具有博士学位，其中有近50%的人才定居美国；有5400位AI专家，美国占据总人数的3/5。除此之外，AI高水平人才还广泛分布于英国、加拿大、德国、法国等地区，欧洲正逐步成为AI人才的竞争地点。

进入2019年，全球Linkeln简历统计显示，全世界具有博士学历的高水平AI从业人才从2.2万名增长至3.65万名，增长幅度达到66%。其中定居美国的人才仍然有一半之多。③

相比于美洲、欧洲等地区，中国人工智能产业发展仍在不断攀升，人才的井喷时代却远没有到来。随着国内阿里巴巴、百度、腾讯等企业逐步向“人工智能的全球领导者”发展，以及国家和各地方政府的大力支持，未来几年甚至十几年内，中国在人工智能研究方面的人才供给服务仍需下大力气提升。

① 教育部. 高等学校人工智能创新行动计划[R]. 2018-04.
② 腾讯研究院. 2017全球人工智能人才白皮书[R]. 2017-10.
③ Grace Kiser, Yoan Mantha. 2019全球AI人才报告[R]. https://jfgagne.ai/talent-2019/.

二、当前人工智能对高等教育的供给

1. 人工智能对教师职能的替代

人工智能可以通过技术的施行，替代教师从事部分教育活动。目前，人工智能可以通过自然语言处理和机器学习，有效地替代教师执行常规业务，主要包括提交作业、识别校核练习效果、审核考试结果等方面。如：高校开发智能阅卷系统、作文错误自动识别修改系统、日常口语纠正和口语考试评级等语言类教育应用。

进入 21 世纪以来，人工智能更多地用于学术云端数据分享以及智库建设。大众熟知较为典型的人工智能知识系统库包括百度百科、维基百科等。上述知识系统库收集了百万的词条，并通过互联网免费开放。百度和维基等搜索引擎，已成为各个阶段教育者获得教育教学资料的重要渠道。通过搜索引擎，用户使用与学习专题相关的多媒体资源功能得到了极大的拓展。高校学生通过高校图书馆网络电子资源库， 获得前沿学术论文和教学资料，如高校 MOOCO 系统和 CNKI 等。当前，通过人工智能方式进行信息检索，也成为人工智能时代下，受教育者的基本信息素养。这也是人工智能时代在改善高等教育的重要体现。

2. 人工智能对高等教育教学模式的改变

（1）借助商用软件和数据分析软件帮助学习研究。

简单的商用处理软件如 Office 系统软件等，已经逐渐成为教师教学和学生完成学业的重要工具。Excel 可以通过对数据的统计描述、分析等进行较为简单的分析挖掘。这些工具可以帮助教师在教学管理活动中收集学生的数据，便于更加客观地呈现教师教学行为以及学生的学习表现。学生在进行学习的过程中，可以通过 Excel、Spss、Matlab 等数据软件，对研究方向进行数据分析，以便提取信息，更好地用于学习研究。

（2）开发教育游戏帮助学习研究。

在教育教学领域开发智能游戏，建立一个引人入胜的游戏环境，充分调动受教育者，也是游戏者主动运用知识的意愿，帮助玩家通过游戏工具和所学知识主动解决游戏问题。在参与游戏的过程中，受教育者在对游戏虚拟空间的考察以及游戏闯关过程中，不仅专业知识可以得到巩固和强化，逻辑思维、注意力、毅力和耐力也将得到极大的锻炼。目前高等教育学科领域涉及的教育游戏较少，主要原因在于学科专业程度较高，游戏开发者结合专业知识较少，目前高等教育学科领域相关的教育游戏主要集中在语言训练和计算机程序方面。

第三节　国内外高校人工智能教育现状

人工智能时代催生国内外高校积极采取行动为人工智能学科发展提供智力和科技平台支撑。国内外高校大力布局人工智能学科建设，对人工智能学科的重视程度也日益显现。国内和国际对人工智能时代发展的教育应对主要包括建立相关学科支撑，开发学科研究，培养人工智能人才。本节也将从以下几个方面，总结和对比国内外高校在人工智能方面的教育现状。

一、国外高校人工智能学科发展情况

1. 国外高校人工智能人才投入情况

国际上人工智能人才主要投入到高校当中开展教育和科研工作，并集中于美国、印度、中国、德国、英国等国家，高校也更加日益成为人工智能人才投入的主战场。中国人工智能投入水平在国际上处于第二层次。国外人工智能人才投入前列的高校有：韦洛尔大学（Vellore Institute of Technology）526 人，美国卡内基梅隆大学（Carnegie Mellon University）523 人，美国麻省理工学院（Massachusetts Institute of Technology）、斯坦福大学（Stanford University）、佐治亚理工大学（Georgia Institute of Technology）、帝国理工大学（Imperial College London）也均在人工智能人才投入方面榜上有名。

2. 国外高校开展人工智能教育的主要特征

据不完全统计，2018 年全球开设人工智能研究方向的高等院校已经超过 360 所，其中包含中国的 30 余所。国外高校人工智能教育主要集中于模式识别、机器学习、数据挖掘、智能算法四个方向。在四个方向领域当中，研究人数领域最多的为机器学习。

案例：

1962 年，斯坦福大学成立了人工智能实验室，将机器人教育作为实验室的主要研究领域。2014 年年末，该实验室对外发布了“人工智能 100 年研究计划”（The One Hundred Year Study on Artificial Intelligence），简称 AI100，旨在研究懂得感知、学习和思考的机器到底会怎样影响到人类的生活、工作和沟通。

美国旧金山湾区加州大学伯克利分校成立了机器人和智能机器实验室、自动化科学和工程实验室，开展机器人功能研究。前者主要从事机器人的动物行为模仿研究，后者研究领域更为广泛，如：将机器人应用于医疗手术，以及将机器人应用于自动化制造领域，等等。

当前，全世界在人工智能方面的研究主要集中在人工智能开发的基础层面。国外高校在人工智能教育研究领域的教育基础主要集中于对理科的人才培养。人工智能的学习对理科和计算机领域的要求较高。且在人才培养过程中，多通过硕士、博士阶段的学习具体探索人工智能领域，高等教育当前更加侧重于技术开发领域的高精尖人才培养。

3. 国外高校人工智能领域的教育资源获取

国外高校的教育资源平台十分广阔，最主要的就是形成了“高校+企业”联合开发的人才培养模式。上述培养模式，为高校带来了丰富的研究经济基础，研究成果也更加具有应用价值，很大程度上促进了美国等发达国家企业的技术发展，为产学研的融合带来了无限可能。

案例：

2017 年，谷歌旗下公司 DeepMind 团队研制的人工智能机器人 AlphaGo Zero 以 3:0 战绩，战胜世界围棋冠军柯洁，轰动全球。这或许是具备“深度学习”功能的人工智能机器人走入大众视角的最具影响力的事件。AlphaGo Zero 的研发团队除了人工智能公司 DeepMind 之外，还包括了来自全球知名高校，从事人工智能深度学习领域研究的资深专家学者们。该团队专家大部分来自英国牛津大学，而牛津大学在人工智能教育研究方面并没有专门的人工智能实验室，他们正是通过和企业的联合开发，在人工智能的深度学习领域有非常丰富的教育资源和非常强的科研能力。

同样，耶路撒冷希伯来大学也采用校企合作、产学研融合的办法，与世界上第一家技术转让公司，也是世界上顶尖的科技转移公司——Yissum 展开密切合作，将希伯来大学研究人员和学生研发的技术发明以及专业能力进行市场推广与营销。

二、国内高校人工智能学科发展情况

1. 国内高校人工智能人才投入情况

从当前国际环境来看，国内高校人工智能人才投入的整体情况十分可观。当前中国人工智能人才投入比重排名世界第二，累积包含 18 232 人，179 349 名人工智能人才投入于高校，占据人才总量的 81.3%。在高校人工智能人才投入排名中，中国已然形成了高强度的人才投入高等教育。

高校院所人才投入量统计中，清华大学人工智能人才投入量为 822 人，位及世界第一。其次为上海交通大学，人数为 590 人，在全球表现十分突出。[①]从区域整体分布情况来说，人工智能人才分布多集中于我国东部地区、东南沿海地区高校。

2. 国内高校开展人工智能教育的主要特征

自 2004 年，北京大学获教育部发文批准，开设了首个“智能科学与技术”本科专业以来，人工智能领域的高等教育受到越来越多高校的关

① 清华大学. 中国人工智能发展报告（2018-2019）[R]. 由清华大学和中国工程院知识智能联合研究中心联合发布.

注。2019 年，国内有 180 所本科大学申请开设人工智能专业，并在 2020 年首次启动招生。

人工智能专业在我国起步较晚，因此教学比较分散，多设置于各高校现有学科体系下，散落在学校同计算机、电子信息、自动化等相关领域的学科中。

基于这一实际情况，国务院于 2017 年发布《新一代人工智能发展规划》，明确指出在试点院校建立人工智能学院。在研究生教育方面，要“增加人工智能相关学科方向的博士、硕士招生名额。鼓励高校在原有基础上拓宽人工智能专业教育内容，形成‘人工智能+X’复合专业培养新模式，重视人工智能与数学、计算机科学、物理学、生物学、心理学、社会学、法学等学科专业教育的交叉融合”。①

中国人工智能学会发布的《“智能科学与技术”一级学科论证报告》建议，在“智能科学与技术”的一级学科下面，进一步设立“脑认知”“机器感知与模式识别”“自然语言处理与理解”“知识工程”“机器人与智能系统”五大二级学科，开设“脑认知机理、神经网络、计算认知、人工智能导论、机器人学、机器伦理学”等专业基础课程，以及“认知物理学、记忆与推理、自然语言处理与理解、不确定性人工智能、机器翻译、情感机器人、智能机器人、图像认知、机器学习、数据挖掘、知识图谱”等其他专业课程。②

案例：

北京大学信息科学技术学院设立新型硕士培养项目“AI 创新硕士”，北大人工智能创新中心主任雷鸣等多名上市公司创始人、顶级 VC 合伙人以及国际顶级企业 AI 研究院院长共同参与，制订培养计划，培养人工智能领域顶级的学术—产业—创新复合型人才。

西安电子科技大学成立人工智能学院，以打造人工智能领域高端人才培养基地、创新成果研发中心和高层次团队育人平台为目标，设置智

① 国务院. 新一代人工智能发展规划[Z]. 2017-07-08.

② 中国人工智能学会.“智能科学与技术”一级学科论证报告（简本）[EB/OL].（2017-07-01）http://www.caai.cn/index.php?s=/Hhttp://www.caai.cn/index.php?s=/Home/Article/detail/id/324.html.

能科学与技术本科专业，并构建了本硕博一体化人才培养体系。联合建立智能感知与计算国际联合研究中心、国家智能信息处理创新引智基地、“信息感知技术”国家 2011 协同创新中心等科学实验平台，开展人工智能领域前沿技术研究。

第四节　人工智能时代的高等教育发展前瞻

人工智能时代下，智能科技方兴未艾，人工智能将更多走入社会和生活，扮演各类角色。未来人工智能时代和高等教育的结合将更加紧密，这体现在人工智能时代对高等教育的供给和需求之间的双向变化。

一方面，高等教育作为前沿科技的主要实践战场，未来人工智能时代将通过技术在高等教育过程中的引入，进一步改变高等教育的培养目标、教学模式和教育方法，进一步催化大学的形态、教师的角色随之发生相应改变。另一方面，高校作为培养科技领域创新型人才的摇篮和攀登科研高峰的重要力量，也为人工智能领域的人才培养，以及推动人工智能同各学科交叉融合，产出重大原创性科技成果提供了重要的支撑。因此，人工智能时代下的人才需求，将进一步改变高等教育的人才培养方向，并为高校各类科研平台建立起到导向作用。此外，人工智能时代发展，将进一步改变社会生活方式，人工智能将更多扮演社会发展中的各类劳动角色，进一步改变当前社会的劳动力格局，这将为高校以及职业类学校的人才培养，甚至高等教育的学校结构带来新的机遇和挑战。

一、人工智能时代高校的形态和职能展望

本部分将依据人工智能的特征，构想未来人工智能时代下高等教育的培养形态变化。

1.“大学”形态的变化

根据人工智能发展趋势可以看到，未来人工智能在数据和信息收集的过程中将扮演重要的角色，“大学”校园的开放程度也将随着全球化发展和人工智能发展而逐步提高，最终“大学”将发生形态的变化。

大学形态的变化主要体现在智能学习中心的构建。当前的高校在管理体制机制上相对封闭，学校有自己独立的教育教学体系。随着人工智能时代的来临，知识在学科之间的交互性、学校之间的联系和资源共享将逐步增强，大学很可能不再以独立的形态存在，而更多的是学习共同体的出现，通过提供弹性化和个性化的学习实践场所，最终大学将进一步演变成资源共享化、教育教学现代化、数字化的场所。

从校园开放程度来看，未来学生进行选课和知识获取，将进一步打破大学之间的界限，实现多场所学习。学生在教学和培养计划的基础上，自主选择优质资源，达到受教育的目的。因此，大学的形态也将逐渐开放成为互联的学习中心。

从功能区域划分来说，未来大学将因为学生多元化的学习方式而改变单一的授课教学，以讲授为主要功能的教室将会逐步减少，取而代之的是更多可以网络学习智能电教室和以借阅讨论为目的的研讨室用于同学们自主获得学习资源和合作探究就学问题。教室将仅仅用于优势学科的前沿热点发布，教授的精彩讲座，以及学生共性培养问题的解读、学生集体活动的举办，等等。大学将更多提供短训班、实验基地、开放的学习中心、创客空间等具有高度的多样化场所。

从校园管理来说，个性化的学习体系将进一步实现学习的弹性化，学生可以在智能督导的考核下，根据自己的需要安排学习时间。因为人工教学的减少，寒暑假和双休日的概念将会进一步弱化，学校的设施和校舍将会得到最大程度的利用，整个教育教学的资源将会进一步集约化和人性化。

2. 高校发展的结构性变化

（1）高职类教育将率先面临巨大挑战。

不少学者在研究人工智能过程中均提到了人工智能在劳动力替代方

面的突出作用。人工智能系统的使用将在很大程度上减少劳动力的数量和工作量。这种革命性变革，就像工业革命以来，流水线生产在对工人的替代和工作效率提升上所发挥的重要作用。而未来，这种变革将覆盖到社会生产生活的方方面面。人工智能自主学习的特征也将在劳动中减少劳动失误，改进劳动分工，提升劳动生产率。

这种变革下，以职业技术工人培养为人才培养目标的高职类院校将面临学生就业压力困难，人才培养同社会需求接轨能力不足的问题凸显。大量劳动力的就业困难问题，将逼迫高职类院校改变人才培养目标。当前我国大力提倡实体经济产业发展，“用工荒”也在加大国家和社会对于高职类院校学生培养的需求，但是从长远来看，随着人工智能的成本降低，高职类学校将不得不思考和重构育人的定位。未来人工智能社会将亟需一批掌握人工智能领域知识和技术，能够熟练操作各类智能机器终端，了解所从事行业领域，能够尽快进入工作角色的新型职业技术人才。

（2）人工智能将极大程度促进高等教育资源整合。

人工智能通过教育教学的资源共享，将促使学生自发在培养计划的指导下，寻求优质的教育资源。因此，未来的非职业类高等教育将逐步形成精英教育。大学将不再成为所有老师的保护伞，教师的教育教学水平将成为学生选择学习资源的重要依据。这样的形势将迫使各高校进一步发展自己的优势学科，成为国内甚至世界“一流”行列，并将此作为高校的立身之本，而高校之间将通过优势互补和优势强化两种方式提升自身的竞争力。这也和国家当前所倡导的高等教育双一流建设不谋而合。

二、人工智能时代高等教育人才培养模式展望

高校通过建立教育教学资源，在此基础上采用适当的教育模式、教育方法，对大学生进行培养教育。同时学生通过教育反馈和评价不断丰富和改进高校的育人模式，从而形成教育培养的闭环，完成高校育人过程。人工智能时代高校教育培养模式展望也将从教育资源、教育模式、教育反馈三个层面进行分析。

1. 高校教育资源变化展望

教育资源也称为“教育经济条件”，是指教育过程所占用、使用和消耗的人力、物力和财力资源。[①]人工智能对于人机融合、感知识别、数据网络资源整合的能力应用也将进一步丰富高等教育资源。

（1）广泛的教学资源推送。

在人工智能环境下，教学资源的可收集利用率将进一步扩大，每个受教育者将拥有海量的教育资源。人工智能可以通过大数据的挖掘和处理技术，将教育资源经过筛选和甄别，以信息推送的形式更加全面、有效地传递到受教育者处，使教育者接收的教育信息更加全面、透彻，有利于帮助受教育者进行更广泛的学习和信息甄别。

（2）多样的教学服务平台。

人工智能可以凭借深度学习，对教学知识点的归纳和演绎，进一步整合梳理教学资源和教育数据，在互联网模式下为高校提供丰富的教育资源和教学服务，经过系统开发形成多样的教学服务平台。首先，人工智能可以建立电子教材系统、网络课程系统，通过云端发布和共享资源，管理受教育者的下载行为，保存学生传送的学习记录，支持个人对于资源的管理和定制分类，如对慕课课程的管理和有效运用等。其次，人工智能还可以建立学生的作业与考试系统、线上交流社区、学习档案等，有效支持课后作业的发布、评阅和展示，为学习过程和学习结果提供评价，解除地域限制，帮助线上学习的同学形成虚拟学习交流共同体。此外，利用人工智能技术，可以通过学生在平台上的学习和操作轨迹，清晰地分析了解学生的学习情况和学习特点。而高校教师和学生较高的学习素养也将为教学服务平台的设计、应用和推广提供更多实现可能。

（3）智能的教育助理。

人工智能可以通过技术的施行，替代教师从事部分教育活动。当前阅卷系统、作文自动修改等系统的开发与应用都属于智能教育助理的早期形态。在未来，智能教育助理将进一步通过丰富人工智能的认知能力

① 刘经纬. 我国部属高校国库资金与教育资源配置效率研究[D]. 北京：对外经济贸易大学，2016.

和行为能力，参与到受教育者的学习活动中来。比如智能教育助理产品可以成为受教育者的学习伙伴，在高校我们常用翻转课堂等教育形式帮助学生提升课程的参与感，那么智能教育助理就可以在完成教师布置的集体性任务过程中起到启发、辅助和跟踪的作用；此外，受教育者可以通过和学习伙伴的探讨强化知识点。可以看出，智能教育助理不仅可以提升教学互动，还可以有效帮助教师完成课前教学的引导工作，提升学生的组织、写作和交往能力。另一方面，高等教育作为学生步入社会前最后的集中教育环节，在学生实践能力的培养中扮演着重要的角色。智能教育助理还可以通过程序的键入，为受教育者创造各类模拟实践和实验场所，并有效指导学生开展实践活动，极大丰富了学生的课余学习实践安排。随着人工智能技术的进步，教育助理的智能性和功能开发也将进一步拓宽。

2. 高校教育模式变化展望

高校教育模式主要指高等教育在一定社会条件下形成的具体样式。人工智能时代下，随着对人工智能在感知、记忆、行为能力方面的应用提升，人工智能的教育资源供给发生了极大变化。据此，人工智能将更加人性化地应用于高等教育的开发，高校教育模式也将随之发生变化，最终形成以“学”为主，学、教、管相结合的闭合教育管理模式，主要包括三个特征。

（1）学——个性化自主学习与混合式合作学习的有机融合。

在未来，人工智能的发展使得技术能够支持受教育者利用学习资源自行选择学习内容、学习方法并进行学习展示和考核。人工智能时代下的高等教育也将凭借大学更加智能化、人性化的特征，让受教育者自行生成个性化的重要方式。也可以说，未来高等教育中，学将代替“教”成为教育的主要开展方式，以满足学生更多个性化的需求和专业性人才培养的目标，在这个过程中学生的自我效能感也将进一步提升。

① 个性化自主学习。

现阶段高等教育对学生的学习要求主要通过让学生完成各学科、专业制定的培养计划来实现。培养计划能够帮助大部分学生掌握专业知识，但是在发掘学生专业特长和因材施教方面作用较为欠缺，在这个过程中学生被动地接受教育资源的提供，自我效能感难以激发。人工智能在教育方面的开发则能很好地解决上述问题，提升学生接受教育和学习的主动性。

首先，在学习内容方面，学生可以通过庞大的教育资源和教育服务平台，在学校要求制定的教学要求基础上进行自主的学习设计，如自由选择教材、自由选择接受度强的教师和课程完成教学任务。

其次，在学习管理方面，学生可以自主进行时间安排，确定学习进度，反复进行知识点强化和训练，自己制定学习目标，并进行学习检测和自查。

最后，在学习发展方面，学生可以通过前一阶段的学习，专业的发展方向和兴趣领域进行自主探究，寻找适合自己的发展和迁移方向，或者加深在某一专业领域的深度学习，以确定长远的学习规划甚至是对未来的职业发展规划。

② 混合式合作学习。

通过前文的描述，我们可以发现，人工智能在极大提高受教育者的自我效能感的同时，也更加考验我们合理利用学习工具的能力。这就是本部分要提到的混合式学习，也可以称之为合作学习。高等教育的学习和科学研究本身就需要借助计算机和先进的科研设备，通过操作和实践获取知识仍然是受教育者接受教育，并尝试科技探索与创新的重要途径。因此在自主学习的同时，受教育者仍然需要通过组建科研团队、依托人机合作等方式完成集体学习，以便实现专业领域上的突破。

此外，机器设备的合理运用也将进一步提升学习的效率，因此如何让机器帮助人们更好地思考学习内容、提升学习效率也是考验学生学习效果的重要部分。因此，未来的学习是个性化的自主学习和混合式的合作学习有机融合、密切配合的过程。

（2）教——个性化指导下的教学与服务。

人工智能指导下，未来高校培养方式中，对“教”的定义将发生极大变化。

在基础教学方面，现代高等教育中，虽然尽可能通过选课等方式调动学生学习的自主性，但是教学和学习过程仍然以教师为主导展开。在未来人工智能时代下，随着个性化学习的广泛运用和教学资源的极大丰富，人工智能的记忆、归纳、演绎能力决定了在教育教学中，教师可以从重复性的基础教学工作中解放出来，被人工智能的学习助理取代。教师将不再扮演控制教学和学习过程的角色，取而代之的是教师通过人工智能系统指导学生开展个性化学习，并为教学提供服务，鼓励学生个性化、自主化发展，逐步生成个性化学习路径。如：在学生接受教育教学前，先对学生的学习特征和能力进行分析，接着对学习内容和学习活动安排进行智能排序，根据受教育者的偏好和发展需求给出学习路径建议，并通过教学服务平台等人工智能系统推送给受教育者。

但是，人工智能并不能完全取代教师的教育角色。在资源可以极大共享的人工智能时代，决定高校教育质量好坏的关键除了资源创建和开发的能力，还包括以下几个方面。一是教师对指导学生如何应用人工智能资源开展学习，并对所学内容进行方法论层面的指导。在未来，机器可以替代人进行更多基础知识的学习。这个行为并不难理解，比如在古代商业发展过程中，我们通过纸质记账和珠算的方法完成数据计算和账目记录工作，而现在我们可以快速通过计算机完成各类金额的数据处理，不占用物理空间的情况下完成长久的账目保存。未来的高等教育中，机器帮我们分析和处理的内容将更加丰富，而教学的关键在于如何更好地掌握知识的学习方法，即对方法论的了解，同时教会受教育者更好地利用人工智能的学习工具实现个性化的学习和发展。

二是组织学生展开知识点的探讨。未来的人工智能能否顺利完成对新知识的自主性关联学习我们不得而知，我们假定人工智能的发展必须要建立在人类已获得知识的基础之上（此处不讨论人工智能智慧凌驾于人类之上的争议情况），但教师可以凭借专业所学和科研进展，指导学生通过团队讨论和科研，提出新的观点或进行科技创新。这也是未来高等教育中，教师扮演的最重要角色之一，也是教师得以生存和发展的重中之重。

三是以立德树人为目标的学生素养的提升。习近平总书记指出，高校的立身之本在于立德树人。学生世界观、人生观和价值观的形成对于学生的成长成才具有重要意义。人工智能可以通过教育资源对学生进行学习引导，但是人工智能与人的最大不同在于，它缺乏人类的情感传递功能。虽然未来人工智能在感知和认知人类情感方面将得到长足改善，但是人工智能毕竟不能达到人与人之间的情感交互和传递效果，因此在学生三观培养和人文素养教育方面，教师的教育教学仍然需要占据主导地位。人的成长与发展并不只是简单的科技和智力发展，更包含了人类文化的传承、价值观的梳理和素养的提升，这也是人区别于机器的最本质要素。

因此，在人工智能时代下，高等教育的“教”既包括了即依人工智能机器开展的教育活动，也包括了教师的育人活动，二者相互促进，形成高等教育新的人才培养模式。

（3）管——教学管理信息化的智能模式。

教学管理是运用管理科学和教学论的原理与方法，充分发挥计划、组织、协调、控制等管理职能，对教学过程各要素加以统筹，使之有序运行，提高效能的过程。[①]教学管理涉及教学计划管理、教学组织管理、教学质量管理等基本环节，对提升高校人才培养质量起到重要的支撑。

人工智能时代下，教学管理的思路将更多地由经验主导转化为数据主导，通过教育管理的信息化手段，科学记录教育与学习的行为以寻找其中的关联性，并进一步通过多样的教育评价方式反映和刻画高校的教学情况，形成教—学—评—管四个部分的闭环，进一步实现高等教育因材施教、专业成才的育人思路。由于教学管理和教学评价相辅相成，具体的教学管理信息化应用方式将在下一小节结合教学评价进行分析。

3. 高等教育的评价与管理模式变化

人工智能时代下，通过大数据的收集和管理，以及感知系统的运用变成以数据为支撑的信息化教育管理模式，将改变以经验为主导的定性评价方法，显得更为科学可靠。同时，人工智能拥有的数据处理量大、样本容量丰富等特征，也能进一步提升教育管理的精细化水平，同时促使教育评价更加科学、客观、精准。

---

① 陆雄文. 管理学大辞典[M]. 上海：上海辞书出版社，2013：428-429.

传统的课堂教学管理中，教师对于教学课堂控制和教学评价主要取决于学生的反馈，判断学生反馈的标准主要取决于学生的课堂反应和教学考核结果。但这往往带来两个必然的局限性。其一，教师在授课过程中兼顾的课堂管理工作十分有限。尤其是公共课堂的授课多采用大班教学的方式，教师很难判断每个学生的课堂接受情况，难以全面摸排学生迟到、早退、旷课等行为。其二，教学考核的客观性也存在一定问题，教学考核标准和考核内容也未必能够完整地评价教师的教学效果。这两点是目前传统教育教学管理面临的重要问题，人工智能时代的来临也应当致力解决上述问题，提供更为专业的教学管理方式。其一便是探索建立学习内容与学习行为关联的智能教学干预系统。其二是依托大数据构成的数据教学管理系统。

（1）学习内容与学习行为关联的智能教学干预。

当前的人工智能已经可以对人的面部表情进行基础的感知识别，该技术可以为教学管理提供广阔的应用空间，通过对面部表情的识别和感知判断受教育者的学习内容和学习情绪，做出适当的教学干预。

人工智能系统首先要建立足够庞大的资源库，对面部信息特征、声音、表情、语音语调进行采集识别，并同受教育者进行匹配。在受教育者通过人工智能系统接受教育的时候，对其面部特征、学习情绪、动作和语音语调变化识别进行解析，进而识别受教育者的身份信息、学习态度、情绪波动等，并据此记录受教育者的学习轨迹，及时针对性调整教育教学内容，辨别受教育者的学习能力。

（2）依托大数据构成的数据教学评价和教学治理。

人工智能系统通过对受教育者完整的学习路径记录，并依托算法对学生知识学习测评、互通讨论表现、课后作业完成情况等进行数据化处理，有利于对受教育者的表现进行综合判断。这不仅可以客观展现受教育者的知识点掌握情况，更好地把握学习细节，还可以通过学习轨迹的记录，以大数据系统里的众多受教育者学习轨迹记录进行比照，对受教育者单科学习情况进行有效判断。也可以通过对学生在各学科学习轨迹的比较，发现受教育者专业偏好，并给出合理的学习评价。同时可以根据受教育者不同阶段的学习轨迹，判断学习变化情况。此外，还可以根据不同受教育者的综合反馈，了解各阶段教学评价数据，进行教学治理。因此，如何开发有效的算法，将学生的行为表现进行科学的数据化处理，将成为人工智能在高等教育开发中的重点区域。

三、人工智能时代对高等教育的人才需求展望

上一小节主要分析了人工智能时代下高等教育培养模式的变化，这种变化主要是指人工智能时代对高等教育环境的塑造、教育条件的供给，并以此为基础对未来高等教育培养模式进行展望。本节内容主要分析人工智能时代对高等教育人才培养的新需求，是对人工智能时代高校服务和支撑人工智能发展和科技创新的探索与展望。为满足人工智能的长足发展，高等教育的人才培养将主要从三个方面发力。

1. 人工智能开发的高端人才队伍

当前，人工智能能否得以应用的关键在于人工智能在关键技术和算法上是否可以产生重大突破。因此，只有坚持打造人工智能开发的高端人才队伍，才能将人工智能技术更好应用于社会生活。高等教育在推进人工智能高端人才队伍的开发上有着义不容辞的责任。当前，我国高校正在加强人工智能方面的教育和培养工作，从科学研究和人才培养两方面支撑未来人工智能发展。

（1）加强人工智能的通识教育，在高等教育中形成人工智能时代氛围。

高校应当继续加强人工智能领域的通识教育，加强学生对人工智能的认知，鼓励学生结合专业探索和人工智能的可结合性。其次，高校应当积极开发平台，鼓励学生将专业领域和人工智能结合进行尝试，如通过一系列科技竞赛或创新创业比赛，鼓励跨学科领域团队在形成人工智能产业项目方面积极探索创新。积极探索人工智能和校园学术、生活之间的联系点，在学生中形成教育氛围。

（2）改变人才培养模式，加强学科交叉融合。

人工智能的产生与应用是多学科交叉的成果，因此在多学科交叉的环境下，单一的知识储备对于人工智能人才的培养是远远不够的。以技

术驱动为目标改变人才培养模式，让学生在多学科交叉的环境下接受教育显得十分必要。

一方面，高校可以通过对学科体系的优化布局，结合专业优势寻找学科交叉点，面向国际学术热点前沿、国家“互联网+”、创新型国家建设、网络强国、军民融合发展等重大战略需求和社会、经济、文化、供给侧结构性改革的战略目标，以及地方区域创新发展需求建立交叉学科下的人才培养环境。如高校可以通过开发“交叉学位”，建立“人工智能+新工科”“高校专业特色+人工智能”等的复合式人才培养体系，将信息领域同医学、人文学科相结合进行人工智能的生物特征和情感特征开发研究等。另一方面，高校需要在人才培养过程中着眼于对学生新知识、新技术方面的适应力培养，以应对人工智能时代下新技术层出不穷的时代特征。此外，高校应结合专业优势，探索人工智能人才的深度培养。开发本硕博联通式培养，结合未来人工智能时代学生个性化教育的特征，在学制要求基础上给予学生自主安排教育进度的权力，鼓励学生在本科教育阶段参与人工智能领域的专业项目的研发，提前进入研究角色。

（3）着眼于建立重大的科技创新基地。

人工智能产业发展方兴未艾，社会人工智能产业拓展和科技突破方面的急迫需求，为高校科研方向开启了新的大门。高校应当依托专业特色，围绕人工智能主题着手建立重大科技创新基地，鼓励科技研发。

（4）加强人工智能领域的产学研一体化建设，拓宽人工智能研发领域。

高校要继续坚持产学合作协同育人的人才培养理念，在人工智能领域积极推动产学研一体化建设。高校应积极同人工智能企业合作筹建专业支撑下的创新实验室平台，让学生在参与实际应用研发项目中快速提升自己的科研能力。高校应积极推动人工智能创新团队的培养，加强高校间团队合作和优势互补，建设一批区域化共享型人工智能人才培养平台、智库，加强技术研发融合，尽可能拓宽人工智能研发领域。

2. 与人工智能产业相匹配的劳动力队伍

当前中国已成为世界人口出生率低的国家，社会老龄化加剧，人口红利也将逐渐消失，这对未来中国经济社会发展造成了严重威胁。人工智能的兴起对于解决我国正在并即将面临的劳动力供给不足问题有重要意义。我国人工智能发展成果已经逐步走入社会大众的生活之中。处在人工智能变革的前夕，高等教育更应抓住时代带来的机遇和挑战，在劳动力供给方面做好充分准备，在未来劳动力供给结构方面拥有敏锐的嗅觉。

未来大范围应用人工智能将成为社会主流的生产和生活方式，机器具有标准化操作、高强度操作、批量处理信息的优点，尤其在取代低端服务型行业方面有绝对优势。如何更深刻把握当前时代发展脉搏，抓住第四次工业革命浪潮，提前预判人工智能带来的产业发展和社会变革，超前布局人才培养模式体系，使人才培养更加适应未来的人工智能时代，是当前高等教育面临的重大课题。高等教育应着手研究培养一批能适应人工智能时代新的就业内容的新型劳动力，满足工作岗位需求。高校应当积极开发人工智能技能培训，提升劳动者在人工智能方面的应用技能。

3. 满足社会人文需求的创造者

人工智能时代对大学的人才培养目标和方式产生了巨大的影响。但是，人工智能在认知能力取得突破进展之前，很难满足大众需要的人文类研究与服务工作。如人工智能在美学、艺术、人文、社会、哲学等方面的研究、思考与创造，都很难通过情感的融入同人的思想和感官结合起来。因此社会对从事这一部分开发、研究服务的人力的需要仍将成为毕业生的重要从业领域。同时，对未来推动社会经济发展的路径体系研究，对未来商业社会与未来社会关系的研究和思考，也将为大学生就业提供广阔的奋斗空间。此外，人工智能的融入将加快生活节奏，人类和机器打交道的可能将会增加，人际交往将会逐渐变少，由此引发的孤独感也将进一步增加，人工智能社会下对情感交流和心理疏导方面的需求也将为高等教育的社会问题研究和人才供给提供新的方向。

参考文献

一、专著

[1] 习近平. 习近平谈治国理政：第 1 卷[M]. 北京：外文出版社，2018.

[2] 习近平. 习近平谈治国理政：第 2 卷[M]. 北京：外文出版社，2018.

[3] 习近平. 习近平谈治国理政：第 3 卷[M]. 北京：外文出版社，2020.

[4] 中共中央宣传部. 习近平新时代中国特色社会主义思想三十讲[M]. 北京：学习出版社，2018.

[5] 教育部课题组. 深入学习习近平关于教育的重要论述[M]. 北京：人民出版社，2019.

[6] 熊明安. 中国高等教育史[M]. 重庆：重庆出版社，1988.

[7] 刘海峰，史静寰. 高等教育史[M]. 北京：高等教育出版社，2010.

[8] 贺国庆，于洪波，朱文富. 外国教育史[M]. 北京：高等教育出版社，2009.

[9] 张轩. 中国高等教育制度变迁研究[M]. 北京：现代出版社，2016.

[10] 王如哲. 各国高等教育制度[M]. 上海：华东师范大学出版社，2010.

[11] 田正平，商丽浩. 中国高等教育百年史论——制度变迁、财政运作与教师流动[M]. 北京：人民教育出版社，2006.

[12] 张慧明. 中外高等教育史研究[M]. 长沙：湖南大学出版社，1998.

[13] 黄福涛. 外国高等教育史[M]. 上海：上海教育出版社，2003.

[14] 陈学飞. 美国高等教育发展史[M]. 成都：四川大学出版社，1989.

[15] 袁仲孚. 今日美国高等教育[M]. 上海：上海翻译出版公司，1988.
[16] 张晓立. 解析美国高等教育[M]. 北京：中央编译出版社，2012.
[17] 黄福涛. 欧洲高等教育近代化——法、英、德近代高等教育制度的形成[M]. 厦门：厦门大学出版社，1998.
[18] 赵硕. 欧洲私立大学高等教育的发展嬗变[M]. 北京：中央编译出版社，2015.
[19] 王桂. 日本教育史[M]. 长春：吉林教育出版社，1987.
[20] 刘定邦，刘嘉. 强国树人——一个伟大民族的教育理想[M]. 上海：上海交通大学出版社，2011.
[21] 张建新. 高等教育体制变迁研究——英国高等教育从二元制向一元制转变探析[M]. 北京：教育科学出版社，2006.
[22] 贺敏琳. 法国高等教育及其最新改革[M]. 台北：文化大学出版部，1984.
[23] 陈平原. 大学有精神[M]. 2 版. 北京：北京大学出版社，2016.
[24] 张岱年，程宜山. 中国文化精神[M]. 北京：北京大学出版社，2015.
[25] 教育部高等学校社会科学发展研究中心，王炳林，江嵩. 大学文化传承创新研究[M]. 北京：新华出版社，2015.
[26] 日本国立教育研究所. 日本教育的现代化[M]. 张渭城，译. 北京：教育科学出版社，1980.
[27] 潘懋元，刘海峰. 中国近代教育史资料汇编（高等教育）[M]. 上海：上海教育出版社，2007.
[28] 王晨. 刘男. 互联网+教育——移动互联网时代的教育大变革[M]. 北京：中国经济出版社，2015.
[29] 杨泉明. 高校党的思想建设研究[M]. 北京：中央编译出版社，2012.
[30] 蒋凯. 全球化时代的高等教育——市场的挑战[M]. 北京：北京大学出版社，2013.
[31] 吕森林. 中国在线教育产业蓝皮书[M]. 北京：北京大学出版社，2015.

[32] 张淼. 中共中央　国务院印发《关于加强和改进新形势下高校思想政治工作的意见》[M]//北京社会科学年鉴. 北京：北京出版社，2018.
[33] 教育大辞典编纂委员会. 教育大辞典：第一卷［M］. 上海：上海教育出版社，1990.
[34] 侯公林. 人工智能与我们[M]. 北京：中国人民大学出版社，2020.
[35] 成于思. 人工智能技术在建设工程争议解决中的应用[M]. 南京：东南大学出版社，2018.
[36] 庞宏亮. 21 世纪战争演变与构想[M]. 上海：社会科学院出版社，2018.
[37] 本书编写组. 人工智能简明知识读本[M]. 北京：新华出版社，2017.
[38] 腾讯研究院，中国信息通信研究院互联网法律研究中心，腾讯 AI Lab，腾讯开放平台. 人工智能[M]. 北京：中国人民大学出版社，2017.
[39] 托斯. 人工智能时代[M]. 北京：人民邮电出版社，2017.
[40] 姚海鹏，王露瑶，刘韵洁. 大数据与人工智能导论[M]. 北京：人民邮电出版社，2017.
[41] 陈炳祥. 人工智能改变世界[M]. 北京：人民邮电出版社，2017.
[42] 马兆林. 人工智能时代[M]. 北京：人民邮电出版社，2017.
[43] [意]古列尔莫·马利泽亚，卡罗·南尼. 意大利教育制度研究[M]. 杭州：浙江大学出版社，2012.
[44] [英]约翰·亨利·纽曼. 大学的理想[M]. 徐辉，译. 杭州：浙江教育出版社，2001.
[45] [美]约翰·S·布鲁贝克. 高等教育哲学[M]. 王承绪，译. 杭州：浙江教育出版社，2001.
[46] [美]罗伯特·M·赫钦斯. 美国高等教育[M]. 王利兵，译. 杭州：浙江教育出版社，2001.
[47] [美]约翰·布伦南，特拉·沙赫. 高等教育质量管理——一个关于高等院校评估和改革的国际性观点［M］. 陆爱华，等，译. 上

海：华东师范大学出版社，2005.

二、报纸

[1] 习近平. 决胜全面建成小康社会 夺取新时代中国特色社会主义伟大胜利[N]. 人民日报，2017-10-28.
[2] 习近平. 把思想政治工作贯穿教育教学全过程 开创我国高等教育事业发展新局面[N]. 人民日报，2016-12-09.
[3] 孙雅静. 为何日本的大学仍注重来华招生[N]. 人民日报：海外版，2016-11-03.
[4] 武超群. 大学文化是“双一流”建设的内生动力[N]. 光明日报，2018-09-11.
[5] 孟旭. 人工智能时代亟需复合型人才[N]. 新华日报，2017-12-28.

三、期刊

[1] 吴岩.《普通高等学校本科专业类教学质量国家标准》有关情况介绍[J]. 重庆与世界：学术版，2018（2）：48-50.
[2] 贾兆帅，史维生. 推进“双一流”建设需要扎根中国大地办大学[J]. 高教研究与实践，2018（3）：13-17.
[3] 中共上海市教育工作委员会. 以加强民主集中制建设为根本坚持不懈地推进和完善党委领导下的校长负责制[J]. 中国高教研究，2002（2）：11-14.
[4] 詹宏毅,张宇星. 高等教育公共投入影响因素的实证分析[J]. 中国高教研究，2013（11）：8-13.
[5] 龚旗煌. 培养社会主义优秀建设者和可靠接班人[J]. 中国领导科学，2019（04）：97-101.
[6] 都光珍. 高校校院两级管理体制改革的对策思考[J]. 国家教育行政学院学报，2011（12）：16-20.
[7] 蔡蕾，鲁世林.“院为实体”校院两级管理体制改革的三个方向——基于中美研究型大学的比较研究[J]. 高教探索，2017（11）：83-88.
[8] 福建省中国特色社会主义理论体系研究中心. 深刻把握高校党

委全面领导的内涵和要求[J]. 求是，2018（4）：55-56.
[9] 靳诺. 坚持中国特色社会主义大学发展道路——培养德智体美劳全面发展的社会主义建设者和接班人[J]. 人民论坛：中旬刊，2018（29）：6-8.
[10] 张海艮. 基于学术主导的高等学校权力运行机制探析——兼评大学行政化[J]. 江苏高教，2010（5）：22-24.
[11] 沈道海. 党委领导下的校长负责制：制度演进、内涵界定与实践创新[J]. 云南行政学院学报，2012（1）：81-83.
[12] 郑刚，孔晓东. 建国以来我国高等学校内部领导体制的回顾及反思[J]. 现代教育科学，2006（2）：102-105.
[13] 韩泽春. 规范执行高校党委领导下的校长负责制[J]. 理论视野，2017（12）：48-54.
[14] 李冲，刘世丽，苏永建. 我国高校内部治理结构与关系研究——基于教育部直属 75 所高校的调查与分析[J]. 大连理工大学学报：社会科学版，2018，39（5）：105-111.
[15] 马云阔. 实行校院两级教学管理体制的思考[J]. 佳木斯大学社会科学学报，2007，25（5）：113-114.
[16] 王袁媛. 面向“工业 4. 0”和“中国制造 2025”的高等教育应用型人才教育体系研究[J]. 机械设计与制造工程，2017（8）：127-129.
[17] 王沛霖. 服务型制造难在哪里[J]. 机器人产业，2016（3）：2.
[18] 佟雪红. 地方高校海洋生物技术专业建设的探索[J]. 改革与开放，2012（22）：152-153.
[19] 罗儒国，王姗姗. 高校质量文化建设的误区与出路[J]. 现代教育管理，2013（10）：30-31.
[20] 柏昕，林永柏. 关于高等教育质量标准若干问题的探讨[J]. 现代教育科学：高教研究，2012（6）：31.
[21] 闫飞龙. 高等教育评价标准的本质问题与多元化[J]. 清华大学教育研究，2011（5）：62-63.
[22] 郭帆. 剖析高等教育经济效益提升的制约因素与提升策略[J]. 质量与市场，2020（8）：82-84.
[23] 周玉. 序言——纪念哈尔滨工业大学建校 100 周年[J]. 中国科

学:技术科学，2020，50（7）：829-830.
[24] 解光勇. 国外高等教育 PBL 教学法教师研修项目的学习与启示[J]. 高等理科教育，2020（4）：101-106.
[25] 李牧. 欧美高校本科教育中的美育观念与实践及其对中国高等教育的启示[J]. 美育学刊，2020，11（4）：11-19.
[26] 王会来，李志义. 基于风险理念的英国高等教育复核评估探究[J]. 现代教育管理，2018（1）：62-66.
[27] 樊增广，史万兵. 英国高等教育质量保障体系的历史演进及其经验借鉴[J]. 东北大学学报：社会科学版，2014（6）：634-639.
[28] 王磊. 高校校训蕴含的大学精神研究[J]. 思想理论教育，2013（19）：88-91.
[29] 田联进. “双一流”建设进程中的大学文化空间塑造[J]. 教育与教学研究，2016，30（11）：12-19.
[30] 眭依凡，俞婷婕，李鹏虎. 大学文化思想研究——基于改革开放30 多年大学文化发展的线路[J]. 北京大学教育评论，2016，14（01）：142-168，192.
[31] 汪明义. 论大学文化的内涵与本质属性[J]. 中国高教研究，2014（02）：31-34.
[32] 汪明义. 论大学的文化本质[J]. 高等教育研究，2015，36（09）：12-17.
[33] 本刊编辑部. 迈入人工智能新时代[J]. 山东经济战略研究，2017（12）：6-13.
[34] 徐贵宝. 人工智能技术体系架构探讨[J]. 电信网技术，2016（12）：1-6.

四、报告

[1] 清华大学. 中国人工智能发展报告（2018—2019）[R]. 清华大学-中国工程院知识智能联合研究中心联合发布.
[2] 腾讯研究院. 2017 全球人工智能人才白皮书[R]. 2017.

后 记

中华民族已站在实现“两个一百年”奋斗目标的历史交汇点上，推进新时代高等教育的内涵式发展，是加快“双一流”建设、建设高等教育强国的必由之路。成书期间，我们广泛查阅了国内外的诸多资料，在诸多已有研究成果的基础上，梳理历史脉络，展望未来方向，挖掘新时代新的高等教育发展的内在逻辑，剖析要具备怎样的必要条件才能支撑高等教育实现以质量为核心的可持续发展。我们对高等教育改革发展的认识体会逐步丰富，但也深觉立足中华民族伟大复兴的战略全局和世界百年未有之大变局“两个大局”的战略制高点上，全方位厘清高等教育的发展不是一件易事，其涉及面颇为广泛，还需时时关注善学善思，方能常有进益。

本书由贾兆帅领衔拟定写作大纲与总体思路，史维生协助做好统稿与协调工作。各章具体分工如下：第一章由史维生负责编写校核；第二章由贾兆帅负责编写校核；第三章由陈晨负责编写校核；第四章由胡博负责编写校核；第五章由陈晨负责编写校核；第六章由史维生负责编写校核；第七章由张哲负责编写校核；第八章由干璐负责编写校核；第九章由张哲负责编写校核。在此向一直给予关心支持，使此书稿得以顺利成书付梓的领导同事表示衷心感谢！同时，本书参阅和引用教育领域的诸多专家学者的大量研究成果与观点，无法一一罗列，一并致以崇高敬意！

本书编写组成员都是热衷于高等教育研究的晚生后辈，理论功底尚不深厚、视野眼界亦有所限、思想深度更有差距，仅凭着一股“初生牛犊不畏虎”的研究勇气与学术果敢，对“高等教育内涵式发展”这一高教事业重大核心命题进行了尝试性研究、梳理、总结与探索，其中不乏存在观点不够严谨、论证不够深入、思考不够全面、研究不够规范等情况，敬请相关领域的专家学者批评指正、不吝赐教。

“路漫漫其修远兮，吾将上下而求索。”我们将怀着满腔热情，继续加强学习、深入观察思考、积极求教问道，对高等教育内涵式发展这一重大命题持续保持关注，力求后续形成新的研究成果。

本书编写组

2020 年 10 月 1 日